Edition Paashaas Verlag

Titel: **Fit for kids – *Der* Elterntrainer**
Autor: Jörg Winterscheid
Originalausgabe: November 2012
Covermotiv: Clipdealer
Covergestaltung: Manuela Klumpjan
Lektorat: Tatjana Heinrich
Korrektur: Manuela Klumpjan, Nina Mackowiak
© Edition Paashaas Verlag, Hattingen
www.verlag-epv.de

ISBN: 978-3-942614-28-3

Printed: BoD GmbH, Norderstedt
Die Deutsche Nationalbibliothek verzeichnet diese Publikationen in der Deutschen Nationalbibliografie; detaillierte bibliografische Daten sind im Internet über http://dnb.d-nb.de abrufbar.

Fit for kids

Der Elterntrainer

Inhaltsübersicht

Präambel 7

Vorwort 8

1 *Der* Elterntrainer 11

2 Was ist normales Verhalten von Kindern?! 15

3 Was ist eine „normale" Familie? 23
    3.1 Das Schiffsmodell 27

4 Warum machst du das, oder auch nicht?! 37
    4.1 Von der Rolle des Unterbewusstseins 38
    4.2 Der systemtheoretische Ansatz des NLP 43

5 Impulse zum Erziehungsalltag 53
    5.1 Liebe und Harmonie versus Konflikt und Ärger 53
    5.2 Drachen steigen gegen den Wind, nicht mit ihm! 55
    5.3 Von der Angst, Fehler zu machen 60
    5.4 Wie sollte eine gute Mutter, ein guter Vater sein?! 61
    5.5 Mutter und Vater als Team (Teamplay) 66
    5.6 Ziele in der Erziehung 73
    5.7 Der Weg zum Erfolg 80
    5.8 Zweifel in der Erziehung 84
    5.9 Der tägliche Kampf zwischen Kopf und Bauch 86
    5.10 Die Bedeutung der Komfortzone 92

6 Was ist Erziehung?! 101
    6.1 Erziehung ist Beziehung 101
    6.2 Grundlagen der Erziehung 104
    6.3 Stützen der Erziehung 107
    6.4 Die Eigenverantwortung des Kindes 111
    6.5 Was bedeutet dieses für uns Eltern? 120

7 Vom Umgang mit Regeln und Grenzen 122
    7.1 Der Regel-und-Grenzen-Test 123

7.2 Kategorie A – „Der Angepasste"...124
7.3 Kategorie B – „Der Vernünftige"..124
7.4 Kategorie C – „Der Unvernünftige"..126
7.5 Kategorie D – „Der Spieler!"..128
7.6 Die Bedeutung von aktiven und passiven Konsequenzen 129
7.7 Die Bedeutung von Regeln und Grenzen für unseren Alltag....................132
7.8 Regel / Grenzen und freiheitliche Entwicklung – ein Widerspruch?!.......133

8 Was tun, wenn mein Kind anderer Meinung ist als ich?!.......................138
8.1 Durchsetzen – ja gerne, aber wie?!..144
8.2 Partnerschaftlich verhandeln, (wie) geht das?!.......................................150

9 Die Bedeutung des Kindergartens..167
9.1 Unterschätzen der Bedeutung des Kindergartens 167
9.2 Überschätzen der Möglichkeiten / Aufgaben des Kindergartens...........169
9.3 Förderung zu Hause, was bedeutet das?!..171
9.4 Was bedeutet das für uns Eltern?!...173

10 Von Schule und Co!..174
10.1 Kinder lernen gerne, oder!?..176
10.2 Die Sache mit dem Nutzen...178
10.3 Die Sache mit der Vernunft..179
10.4 Was ist Vernunft?!...181
10.5 Was noch fehlt..184
10.6 Was bedeutet das für uns Eltern?!...185
10.7 Das Bildungsniveau wird immer schlechter! Warum?..........................186
10.8 Die Bedeutung der Kooperation zwischen KiGa, Schule und Elternhaus .190
10.9 Der Zielbogen als „erste Hilfe" zu einer gelingenden Kooperation 195

11 Was tun, wenn es schwierig wird?!...208
11.1 Wer sind meine möglichen Ansprechpartner?!......................................210
11.2 Die Rolle der Erziehungsberechtigten im Hilfeprozess..........................214
11.3 Was tun im Notfall?!...216
11.4 Ansprechpartner für Kinder 218

12 Geheimnisse glücklicher Kinder..219

13 Sprüche zur Erziehung...221

14 Vordrucke..225

14.1 Zielfindungsprozess 225
14.2 Arbeitsblatt zur Vorbereitung eines Familiengesprächs 226
14.3 Leitfaden zum Familiengespräch.. 228
14.4 Zielbogen 235
14.5 Aufgabenbogen...236
14.6 Orientierungsbogen für Eltern 237
14.7 Notfallbogen für Familien 238

15 Der Elternführerschein 241

16 Empfehlenswerte Literatur..243

17 Jörg Winterscheid zur Person 245

18 Danksagung 247

Präambel – „Die Jugend von heute … !"

Es kann nicht darum gehen, die Jugend von heute immer schlechter zu reden. Die Erwachsenen müssen zu einer angemessenen und zeitgemäßen Erziehung bewegt werden. Die „Jugend" nutzt nur die Spielräume die ihr das „Alter" ermöglicht. Das war schon immer so und wird auch immer so bleiben!

Zu dieser Aussage habe ich mich in einer Diskussion im Rahmen von Alkohol- und Suchtprävention für Jugendliche im September 2009 hinreißen lassen. Zu Hause angekommen habe ich es sofort niedergeschrieben und zur Diskussionsgrundlage meiner Arbeit mit Eltern gemacht. Ein Vater wies mich darauf hin, dass dies für ihn nicht neu sei. Er habe sich im Rahmen seines Abiturs schon einmal mit einer ähnlichen Aussage eines großen Philosophen auseinandersetzen müssen. Er versprach mir dies zu recherchieren und sandte mir noch am selben Abend eine Mail mit folgendem Zitat:

„Unsere Jugend liebt den Luxus, hat schlechte Manieren, macht sich über die Autorität lustig, hat überhaupt keinen Respekt vor dem Alter. Unsere Kinder sind Tyrannen, sie erheben sich nicht vor Erwachsenen, sie widersprechen ihren Eltern, sie sind unmöglich. (Sokrates, 470 – 399 v. Chr.)

Vielleicht ergeht es Ihnen jetzt genauso wie mir damals. Ich war überrascht, verwirrt und neugierig zugleich. Wie konnte es angehen, dass ein solch bekannter und offensichtlich gescheiter Mann vor über 2400 Jahren schon dieselben Gedanken hatte wie wir heute?! Dieser Zustand spornte mich an weiter nachzuforschen. Was ich daraufhin fand, möchte ich Ihnen nicht vorenthalten:

„Ich habe überhaupt keine Hoffnung mehr in die Zukunft unseres Landes, wenn einmal unsere heutige Jugend die Männer von morgen stellt. Unsere Jugend ist unerträglich, unverantwortlich und entsetzlich anzusehen." (Hesiod, 720 vor unserer Zeitrechnung)

„Unsere Zeit befindet sich in einer kritischen Phase. Die Kinder hören auf ihre Eltern nicht mehr. Das Ende der Welt ist nicht mehr fern." (Ägyptischer Priester, etwa 2000 vor unserer Zeitrechnung)

„Unsere Jugend ist verdorben bis auf den Grund des Herzens, böse und faul. Sie werden nie wie wir früher und können unsere Kultur nicht erhalten." (Inschrift auf einem Weinkrug in den Ruinen Babylons, mehr als 3000 vor unserer Zeitrechnung)

Das bedeutet für mich, dass diese Diskussion der Generationen so alt zu sein scheint wie die Menschheit selbst. Ich könnte mir vorstellen, dass schon zu Zeiten des Neandertalers ähnliche Konflikte zwischen den Generationen herrschten.

Die „Schlechtigkeit" der Jugend von heute scheint seit Anbeginn der Menschheit ein „Dauerbrenner" im Generationenkonflikt zu sein!

Vorwort

Liebe Leserin, lieber Leser,

seit über 25 Jahren arbeite ich als Erzieher und Heilpädagoge mit Eltern, Kindern und pädagogischen Einrichtungen zusammen. Freud und Leid des familiären Alltags sind mir durch meine eigene Familie (verheiratet, drei Kinder im Alter von 7, 13 und 25 Jahren) und meine langjährige Berufserfahrung bestens bekannt. Mein tägliches familiäres und berufliches Handeln steht unter dem Motto: Wir können den Wind nicht ändern, jedoch versuchen, die Segel richtig zu setzen! Hierbei steht der „Wind" als Synonym für die kindliche Entwicklung. Ich behaupte: Wir können die naturgegebene kindliche (menschliche) Entwicklung nicht ändern, jedoch versuchen, als Eltern, unsere Segel richtig zu setzen!

Der Elterntrainer will Eltern und Pädagogen helfen, ihren zukünftigen Kurs besser bestimmen zu können! Dass dies notwendig erscheint, ist meines Erachtens täglich zu beobachten, wenn Fachleute und Eltern mit besorgniserregenden Meldungen und Nachrichten über die Entwicklung unserer Jugend konfrontiert werden. Es wird von respektlosem Verhalten und Gewaltbereitschaft gesprochen. Von Kindern und Jugendlichen berichtet, die immer weniger bereit zu sein scheinen, sich an Regeln und Grenzen zu halten. Die Pisa-Studien zeigen uns, wie schlecht es um die Bildung unserer Kinder bestellt zu sein scheint. Schulen und Ausbildungsbetriebe bemängeln die Lern- und Anstrengungsbereitschaft sowie die Ausbildungsfähigkeit. Oft höre ich den Satz: „Das hat es früher alles nicht gegeben!" Dem auffälligen Verhalten unserer Kinder und Jugendlichen begegnen wir mit vielfältigen Förder- und Therapieformen. Erziehungsberatungsstellen, Gesundheits-, Jugend- und Sozialämter, Heilpädagogen, Ergotherapeuten, Logopäden, Motopäden, Kinder- und Jugendpsychotherapeuten, Kinderärzte, Fachärzte und Kliniken für Kinder- und Jugendpsychiatrie, Sozialpädiatrische und Kinderneurologische Zentren, etc. versuchen, diesem vermeintlichen Trend unserer Zeit entgegenzuwirken und Hilfestellung zu geben. Die Vielfalt der Förder- und Therapiemöglichkeiten war noch nie so groß wie heute. Doch trotzdem scheint dies diesen Trend nicht wirklich umzukehren. Im Gegenteil, es erreichen uns immer neue Schreckensmeldungen über gewaltbereite Kinder und Jugendliche, bis hin zum Extremfall des Amoklaufes an Schulen.

Woran mangelt es also?! In meinem täglichen Kontakt mit Kindern, Jugendlichen, Eltern, Schulen und Kindergärten erfahre ich oft Rat- und Hilflosigkeit. Ich erlebe verunsicherte Erwachsene, die zwischen der pädagogischen Autorität der 1950er Jahre und den antiautoritären Ansätzen der 1970er / 80er Jahre pendeln. So wie früher wollen sie nicht erziehen, so wie sie es sich heute vorstellen, scheint es auch nicht wirklich zu

„klappen"! Selbst unter Fachleuten ist ein Streit entbrannt, welcher denn nun der „richtige" Weg zu sein scheint, um unseren Kindern die pädagogische Haltung zu geben, die ihnen hilft, einen angemessenen Weg einzuschlagen. In dem Spannungsfeld der Verunsicherung in den pädagogischen Grundhaltungen stehen unsere Kinder. Sie scheinen die Verunsicherung zu übernehmen, fallen im Alltag wegen ihrer Desorientierung, die sie zu überfordern scheint, immer wieder auf, weil sie nach Sicherheit und Orientierung durch die Erwachsenen suchen!?

Im Zusammenhang mit den vermeintlichen Fehlentwicklungen unserer Jugend und dem einhergehenden Verfall von Werten und Normen, erlebe ich eine mediale Berichterstattung, die sich meiner Meinung nach eher auf die Behebung der Auswirkungen und Symptome bezieht. Im politischen Rahmen werden immer neue Gesetze geschaffen oder alte Gesetze verschärft. Es wird über Sicherheitskontrollen und den Einsatz von Sicherheitsdiensten an Schulen diskutiert, schärfere Waffengesetze werden gefordert, strengere Auflagen und Kontrollen für Computerspiele sollen erfolgen, Internetforen sollen besser kontrolliert werden und so weiter. Mein Gefühl ist, dass das weit an dem vorbeigeht, was notwendig erscheint. Im Rahmen von Nachsorge wird durch Gesetze versucht, den Auswirkungen des vermeintlichen, pädagogischen Desasters zu begegnen, präventive Gedanken finden hier selten ihren Platz. Diese Bestrebungen sind sicherlich wichtig, jedoch glaube ich, dass es in erster Linie darum gehen muss, Eltern durch Aufklärung, Information und Training, beim Finden einer individuellen, jedoch auch sicheren inneren Haltung, zu stärken. Es gilt, sie in ihrer Rolle zu festigen, ihnen zu einer angemessenen Sicherheit im familiären Alltag zu verhelfen. In meinem beruflichen und familiären Alltag erlebe ich häufig eine hohe Verunsicherung oder Rat- und Hilflosigkeit, wenn es um Fragen der Erziehung geht. Oft werde ich gefragt:

- Was soll ich tun, wenn mein Kind nicht auf mich hört!?
- Bin ich eine gute Mutter / ein guter Vater, wenn mein Kind weint?!
- Was ist richtig? – Was ist falsch?!

In meinen Beratungsgesprächen mit Eltern habe ich die Erfahrung gemacht, dass die Beispiele, Bilder und Grafiken, die ich benutze, um ein Gefühl für das meines Erachtens notwendig Erscheinende zu verdeutlichen, gut angenommen werden und von den Erwachsenen als hilfreich beschrieben wurden, um es in ihren Alltag übertragen zu können. Oft hörte ich den Satz: „Wenn ich das vor einigen Jahren schon so gesehen / gewusst hätte, dann wäre wahrscheinlich einiges anders gelaufen!" Im Laufe der Jahre entwickelte sich bei mir der Gedanke, dass es sinnvoll sein könnte, aus den Fragestellungen und Beispielen meines Alltags, ein Kursangebot zu gestalten. Somit könnte ich zum einen viele Eltern gleichzeitig erreichen und zum anderen eine weitere Möglichkeit zur Diskussion, Reflexion und zum Erfahrungsaustausch bieten.

So ist Der Elternführerschein als Kompetenztrainingskurs entstanden, der Eltern anhand von täglichen Gegebenheiten die Reflexion eigener Verhaltensmuster im Alltag ermöglicht und Gelegenheit bietet, vom Fühlen ins Gefühl für das in der Erziehung notwendig Erscheinende zu gelangen und die Bedeutung für den täglichen Umgang mit unseren Kindern zu erkennen. Dabei geht es mir in diesem Elternkompetenztrainingskonzept weniger um das Vermitteln von Techniken. Hierzu sind schon viele gute Bücher geschrieben worden (vgl. Literaturliste im Anhang). Es geht mir eher darum, ein Bewusstsein für die meiner Meinung nach notwendige Haltung zu schaffen und Wege aufzuzeigen wie ich diese erkennen, ausbauen und / oder festigen kann.
Denn: Die beste Technik, Strategie, Anleitung usw. nützt mir nichts, wenn ich nicht die entsprechende Einstellung, Motivation, Haltung, Überzeugung, etc. dazu habe, sie umsetzen zu können!

„Du kannst nur das in deinem Kind entzünden, was selber in dir brennt!" Der Elterntrainer soll helfen, das Bisherige zu hinterfragen, das Gegenwärtige zu erkennen sowie das Zukünftige bewusster und handlungssicherer zu gestalten. Er ist somit ein weiteres Angebot für Eltern und nicht „das" Angebot mit der Weisheit letzter Schluss. Vielfalt schafft Möglichkeiten! Es geht mir also nicht darum, andere Ratgeber oder Trainingkonzepte infrage zu stellen, nach gut und schlecht zu sortieren, sondern vielmehr darum, weitere Blickwinkel zu erschließen, das ein oder andere einmal aus einer anderen Richtung zu betrachten, um für sich entscheiden zu können, ob es hilfreich ist. Ich rate Eltern immer dazu, nicht nur einen Kurs zu besuchen oder ein Buch zu lesen, sondern sich mit mehreren Ansätzen auseinanderzusetzen und sich die Freiheit zu nehmen, sich aus jedem Kurs / Buch das für sie Passende herauszunehmen. Das zu übernehmen, was persönlich am besten „passt". Das, was man überzeugt umsetzen kann und will. Die Rückmeldungen meiner Teilnehmer zu den Inhalten der Kurse und dem Seminarkonzept Der Elternführerschein sind sehr positiv. Oft wurde ich in den vergangenen Jahren gefragt, ob ich nicht ein Buch schreiben könnte. Ein Buch, in dem ich meine Grundhaltung, meine Ideen und Beispiele festhalte, damit man die Seminarinhalte auch einmal nachlesen / nacharbeiten könne. Diesem Wunsch bin ich jetzt nachkommen. Der Elterntrainer ist also die logische Konsequenz aus der Praxis des Elternkompetenztrainingskurses „Der" Elternführerschein. Man könnte auch sagen: Der Elterntrainer ist aus der Praxis für die Praxis entstanden!

Ich wünsche Ihnen nun eine gute und vor allem hilfreiche Unterhaltung auf den folgenden Seiten!

Jörg Winterscheid

1 Der Elterntrainer

Vor dem Buch Der Elterntrainer entstand Der Elternführerschein als Elternkompetenztrainingskurs. Mein Anspruch an dieses Buch ist, dass es auch ohne die Teilnahme am Kursprogramm Der Elternführerschein hilfreich sein soll, um sich als Elternteil dem komplexen Feld der Erziehung von Kindern nähern zu können. Es kann jedoch auch als Vorbereitung auf einen Kurs oder als Nachbereitung eines solchen dienen.

Warum ein Elternführerschein / ein Elterntrainer?!

Eine grundlegende Frage, die ich mir in meiner langjährigen beruflichen Praxis immer wieder gestellt habe ist: Was macht es uns heute so schwer, unsere Kinder zu erziehen?! Ich glaube das liegt zum Großteil daran, dass wir uns alle darauf konzentrieren, was wir uns wünschen! Der Traum erscheint als Ziel! Dass der Weg zur Zielerreichung recht steinig sein kann und jede Menge Konflikte mit sich bringt, das wird selten beachtet! So wollen wir liebe und glückliche Kinder, Kinder wie sie in der Werbung oder auf Titelblättern so oft gezeigt werden. Glücklich lachende und niedlich aussehende „Strahlemänner"! Kinder, die uns harmonisch und liebevoll begegnen, die uns das Gefühl geben, geliebt zu werden. Sprösslinge, die uns vernünftig begegnen, sich möglichst selbstständig an Regeln und Grenzen halten und ein Bewusstsein dafür haben, dass sie im Leben nicht alles bekommen können, wonach sie fragen.

Dass das möglich zu sein scheint, hämmert uns die immer stärker werdende mediale Landschaft durch Werbung, beständig neu in unser Unterbewusstsein. Sie lässt uns glauben, dass unser Traum von beständiger Harmonie, Glückseligkeit usw. möglich ist. Wir kaufen alle die falsche Margarine, denn würden wir die richtige kaufen, säßen alle fröhlich lachend und glücklich am Frühstückstisch! Oder wir kaufen alle die falschen Nudeln, denn wenn wir auf das Fertigprodukt zurückgreifen würden, dann hätten unsere Kinder das Essen schon fertig, wenn wir nach Hause kämen! Dies wird ergänzt durch die antiautoritären und laisser-fairen Grundkonzepte der Pädagogik der 1970er – 80er Jahre und der sich hieraus entwickelten partnerschaftlichen Erziehungskonzepte. Sie vermitteln, wenn wir liebevoll, anerkennend und erklärend mit unseren Kindern umgehen, dass diese dann das harmonische Miteinander mit uns Erwachsenen suchen werden. Dass Erziehung jedoch auch ein Interessenkonflikt zwischen Kindern und Erwachsenen ist, der mit entsprechendem Ärger und Konflikten einhergeht, bleibt hier häufig außer Acht. Harmonie und Glückseligkeit entstehen ansatzweise immer dann, wenn Kinder und Eltern einer Meinung sind. Doch was bedeutet es, wenn dies nicht der Fall ist? Wenn die Realität uns einholt und wir feststellen, dass das Ganze doch viel anstrengender und komplizierter ist, als wir es uns während der Schwangerschaftsphase des ersten Kindes vorgestellt haben?! Dann entstehen oft Gefühle von Ohnmacht, Orientierungs-, Hilf- und Ratlosigkeit. Diese Gefühle gehören für mich auf der einen Seite zum familiären Alltag dazu, auf der anderen kann ich einen angemesseneren Umgang mit ihnen durch Information und Training erreichen. Für fast alles im Leben gibt es Lernangebote, die Theorie und Praxis effektiv miteinander verbinden.

- Um Auto fahren zu lernen, gehen wir in die Fahrschule!
- Um angeln zu dürfen, lernen wir für einen Angelschein!
- Um Boote fahren zu können, üben wir für einen Bootsführerschein!
- Um uns und unseren Hund zu schulen, gehen wir in die Hundeschule!
- Für unseren Beruf besuchen wir in die Berufsschule!

Dieses Prinzip setzt Der Elterntrainer als Buch und Der Elternführerschein als Kursangebot fort. Beide bieten Eltern eine weitere Möglichkeit, sich mit der Theorie („Um was geht es!?") und der Praxis („Was kann ich tun?!") der Erziehung vor dem Hintergrund des alltäglichen Zusammenlebens mit unseren Kindern effektiv auseinandersetzen zu können. Dabei ist es mir wichtig, mit praktischen Beispielen die Wege des „ganz normalen Wahnsinns" zu beschreiben, praktische Impulse zu setzen, die helfen sollen, eine innere, von Sicherheit geprägte Haltung zu entwickeln und Anregungen zu geben, wie man im anstrengenden Alltag damit umgehen kann. Das Ziel ist: Heute etwas zu erfahren, was ich schon morgen umsetzen kann! „Und was ist, wenn ich das Gefühl habe, dass schon etwas schief zu laufen scheint oder ich weiß, dass etwas schlecht gelaufen ist?!"

Dann können Buch und / oder Kurs hilfreich sein, mögliche Ursachen in der Vergangenheit zu suchen, sie in der Gegenwart zu erkennen und zu überprüfen, um sein Handeln zukünftig zu verändern. Hierbei ist es mir wichtig, Eltern zu vermitteln, dass ich allen Erziehenden zunächst einmal grundsätzlich unterstelle, dass sie die Erziehung ihrer Kinder nach bestem Wissen und Gewissen ausrichten. Wenn hieraus wider besseren Wissens Fehler resultieren, kann es meiner Meinung nach nicht darum gehen, Schuldvorwürfe im Sinne von: „Du, du, du, hättest du mal früher, dann bräuchtest du heute nicht ...!", zu formulieren. Ich finde das müßig. Wir können das Rad der Zeit nicht zurückdrehen. Was gestern geschehen ist können wir heute nicht mehr ändern. Wir können jedoch daraus lernen, damit es uns zukünftig besser gelingt! (vgl. Kapitel 5.3. Von der Angst Fehler zu machen). Hierbei können Buch und / oder Kurs hilfreich sein, um Orientierung im Erziehungsalltag zu bieten.

Mir sagte einmal eine Mutter: „Herr Winterscheid, in der Zusammenarbeit mit Ihnen will ich lernen, wie ich es hinbekomme, mich im Kontakt mit meinem Kind nie wieder ohnmächtig zu fühlen!" Eine schöne Vorstellung oder?! Neben den Möglichkeiten von

Erziehung müssen wir uns natürlich auch über die Grenzen, denen sie unterliegt unterhalten. Ich antwortete: „Dann können wir nicht zusammenarbeiten!" Die Mutter reagierte sehr verwundert und ich erklärte ihr: „Dieses Ziel können wir meines Erachtens nicht erreichen! Ohnmachtsgefühle gehören für mich zum erzieherischen Alltag dazu. Ich kann mein Kind (einen Menschen) gegen seinen Willen von nichts überzeugen, was es (dieser) nicht will!" Die Mutter antwortete: „Das ist ja eine grauenhafte Vorstellung, dann bin ich ja meinem Kind hilflos ausgeliefert!" Ich entgegnete: „Stopp, nicht gleich die Flinte ins Korn werfen. Ohnmachtsgefühle gehören für mich zum familiären Alltag dazu! Sich ohnmächtig zu fühlen ist jedoch nicht damit gleichzusetzen, dass ich handlungsunfähig bin! Das sind zwei verschiedene paar Schuhe! Ich kann immer und zu jeder Zeit handeln! Mein Gegenüber muss dann lernen, mit den sich für mich daraus ergebenden Konsequenzen zu leben!"

Nicht nur für den familiären Alltag bedeutet dies, dass ich immer und zu jeder Zeit die Möglichkeit habe, mir über das, was auf das Verhalten meines Kindes folgen soll, Gedanken zu machen. Dies bedeutet nicht, dass mir das sofort in der Situation einfallen muss, in der es ansteht. Auch ich fühle mich im Kontakt mit meinen Kindern oftmals ohnmächtig, stehe erst einmal „belämmert" da, wenn meine Kinder nicht so wollen, wie ich es mir vorstelle. Jedoch „gönne" ich mir diese vermeintliche Hilflosigkeit, sprich, ich akzeptiere sie. Das bedeutet jedoch auch, dass ich mir überlege, was darauf folgt und welche Handlungskonsequenzen das nach sich zieht. Dies kann auch schon mal ein paar Stunden dauern, doch dazu später mehr! Bevor wir uns nun Gedanken über die Erziehung unser Kinder und deren Verhalten sowie dem damit verbundenen Harmonietraum machen, sollten wir uns zunächst einmal ins Bewusstsein rufen:

- Was ist denn Erziehung überhaupt?!
- Was ist denn ein normaler Erziehungsalltag?!
- Was ist denn normales kindliches Verhalten?!
- Nach welchen Kriterien richten wir unser tägliches Verhalten aus?!
- Was bedeutet das alles für den Umgang mit unseren Kindern?!

Um ein Gefühl für die Reaktionen unserer Kinder zu bekommen, müssen wir uns zunächst einmal selbst hinterfragen. Wir müssen uns verdeutlichen, wie und wodurch wir gelernt haben,

- dass wir nicht alles bekommen können, was wir gerne hätten!
- dass das Leben auch mit Verzicht und Frustration einhergeht!
- dass bestimmte Dinge im Leben nicht verhandelbar sind!
- dass ich nicht immer so handeln kann, wie ich es mir wünsche!
- dass wir uns an bestimmte Spielregeln im Leben zu halten haben!

Wie haben wir selbst als Kind auf diese Erfahrungen reagiert? Was bedeutet das für den heutigen Umgang mit unseren eigenen Kindern? Das sind viele Fragen, die zu erklären ich mir in diesem Buch vorgenommen habe. Meine Anregungen und Gedanken sollen Eltern helfen, wieder zu mehr Sicherheit und Orientierung im familiären Alltag zu finden. Sie sollen hilfreich sein, um die tägliche Gratwanderung zwischen Autorität und Partnerschaftlichkeit, zwischen Halt geben und Loslassen, vor dem Hintergrund einer liebevollen, emotional zugewandten, jedoch auch klaren und eindeutigen Erziehungshaltung, souveräner begehen zu können.

Präventiv folge ich dem Grundsatz: **„Vorbeugen ist besser als heilen!"**
Und wenn schon etwas in die Hose gegangen zu sein scheint gilt:
„Es ist nie zu spät das zu werden, was man hätte sein können!"
Dabei verfolge ich das Motto:
„Sie können den Wind nicht ändern, jedoch versuchen die Segel richtig zu setzen!"

Der Elterntrainer als Buch und der Der Elternführerschein als Kurs soll Ihnen helfen, Ihren persönlichen Kurs besser zu bestimmen! Dabei ist es wichtig, dass Eltern sich ihres Ziels bewusst werden, denn:
„Günstige Winde kann nur der nutzen, der weiß, wohin er will!" und dabei gilt zu beachten, **„dass selbst der längste Weg, immer mit dem ersten Schritt beginnt!"**

2 Was ist normales Verhalten von Kindern?!

„Sie können den Wind nicht ändern, jedoch versuchen, die Segel richtig zu setzen!"

Doch was ist denn der „Wind" in der kindlichen Entwicklung? Ich finde, dass dieser Satz auch für die kindliche Entwicklung hervorragend geeignet ist. Die Entwicklung unserer Kinder verhält sich wie der Wind auf hoher See. Sie ist in ihrer Natürlichkeit und Entwicklungsgewalt nicht zu beeinflussen. Ein geübter Kapitän jedoch kann ihr begegnen, sein Schiff angemessen steuern und sein Ziel erreichen. Ihr Ablauf erfolgt eigenständig und die Erwachsenen müssen schauen, wie sie mit Flauten, Winden, Stürmen und Orkanen umgehen müssen, wenn sie ihr Ziel erreichen wollen. Dabei stehen für mich die Windarten für die jeweiligen Entwicklungsstufen, wie zum Beispiel die Trotzphase oder die Pubertät.

Doch was ist das Ziel der Erziehung? Wir wollen „normale" Kinder erziehen! Wenn wir vom kindlichen Verhalten sprechen, fallen uns schnell die netten Verhaltensmuster unserer Kinder ein. Kinder sind neugierig, fröhlich und liebenswert. Wohlerzogene Kinder hören auf ihre Eltern, bekommen keine Tobsuchtsanfälle und sehen immer so aus wie auf vielfältigen Zeitschriften und Plakaten. Diese Bilderbuchkinder wünschen wir uns. Doch ist das normal?! Dass liebes, nettes Verhalten von den Erwachsenen gewünscht wird ist klar. Doch was ist, wenn die Kinder sich verweigern, opponieren oder wütend werden? Wie ist es mit Kindern, die sich nicht an Regeln halten, die rumzappeln oder träumen? Oft höre ich den Satz: „Das hat es zu meiner Zeit nicht gegeben!" oder „Früher war alles viel besser, da gab es noch höfliche und liebe Kinder!" Im Laufe der letzten Jahre habe ich mir immer öfter die Frage gestellt: „Was ist denn eigentlich normales kindliches Verhalten?!" Das Positive, das wir uns wünschen zu beschreiben, fällt uns nicht schwer. Wie sieht es jedoch aus mit den negativen, unerwünschten Verhaltensmustern?! Verhaltensweisen, die uns im Alltag immer wieder herausfordern?!

Ich habe lange nach einem Buch gesucht, das anschaulich beschreibt, was „normale", jedoch unerwünschte Verhaltensweisen von Kindern sind. Schließlich habe ich es gefunden. Ein Buch, das aus meiner Sicht zu 99 % beschreibt, was „normales", jedoch unerwünschtes Verhalten von Kindern ist. Wie sieht es aus, lieber Leser, liebe Leserin, ist Ihnen vielleicht auch schon einmal ein solches Buch begegnet?! Ein Buch, das dies auch noch eingehend und leicht verständlich veranschaulicht?! Ich denke, dass 98 % der deutschen Bevölkerung es kennen. Es ist ... Der Struwwelpeter! Sie sind erstaunt?! 90 % der Erwachsenen, denen ich dieses mitteile auch! Sie sind also nicht alleine. Lassen Sie uns einmal dieses Buch und seine Figuren genauer betrachten.

Der Struwwelpeter

Sieh einmal, hier steht er, pfui der Struwwelpeter! An den Händen beiden, ließ er sich nicht schneiden, seine Nägel fast ein Jahr, kämmen ließ er nicht sein Haar. Pfui! Ruft da ein jeder: Garst'ger Struwwelpeter.

Heute würden wir beim Struwwelpeter von oppositionellem Verhalten, einer Verweigerungstendenz und / oder mangelnder Körperhygiene sprechen.

Der böse Friedrich

Der Friederich, der Friederich, das war ein arger Wüterich! Er fing die Fliegen in dem Haus und riss ihnen die Flügel aus. Er schlug die Stühl' die Vögel tot, die Katzen litten große Not. Und höre nur, wie bös er war: Er peitschte ach sein Gretchen gar!

Heute würden wir zu diesem Verhalten mangelnde Impulskontrolle, Aggressivität oder sozial-emotionale Störung sagen.

Das Paulinchen

Paulinchen war allein zu Haus, die Eltern waren beide aus. Was macht Paulinchen? Es entdeckt die Streichhölzer, spielt mit ihnen und verbrennt. Heute sprechen wir bei diesem Verhalten von Zündeln und Pyromanie!

Der schwarze Bube

Diese Geschichte hatte ich persönlich ganz verdrängt. Erst als ich mich intensiver mit dem Buch auseinandergesetzt habe, wurde mir bewusst, dass hier von Ausgrenzung, Mobbing und Antisemitismus erzählt wird. Es handelt sich hier nämlich um die drei Buben, die den schwarzen Mohren ärgern, bis der Nikolas kommt, sie in schwarze Tinte taucht, damit sie einmal selbst erleben, wie es ist, wenn man anders als die anderen ist.

Der wilde Jäger

Zu der Geschichte vom wilden Jäger, der den Hasen erschießen will, dem der Hase das Gewehr entwendet, um auf den Jäger zu schießen, fällt mir kein Fachbegriff ein. Jedoch gibt es hier ein passendes Sprichwort: „Was du nicht willst, das man dir tut, das füg auch keinem anderen zu!"

Der Daumenlutscher

„Konrad!", sprach die Frau Mama, „Ich geh aus und du bleibst da. Sei hübsch ordentlich und fromm, bis nach Haus ich wieder komm. Und vor allem, Konrad, hör'! Lutsche nicht am Daumen mehr, denn der Schneider mit der Scher, kommt ganz geschwind daher, und den Daumen schneidet er ab, als ob Papier es wär."

Kaum ist die Mutter aus dem Haus, was macht der liebe Konrad?! Schwupp den Daumen in den Mund. Er hört nicht auf die Grenzsetzung der Mutter und setzt sich nach deren Abwesenheit einfach darüber hinweg. Heute würden wir von einer mangelnden Akzeptanz zur Einhaltung von Regeln und Grenzüberschreitung sprechen.

Der Suppenkasper

Der Kasper, der war kerngesund, ein dicker Bub und kugelrund, er hatte Backen, rot und frisch; die Suppe aß er hübsch bei Tisch. Doch einmal fing er an zu schrei'n: „Ich esse keine Suppe! Nein! Ich esse meine Suppe nicht! Nein, meine Suppe ess' ich nicht!

Heute sprechen wir bei diesem Verhalten davon, dass Essen zum Machtkampf wird oder haben Angst vor Magersucht und Bulimie.

Der Zappel-Philipp

„Ob der Philipp heute still wohl bei Tische sitzen will?" Also sprach in ernstem Ton der Papa zu seinem Sohn, und die Mutter blickte stumm auf dem ganzen Tisch herum.

Doch der Philipp hörte nicht, was der Vater zu ihm spricht. Er gaukelt, und schaukelt, er trappelt und zappelt auf dem Stuhle hin und her. „Philipp, das missfällt mir sehr!"

Wer kennt ihn nicht, den Zappel-Philipp?! Er ist mein besonderer Liebling, denn: Heute haben Kinder, die sich so verhalten, alle eine ADHS (Aufmerksamkeits-Defizit-Syndrom) Erkrankung. Vor 5 bis 10 Jahren hatten diese Kinder ein HKS (Hyperkinetisches Syndrom) und vor 10 bis 15 Jahren hatten diese Kinder eine MCD (Minimale cerebrale Dysfunktion). Als ich als Erzieher vor 25 Jahren meine berufliche Laufbahn begann, gab es die „Phosphatis"! Da waren alle Kinder so zappelig, weil sich so viel Phosphat in den Lebensmitteln befand.

Der Hans Guck-in-die-Luft

Wenn der Hans zur Schule ging, stets sein Blick am Himmel hing. Nach den Dächern, Wolken Schwalben, schaut er aufwärts allenthalben: Vor die eignen Füße dicht, ja, da sah der Bursche nicht, also das ein jeder ruft: „Seht den Hans Guck-in-die-Luft!"

Da der gute Hans auf alles achtet, aber nicht auf das, was wichtig scheint, passieren ihm allerhand Dinge. Er stolpert über den Hund und als er am Ufer lang geht, fällt er in den Fluss und ertrinkt fast. Heute würden wir bei diesen Kindern von Träumern sprechen und es würde eine ADS (Aufmerksamkeits-Defizit-Syndrom) diagnostiziert. Der Zappel-Philipp bekommt wenig mit, weil er zappelt und der Hans bekommt wenig mit, weil er träumt und unaufmerksam ist.

Der fliegende Robert

Wenn der Regen niederbraust, wenn der Sturm das Feld durchsaust, bleiben Mädchen oder Buben hübsch daheim in ihren Stuben. Robert aber dachte: „Nein, das muss draußen herrlich sein!" Und im Felde patschet er, mit dem Regenschirm umher!

Die letzte Figur dieses Buches ist der Robert, der auf seine Eltern nicht hört, dass man bei Sturm nicht mit dem Regenschirm draußen herumläuft, weil man sonst Gefahr läuft, dass man wegfliegt. Heute würden wir von uneinsichtigem Verhalten, mangelndem Bewusstsein für Gefahren und Risiken sprechen. Wer von uns hat ihn nicht schon gesagt den berühmten Satz: „Sei doch vernünftig!"

Kaum ein Kinderbuch wurde in den vergangenen Jahrzehnten kontroverser diskutiert als der Struwwelpeter. An ihm scheiden sich die Pädagogen, weil er so grausam ist, oder als Sinnbild einer starren und autoritären Erziehung steht. Wissen Sie, wie alt dieses Kinderbuch ist?! 1844 hat Dr. Heinrich Hoffman dieses Bilderbuch geschaffen. Soweit mir bekannt, war er zu Weihnachten 1844 auf der Suche nach einem passenden Geschenk für seinen dreijährigen Sohn Carl-Philipp. Er suchte nach einem Buch, das

Kindern in diesem Alter Freude macht. Letztlich kehrte er enttäuscht nach Hause zurück, da er nur lange Erzählungen und alberne Bildersammlungen fand. Er beschloss, seinem Sohn selbst ein Buch zu gestalten. Ich möchte mich hier nicht der allgemeinen pädagogischen Diskussion um dieses Buch anschließen. Mir stellen sich vielmehr die Fragen:

- Was wollte Dr. Heinrich Hoffmann vor über 150 Jahren seinem Sohn mit diesem Bilderbuch sagen oder zeigen?!
- Aus welchem Grund glaubte er, dass sein Sohn ein solches Bilderbuch braucht?!
- Warum war er offensichtlich davon überzeugt, dass ein solches Buch gut für die Entwicklung seines Sohnes ist?

Ich glaube, dass er seinem Sohn sagen oder zeigen wollte, was alles passieren kann, wenn sich Kinder nicht an das halten, was die Erwachsenen von ihnen erwarten. Welche Konsequenzen daraus erwachsen können und wovor die Erwachsenen die Kinder schützen wollen. Das bedeutet: Heinrich Hoffmann hat vor über 150 Jahren mit den gleichen kindlichen Verhaltensweisen „gekämpft" wie wir Eltern heute! Auch sein Sohn wollte sich die Haare nicht kämmen, wurde wütend, wenn er etwas nicht bekommen hat, spielte gern mit Feuer, zappelte rum oder träumte vor sich hin und so weiter. Ich behaupte: Dies alles sind ganz normale, jedoch unerwünschte Verhaltensweisen von Kindern und Jugendlichen! Das ist meines Erachtens der Standard, mit dem wir alle als Kinder mit unseren Eltern aneinander geraten sind! Ich glaube, dass das schon im Neandertal, in grauer Steinzeit, für das Zusammenleben von Eltern und Kindern galt. Wenn das Neandertalerkind aus der Höhle rennen wollte und die Neandertalermutter das nicht wollte, weil draußen der Säbelzahntiger rumlief, so musste sich die Mutter durchsetzen und das hat dem Kind bestimmt nicht gefallen. So viel zu dem Empfinden: „Früher war alles besser!" 1844 haben Eltern grundsätzlich ähnliche, wenn nicht gleiche Schwierigkeiten gehabt wie heute. Die Frage ist nur, wie sind Eltern und Pädagogen damals damit umgegangen?! Doch dazu später.

Zunächst einmal möchte ich Sie zu einem weiteren Gedankenspiel einladen. Ich denke, dass Sie dieses Buch auch eins zu eins auf sich selbst beziehungsweise auf uns Erwachsene umsetzen können!

- Haben Sie immer Lust, sich zu waschen oder sich ausgehfertig zu machen? Kennen Sie nicht auch den Sonntag-Schlabberhosenlook und wären nicht auch gern so faul wie der Struwwelpeter?!
- Würden Sie nicht auch manchmal gern Ihrer Wut freien Lauf lassen wollen wie der böse Friederich?!
- Spielen Sie nicht auch einmal gerne mit dem Feuer wie Paulinchen?!

- Haben Sie alle Menschen gleich lieb, oder grenzen Sie nicht auch bestimmte Menschen aus wie die drei Buben?!
- Überschreiten Sie nicht auch Grenzen zugunsten ihres eigenen Wohlbefindens wie der Daumenlutscher?!
- Essen Sie Ihre „Suppe" immer auf oder möchten auch Sie nicht immer alles essen?!
- Sind Sie nicht auch manchmal unruhig und zappelig wie der Zappel-Philipp?!
- Träumen Sie nicht auch manchmal oder sind unaufmerksam wie der Hans Guck-in-die-Luft?!
- Hören Sie immer auf das, worauf Sie Dritte hinweisen oder mussten Sie nicht auch Ihre eigenen Erfahrungen machen wie der fliegende Robert?!

Dabei frage ich mich wie oder wodurch wir gelernt haben,
- unsere spontanen Impulse zu steuern, zu kontrollieren?!
- Regeln einzuhalten, auch wenn sie keinen Spaß machen?!
- Erwartungen zu erfüllen, auf die wir keine Lust haben?!

Wir haben es in erster Linie durch unsere Eltern und durch die Reaktionen unserer Umwelt auf unser Verhalten gelernt. Beide haben uns eingefordert und uns handlungsverantwortlich mit den Konsequenzen auf unser Verhalten konfrontiert. Mir persönlich hat das nicht immer Spaß bereitet. Und Ihnen?!

Was bedeutet das für uns Eltern?!

Erziehung ist aus meiner Sicht oft ein Interessenkonflikt zwischen Eltern und Kindern. Sind sich Eltern und Kinder einig, so ist vieles kein Problem. Spannend wird es, wenn die Kinder sich mit den Eltern nicht einig sind und sich ihren spontanen Impulsen hingeben wollen. Je jünger die Kinder sind, desto größer ist ihr Wunsch, ihre spontanen Wünsche und Bedürfnisse befriedigt zu bekommen. Je jünger sie sind, desto weniger haben sie gelernt, sich zu kontrollieren und zurückzunehmen. Dies war meiner Meinung nach schon immer so und wird wahrscheinlich auch immer so sein (Denken Sie an Sokrates!).

Wir Erwachsene vergessen oft, dass es auch in unserer Kindheit so war. Der große Unterschied zwischen uns und unseren Kindern ist der Erfahrungsschatz, den wir im Rahmen unserer Lebenserfahrung gesammelt haben. Wir haben über die Jahrzehnte hinweg durch den Umgang mit uns und unserer Umwelt gelernt, unser Verhalten entsprechend zu steuern. Wir verfügen über 20, 30, 40 Jahre mehr Erfahrung, die wir auswerten können als unsere Kinder. In unserem Alltag mit den Kindern lassen wir dieses oft außer Acht. Wir erwarten von unseren Kindern dies im Rahmen von Vernunft zu erkennen.

Oft fallen solche Sätze wie:

- „Das musst du doch verstehen!"
- „Denk einmal an deine Zukunft!"
- „Sei doch vernünftig!"

Wir erwarten von unsern Kindern, dass sie verstehen müssen, warum sie vor dem Mittagessen keine Tüte Gummibärchen essen dürfen. Oder, dass sie noch nicht raus zum Spielen können, weil erst noch die Hausaufgaben gemacht werden müssen. Anstatt einsichtig und vernünftig zu antworten:

„Ja Mama, das ist gut für meine Gesundheit, dass du mich die Gummibärchen jetzt nicht essen lässt!" oder „Ja Papa, ich weiß, dass es für meine berufliche Zukunft wichtig ist, dass ich jetzt erst die Hausaufgaben machen muss!", reagieren sie oft enttäuscht, sind wütend, traurig oder trotzig und geben uns Eltern das Gefühl, die schlechtesten Menschen auf der Welt zu sein! Oft versuchen sie zu diskutieren, ihre Interessen trotzdem durchzusetzen oder um Verbote und Einschränkungen herumzukommen. Je jünger das Kind, desto weniger Lebenserfahrung hat es, desto mehr lebt es aus dem Wunsch der sofortigen Bedürfnisbefriedigung: „Ich will das jetzt und sofort!" Je jünger das Kind, desto deutlicher die Antwort auf folgende Frage: „Möchtest du heute ein Bonbon, oder morgen die ganze Tüte?"

Im Laufe der weiteren Entwicklung, der Zunahme der Lebenserfahrung und der erweiterten Selbstkontrolle wird es immer mehr auf die ganze Tüte warten können. Ob es das will, ist hierbei noch eine ganz andere Frage. Einige Kinder würden auch sagen: „Heute das Bonbon und morgen die ganze Tüte!" Und an dieser Stelle sind es die Erwachsenen, die bestimmen müssen, was zählt. Was ist gewünscht und was ist unerwünscht?! Das Kind nutzt in der Regel den Rahmen, den ihm die Erwachsenen zumessen. Und es ist wie jeder andere von uns auch erpicht darauf, das für sich bestmögliche und / oder bequemste herauszuholen. Dies bedeutet, dass die täglichen großen und kleinen Konflikte, die wir mit unseren Kindern begehen, meines Erachtens zum normalen Erziehungsalltag dazugehören. Dass das völlig normal ist, sollten wir Eltern uns vor dem Hintergrund einer liebevollen Beziehungsgestaltung mit unseren Kindern immer wieder vor Augen führen!

Betrachte ich die Figuren des Struwwelpeters, bin ich fest davon überzeugt, dass auch der Kleine Carl-Philipp seinen Vater an diesen Stellen herausgefordert hat. Es erscheint, dass Heinrich Hoffmann schon vor über 150 Jahren mit den gleichen Anforderungen an seinen Sohn „gekämpft" hat wie wir mit unseren Kindern heute. Spannend ist, dass dieses Buch meines Wissens in gut 35 Sprachen und rund 60 Dialekten übersetzt worden ist. Fachleute schätzen, dass seine Gesamtauflage zwischen 15 und 25 Millionen Exemplare beträgt. Es ist bis heute ein Bestseller! Da stellt sich doch die Frage: „Warum?", oder?! Des Weiteren scheint Dr. Heinrich Hoffmann nach heutigen Maßstäben ein Psychiater gewesen zu sein und gilt als Mitbegründer der heutigen Kinder- und Jugendpsychiatrie. Somit war er Vater und Fachmann zugleich!

Es erscheint in Anbetracht der fatalen Konsequenzen, die in diesem Buch beschrieben werden, für Kinder grausam und eher traumatisierend. Doch wieso ist es so erfolgreich, wenn es doch so dramatisch ist?! Ich glaube, dass dieses Buch an vielen Stellen, insbesondere von der Fachwelt, überproportional interpretiert wird. Hoffmann hat seine Figuren sicherlich überzogen dargestellt, doch Kinder nehmen dies auf ihre eigene Art und Weise war. Sie finden diese Figuren durchaus lustig. Sie machen durch dieses Buch Phantasie-Erfahrungen, die sie wiederum vor weiteren Gefahren schützen können.

Ein kleines Beispiel aus meinem familiären Alltag

Unserer jüngsten Tochter (damals knapp 4 Jahre alt) war es so gut wie nicht möglich, den Schnuller abzugewöhnen. Sämtliche Versuche, sie dazu zu bewegen, den Schnuller nicht mehr zu benötigen, scheiterten am eisernen Willen unserer Tochter. Sie wollte, entgegen aller ermahnenden Gespräche über gesundheitliche Gefahren oder Belohnungsversprechen, an ihrem geliebten Kautschukteil festhalten. Zwischenzeitlich hatten meine Frau und ich es aufgegeben. Wir hofften, dass sich das „Problem" irgendwann von alleine löst, da der Ärger, der hierdurch entstand, aus unserer Sicht in keinem Verhältnis zum gewünschten Ergebnis stand. Eines Abends, Vater war noch auf der Arbeit, las meine Frau unserer Tochter den Struwwelpeter vor. Sie erfreute sich an den Figuren, weil sie ja so „doof" waren und solchen Unsinn machten. Als Mädchen, das sich gerne schick macht, fand sie den Struwwelpeter besonderes „doof", weil den ja alle auslachen, wenn der so komische Haare und Fingernägel hat.

Ein paar Tage später hatten wir wieder einmal den Versuch unternommen, unserer Tochter den Schnuller „madig" zu machen. Zufällig sagte meine Frau: „Guck mal, wenn die Kinder im Kindergarten mitbekommen, dass du noch den Schnuller brauchst, dann lachen die dich bestimmt auch so aus, wie du den Struwwelpeter! Weil du schon so groß bist, sieht es genauso lustig aus!" Unsere Tochter überlegte einen kurzen Moment und teilte uns mit inbrünstiger Überzeugung mit, dass sie das nicht will, nahm den Schnuller und versenkte ihn im Mülleimer. Von diesem Tag an war der Schnuller passé.

Lieber Struwwelpeter, vielen lieben Dank!

3 Was ist eine „normale" Familie?!

Wie soll eine „normale" Familie sein?! Diese Frage bekomme ich immer wieder gestellt und habe lange überlegt: Wie kannst du das beschreiben?! Beim Nachdenken darüber tauchten weitere Fragen auf:

- Gibt es sie überhaupt, die „normale" Familie? Und wenn ja wie soll sie sein?!
- Was sollte sie auszeichnen, und wer spielt welche Rolle in ihr?!
- Was macht das „normale" familiäre Zusammenleben aus?!

In meiner Ausbildung zum Heilpädagogen hörte ich von den Ansichten des Salvador Minuchin. Er war in den 1960er Jahren ein bedeutender Familientherapeut, der um 1974 die Strukturelle Familientherapie beschrieb, auf die sich heute viele therapeutische Ansätze begründen. Wikipedia beschreibt seinen Ansatz kurz und knackig wie folgt:

„Die **Strukturelle Familientherapie** ist ein Zweig der **Systemischen Familientherapie**. Familientherapie betrachtet die Familie als ein System, bestehend aus den Eltern (Vater und Mutter) und den in der Familie lebenden Kindern und den Wechselwirkungen zwischen den Beteiligten. Besondere Bedeutung in der strukturellen Familientherapie haben Strukturen (Generationen, also z. B. Eltern und Kinder) und Grenzen (z. B. zwischen den Generationen). Hauptsächlicher Vertreter der strukturellen Familientherapie ist Salvador Minuchin."

Die einfach formulierte Kernaussage von Minuchin, so wie ich ihn auslege, ist:

Eine „normale" Familie ist dadurch geprägt, dass es zwei Ebenen gibt, auf denen sich Mutter, Vater und Kind bewegen.

Es gibt die **„Elternebene"** und es gibt die **„Kinderebene"**.

Zwischen der „Elternebene" (auch Erwachsenenebene) und der „Kinderebene" sollte es eine klare und eindeutige Grenze geben. Auf der Erwachsenenebene haben die Kinder nichts zu suchen und Eltern sollten dieses für sich klar definiert haben.

Jetzt wird der eine oder andere Leser denken: Das ist ja antiquiert, dies ist eine Theorie, die über 30 Jahre alt ist. Das passt doch gar nicht in unsere heutige Zeit. Ich finde, nicht alles Alte muss zwangsläufig überholt und ungültig sein. Bestätigt wurde mir dies durch die Ausführungen von Michael Winterhoff, der in seinem Buch *Tyrannen müssen nicht sein* aus dem Jahr 2009 auf Seite 45 ff vom Konzept „Kind als Kind" schreibt.

„Das Konzept „Kind als Kind" ist jenes, das bis vor etwa 25 Jahren alle Erwachsenen hatten, wenn über Kinder gesprochen wurde. Zu diesem Konzept gehören gewisse Rahmenbedingungen, einmal auf persönlicher sowie auf gesellschaftlicher Ebene, die für den Umgang mit Kindern gelten. Darunter fällt beispielsweise die Annahme eines natürlichen Machtgefälles zwischen Erwachsenen und Kindern. Man muss dabei betonen, dass die Erfahrung dieses Machtgefälles für beide Seiten gut ist. Kinder brauchen sie, um reifen zu können und Sicherheit zu erfahren. Und für den Erwachsenen ist es schließlich eine sehr schöne Erfahrung das Gefühl zu haben, dass sich ein so kleines Wesen auf einen verlässt."

Im Weiteren schreibt er :

„Dabei folgt der Erwachsene dem Konzept „Kind als Kind" unbewusst, also ohne es im konkreten Sinne als Konzept anzuerkennen. Er ist sich hingegen aber bewusst, dass er als ein reifes Individuum einem unreifen (Kind) gegenüber in der Verantwortung steht, diesem die Möglichkeit zu geben, die gleiche Reifestufe zu erreichen."

Das Fazit hieraus ist für mich: Wir Eltern müssen wieder lernen, unseren Kindern intuitiv, eine Orientierung, die sie für ihre psychische wie körperliche Reifung benötigen, in einem natürlichen Machtgefälle zu bieten. Dies darf nicht mit dem pädagogischen Thema, Regeln und Grenzen, was mit zunehmendem Alter eine immer größere Rolle spielt, verwechselt werden. Winterhoff schreibt hierzu:

„Wer Psyche entwickeln will, muss nämlich bei Kindern keine Grenzen setzen, er muss sich gegenüber den Kindern genauso abgegrenzt erleben, wie er das gegenüber anderen erwachsenen Menschen fühlen würde." (vgl. auch Kapitel 5.5)

Mutter und Vater als „Team"

Zwischen den Eltern gibt es auch eine Grenze. Diese sollte allerdings durchlässig sein, damit sich Mutter und Vater als „Team" bezüglich dessen, was auf der „Kinderebene" gilt, absprechen können.

Oft erlebe ich, dass Paare versuchen, als eine Einheit dem Kind gegenüber aufzutreten und vielfach dabei scheitern. Ich persönlich glaube, dass das schon durch die genetische Grundprogrammierung von „Männlein" und „Weiblein" schlecht möglich ist. Vieles von dem, was mir als Mann wichtig ist, sieht meine Frau oftmals gänzlich anderes! Über dieses Thema ist schon viel geschrieben worden. Ein ganz hervorragendes Buch zu diesem Thema ist für mich das Werk von Alan & Barbara Pease *Warum Männer nicht zuhören und Frauen schlecht einparken können*. Hier wird auf humorvolle Art und Weise versucht zu erklären, warum die Geschlechter oft auf unterschiedlichen „Frequenzen funken" und wie dieses zu Missverständnissen und Unstimmigkeiten führt / führen kann.

Ich denke, dass es wichtig ist, sich diese „Unterschiede" bewusst zu gönnen. Das „Gönnen" bedeutet nicht, dass damit ein funktionierendes Teamspiel behindert wird! Ich finde es erleichtert es sogar und unsere Kinder lernen, dass es unterschiedliche Sichtweisen der Geschlechter gibt, was jedoch nicht zwangsläufig bedeutet, dass man sich nicht lieb hat. Hier haben wir Eltern eine große Vorbildfunktion! Zufällig bin ich einmal auf einen Satz gestoßen, den ich spontan meiner Frau geschenkt habe: „Liebe ist die Freude an der wechselseitigen Unvollkommenheit!"

Einige Tage später „revanchierte" sich meine Frau mit folgendem Spruch „Eine gute Ehe ist, wenn der Mann ein bisschen taub und die Frau ein bisschen blind ist!" Ich finde, dass diese beiden Sätze eine „gute" Partnerschaft angemessen umschreiben. Männlein und Weiblein können auf der Grundlage wechselseitiger Akzeptanz und Wertschätzung durchaus andere Sichtweisen und Vorstellungen haben. Im Rahmen der durchlässigen Grenze zwischen ihnen sollten sie in der Lage sein, sich abzustimmen und darüber zu verständigen, was auf der Kinderebene gilt (vgl. auch Kapitel 5.5. Teamplay).

Die Rolle der Kinder

So viel zu Minuchin und der Elternebene. Doch was ist mit der Kinderebene?! Was normale unerwünschte Verhaltensweisen von Kindern sind, habe ich ja schon am Struwwelpeter erklärt. Doch was ist das natürliche Verhalten von Kindern im Zusammenleben mit ihren Eltern?!

Ich habe in den vergangenen Jahren das Bild von Minuchin für mich weiterentwickelt. Meiner Meinung nach versuchen die Kinder beständig, von der Kinderebene auf die Erwachsenenebene zu kommen. Dieses ist meiner Meinung nach ein ganz normales Verhalten, ein ganz natürlicher Impuls. Ja, es ist sogar ihr Recht dies zu versuchen, da sie ja einmal selbstständige Erwachsene werden wollen.

Ja lieber Leser / liebe Leserin, Sie haben richtig gelesen, ich behaupte, dass es das vordringlichste Recht des Kindes ist, zu versuchen, auf die Erwachsenenebene zu kommen (auch wenn uns Eltern das oft nervt!), und dass das notwendig ist. Damit sie ihre Erfahrungen auf dem Weg zu einer eigenständigen Persönlichkeit machen können. Warum wollen die Kinder von ihrer Ebene auf die Elternebene?! Haben Sie eine Idee?! Stimmt! Sie wollen im Rahmen ihres Autonomiebestrebens auf die Elternebene. Hier winkt für sie die vermeintliche Freiheit und Selbstbestimmung! Hier gibt es vermeintlich keine Einschränkungen und sie glauben, sie können nach Lust und Laune agieren!

Sie denken:
„Hier kann ich:
• so lange wach bleiben, wie ich will!"
• so viel Geld ausgeben, wie ich will!"
• bestimmen, wie lange und was ich im Fernsehen schaue!"
• so lange und so viele Süßigkeiten essen, wie ich will!"
• Computer spielen, solange ich will!"
• ...!"

Und wir Eltern haben keine Rechte?! Wenn wir uns über die Rechte der Kinder unterhalten, müssen wir uns natürlich auch Gedanken über die Rechte der Eltern machen. Haben Sie eine Idee was in diesem Zusammenhang das Recht der Eltern ist?! Richtig, das Recht der Eltern ist, die Kinder wieder auf die Kinderebene zu schicken!

Problem! Das macht den Kindern keinen Spaß und der Ärger im Familienleben ist vorprogrammiert!

Das ist für mich der „ganz normale Wahnsinn" des familiären Zusammenlebens. Beständig muss ich mich zu Hause mit dem Autonomiebestreben meiner Kinder auseinandersetzen und den beständigen Interessenkonflikt zwischen dem was mir wichtig ist und dem was die Kinder wollen begehen. Dieser Kreislauf ist aus meiner Sicht völlig normal und endet im günstigsten Fall erst dann, wenn die Kinder ihr eigener Kapitän sind. Schöne Aussichten! Oder?!

3.1 Das Schiffsmodell

Jetzt ist dies ja sehr theoretisch und schon vielfach in Erziehungsratgebern beschrieben worden. Lange habe ich nach einem Weg gesucht, wie ich das noch besser umschreiben, erklären und verdeutlichen kann. Die Herausforderung für mich war: „Wie kannst du das rüberbringen, ohne oberlehrerhaft zu wirken bzw. wie kannst du die Grundsätze des familiären Zusammenlebens nachfühlbar / erlebbar machen?!" In einem Beratungsgespräch hatte ich die zündende Idee. Ich erklärte den Eltern an dem Modell nach Minuchin, gerade das Motto meiner Arbeit: „Du kannst den Wind nicht ändern, jedoch versuchen, die Segel richtig zu setzen!" Plötzlich fiel mir auf, dass das Bild von Minuchin mit wenigen Strichen zu einem Schiff ergänzt werden kann.

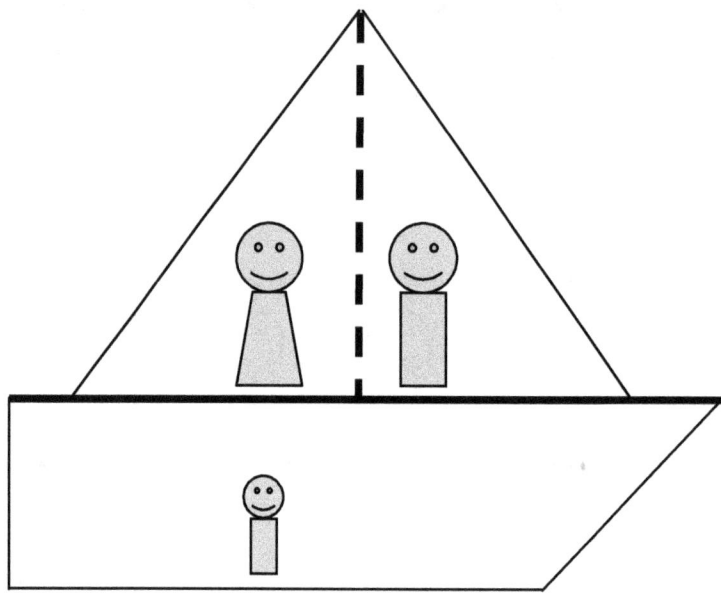

Hiermit bekam der Satz gleich eine auch fühlbare Bedeutung, denn Mutter und Vater sollten auf dem „Familienschiff" Kapitän und 1. Offizier sein. Die Kinder sind im Mannschaftsgrad und haben sich so zu verhalten, wie es der Kapitän und der 1. Offizier von ihnen erwarten. „Fühlbar?!", werden Sie sich jetzt vielleicht fragen.

„Das hört sich logisch an, aber deswegen ist mir immer noch nicht klar, wie ich mich verhalten soll / muss!", werden Sie jetzt vielleicht denken.

Ich möchte Sie an dieser Stelle einmal zum Träumen einladen! Stellen Sie sich bitte einmal vor, Sie spielen Lotto und haben die sechs Richtigen mit Zusatzzahl. Ihnen winken mehrere Millionen Euro und Sie wollten schon immer mal eine Kreuzfahrt machen. Sie gehen ins Reisebüro, buchen die Reise und freuen sich auf den langersehnten Urlaub. Auf dem Schiff angekommen beziehen Sie die Kabine und lassen es sich in den folgenden Tagen an Bord so richtig gut gehen. Sie sind mitten auf hoher See und es ist weit und breit kein Land in Sicht. In den vergangenen Tagen haben Sie mitbekommen, dass der Kapitän völlig unsicher ist und nicht so wirklich den Anschein erweckt, dass er das Schiff sicher steuern kann. Beständig herrscht Streit und Unstimmigkeit zwischen dem 1. Offizier und dem Kapitän. Beide wirken wenig souverän und von dem was sie tun nicht überzeugt.

Wie würde es Ihnen an Bord gehen?! Wie würden Sie sich fühlen?! (Wie gesagt, es ist weit und breit kein Land in Sicht!) Richtig! Meine Teilnehmer schildern dann unter anderem: „Ich fühle mich unsicher!" „Ich habe Angst, dass ich das Land nicht mehr erreiche!" „Ich schaue schon mal nach den Rettungsbooten!" „Ich mache drei Kreuze, wenn ich wieder an Land bin und werde zurück ins Flugzeug steigen!" Haben Sie eine Idee, was ich Ihnen hiermit vermitteln möchte?! Welche Bedeutung dies für den Umgang mit unseren Kindern hat?! Richtig! Mutter und Vater sollten sich dessen was sie tun sicher sein und sich gemeinsam darüber abstimmen, was wie erfolgen soll. Dann haben auch die Kinder ein sicheres und gutes Gefühl, sie fühlen sich geborgen, können besser mit ihren Ängsten / Unsicherheiten umgehen und das familiäre Zusammenleben angemessener genießen.

Ein weiteres Beispiel:

Kennen Sie Seefahrerfilme, die im 17. / 18. Jahrhundert gespielt haben?! Was machte die Mannschaft, wenn der Kapitän unsicher oder zu hart war?! Wenn beständig Uneinigkeit auf der Offiziersebene herrschte?! Richtig! Sie meuterte und warf den Kapitän von Bord! Haben Sie ein Gefühl dafür bekommen, was ich Ihnen sagen möchte?! Welche Bedeutung dies für das familiäre Zusammenleben mit unseren Kindern hat?! Mutter und Vater sind Kapitän und 1. Offizier an Bord. Sie sollten von dem was sie tun überzeugt sein und Sicherheit und Souveränität ausstrahlen. Sie sollten der „Mannschaft" ein Vorbild sein, sie wertschätzen auf der einen Seite, jedoch auch in stürmischen Zeiten das Ruder fest in der Hand halten. Dabei müssen sie sich abstimmen und ein gutes Teamspiel gestalten. Wichtig ist meines Erachtens hierbei auch, dass die Rollen klar definiert sein müssen. Fragen müssen geklärt werden wie:

- Wer ist Kapitän und wer 1. Offizier?!
- Wer hat wem, auf welcher Grundlage etwas zu sagen?!
- Was ist die Aufgabe des 1. Offiziers?!

Sind diese Fragen geklärt, dann können sich die Kinder an ihren Eltern orientieren und brauchen nicht zu „meutern" (vgl. auch Kapitel 5.4). Wie sollte eine gute Mutter, ein guter Vater sein?! Sie werden sich jetzt vielleicht fragen: „Wer ist denn der Kapitän in der Familie?!" Meiner Meinung nach kann dies nur die Mutter sein. Sorry meine Herren, ja Sie haben richtig gelesen und ich bin selbst ein Mann (Sie brauchen nicht nach dem Autor auf dem Buchdeckel zu schauen!). Ein Mann der hofft, dass ihm die übrige Männerwelt an dieser Stelle verzeihen kann. Aber sind wir mal ehrlich, ist es nicht immer schon so gewesen, dass die Frau bestimmt hat, was wir Herren der Schöpfung bezogen auf die Familie tun sollen?! Sie haben uns jedoch dabei immer das Gefühl gegeben, die Bestimmer zu sein. Wenn vor 50 Jahren der Vater beim Sonntagsessen als erster das größte Stück vom Braten bekam, hatte die Mutter oft schon einen Teil abgeschnitten, um ihn den Kindern als Brotbelag am Montag mit in die Schule zu geben! Letztlich ist auch klar, dass die Mutter einen entscheidenden biologischen Vorteil hat, der nicht wegzudiskutieren ist, sie hat das Kind neun Monate unter ihrem Herzen getragen, da können wir nicht mithalten! Ich möchte mich an dieser Stelle nicht in emanzipatorische, politische oder gesellschaftliche Diskussionen verlieren.

Meine Erfahrung ist, dass wir Herren nach wie vor der elterliche Teil sind, der mehr arbeiten geht und somit mehr Zeit außer Haus verbringt als die Mutter. Aus diesem Grund können wir „nur" der 1. Offizier sein. Dabei müssen wir uns klar machen, welche Bedeutung der 1. Offizier an Bord hat. Er ist die rechte Hand des Kapitäns und sein Stellvertreter, wenn der Kapitän verhindert ist. Ich gebe zu, das Beispiel hinkt an der Stelle, dass im beruflichen Kontext die beiden sich nicht lieben und zusammenleben müssen, so wie der Kapitän dem 1. Offizier rechtliche Anweisungen geben darf / muss. Jedoch, finde ich, sind die Grundsätze der Beziehungsgestaltung und der Rollenklärung sowie deren Bedeutung für das Klima an „Bord" wichtig, und diese Grundsätze lassen sich meines Erachtens damit gut verdeutlichen. An dieser Stelle ist es mir im Besonderen wichtig, mich an alle alleinerziehenden Mütter und Väter zu richten. In meinen Ausführungen gehe ich oft von Mutter, Vater, Kind aus. Das bedeutet nicht, dass das Konzept bei alleinerziehenden Eltern nicht auch umgesetzt werden kann. In meinem beruflichen wie privaten Alltag erlebe ich oft, dass Alleinerziehende ein schlechtes Gewissen haben und / oder selbiges von ihrer Umwelt gemacht bekommen. Hierzu besteht aus meiner Sicht kein Anlass. Sicherlich ist es schön, wenn eine Partnerschaft funktioniert, wenn Eltern dauerhaft zusammenleben und gemeinsam unter einem Dach ihre Kinder erziehen können. Das ist jedoch aus meiner Sicht nicht zwingend notwendig.

Kinder aus Trennungs- und Scheidungsfamilien müssen nicht zwangsläufig in ihrer Entwicklung gehandikapt sein. Sie können sich genauso „gesund" und „erfolgreich" entwickeln wie alle anderen Kinder auch! Voraussetzung ist: Der Kapitän ist in seinem Handeln sicher, souverän und emotional zugewandt! Sichere Eltern haben sichere Kinder! Zu dem Thema Kinder aus Trennungs- und Scheidungsfamilien ist schon viel geschrieben worden. Ich möchte in diesem Buch nicht vertiefend darauf eingehen, da es den Rahmen aufgrund seiner Komplexität sprengen würde. Wichtig ist mir jedoch zu verdeutlichen, wie wichtig es für die Entwicklung dieser Kinder ist, dass Vater und Mutter sich auch hier ihrer jeweiligen Rolle und Haltung bewusst werden.

Der Unterschied zur Familie unter einem Dach ist: Es gibt zwei Kapitäne auf unterschiedlichen Schiffen!

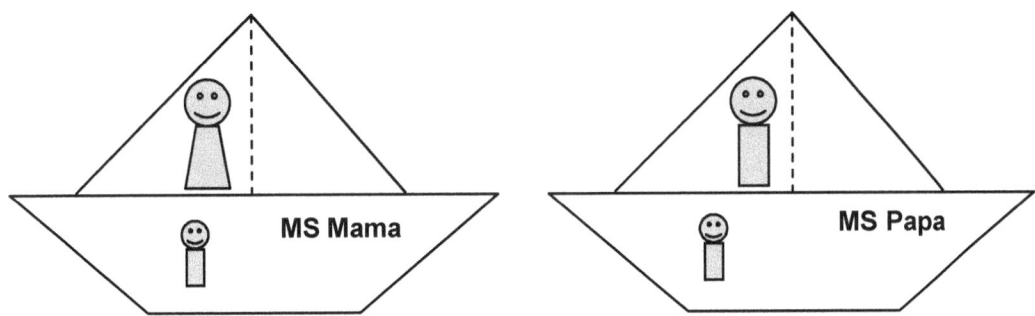

Für beide „Kapitäne" gelten die in diesem Buch beschriebenen Grundsätze. Wichtig ist jedoch zu erkennen und zu akzeptieren, dass jeder seine eigenen Vorstellungen davon hat wie das Schiff zu führen ist (sonst wären sie nicht getrennt!). Jeder macht es so, wie er es aus seiner Sicht für sich als richtig erachtet und kein Kapitän dieser Welt kann einem anderen Kapitän vorschreiben, wie er seine Werte, Normen und Haltungen im Kontakt zur „Mannschaft" auszurichten hat. Er kann ihm sicherlich mitteilen, was er von seinem Vorgehen hält, ob er es annimmt, darüber nachdenkt und / oder etwas verändert, obliegt ihm selbst. Dies bedeutet jedoch auch, jeder Kapitän muss für sich selbst verantworten, wie die „Mannschaft" auf seine Vorgehensweisen reagiert und welche Konsequenzen sich daraus ergeben.

Dieses ist ein hochkomplexes Thema und beschäftigt viele Berater, Therapeuten, Gutachter, Rechtsanwälte und Richter. Wichtig ist mir an dieser Stelle zu verdeutlichen, dass es einfacher für alle Beteiligten sein kann, wenn klar ist, dass es zwei unterschiedliche Lebensräume für das Kind, mit unterschiedlichen Vorstellungen, gibt. Gelingt es den „Kapitänen" dies zu akzeptieren, so können sie sich im Sinne des Kindes besser verständigen und es muss nicht zwangsläufig zu einer Entwicklungsbeeinträchtigung für das Kind kommen. Im besten Fall darf das Kind sich auf beiden Schiffen wohlfühlen und Mama und Papa gleichermaßen lieb haben, auch wenn die beiden sich nicht mehr lieben.

Oft ernte ich Kritik, weil sich das Schiffsbeispiel sehr autoritär, hierarchisch ja teilweise sehr diktatorisch anhört. Viele Kritiker verweisen darauf, dass das gerade das ist, was wir nicht wollen, weil es scheinbar den demokratischen Prinzipien im Sinne von freiheitlicher Entwicklung und dem Erlernen von Eigenständigkeit widerspricht. Außerdem könne ich ja schlecht einen beruflichen Kontext mit einem familiären Kontext vergleichen. Ich finde schon, denn für mich unterscheiden sich Führung (guter Chef) und Erziehung (gute Eltern) in ihren Grundsätzen nicht wirklich. Als Führender und auch als Erziehender sollte ich das Wechselspiel zwischen Autorität und Partnerschaft und seine

Bedeutung im Umgang mit meinen Mitmenschen kennen und beachten. Der wertschätzende Umgang mit dem jeweiligen Menschen, der mir begegnet, bildet hierzu die Grundlage (vgl. Kapitel 6: Was ist Erziehung).

Was bedeutet das im wirklichen Leben?! Gehen wir noch einmal gedanklich auf das Schiff. Folgende Situation stellt sich dar: Der Maschinist kommt zum Kapitän und verlangt ab sofort Kapitän sein zu wollen. Wie soll der „gute" Kapitän reagieren?! Meiner Meinung sollte er dem Wunsch des Maschinisten offen begegnen und ihm mitteilen, dass er es sehr gut verstehen kann, dass er Kapitän sein möchte, jedoch verfüge er nicht über die notwendigen Qualifikationen das Schiff führen zu können. Er kann ihm gerne zeigen, wie er diese erwerben kann, jedoch kann er hier und jetzt nicht seinem Wunsch entsprechen. Wertschätzend kann er ihm seine Bedeutung an Bord vermitteln, denn wenn der Maschinist kein Öl auf den Schiffsmotor füllt, geht dieser kaputt und dann hat der Kapitän kein Schiff was er steuern kann. Er ist als bedeutsames Mitglied der Besatzung, welches seinen Verantwortungsbereich angemessen ausfüllen soll, damit alles „funktioniert". Aus diesem Grund erwartet er von ihm (freundlich, jedoch bestimmt), dass er sich wieder in den Maschinenraum begibt und seinen Aufgaben, gemäß seiner aktuellen Qualifikation, nachkommt. In seinem Verantwortungsbereich kann der Maschinist dann eigenständige Entscheidungen treffen und / oder Arbeitsbedingungen aushandeln. Sollte der Maschinist jetzt unangemessen reagieren, muss er die sich hieraus ergebenden Konsequenzen tragen lernen. Das ist bitter! Aber nicht zu ändern, weil dieses die Grundprinzipen unseres gesellschaftlichen Zusammenlebens sind. Auch dieses müssen unsere Kinder erfahren, damit sie im späteren Leben zurechtkommen.
Das Problem ist oft, dass es uns Eltern mehr leid tut, als es den Kindern dauerhaft wehtut, denn wer hat schon gern ein enttäuschtes Kind?! Jetzt stellt sich natürlich die Frage: „Ab wann dürfen denn die Kinder legitim auf die Elternebene?!"
Oft erhalte ich auf diese Frage Antworten wie:

- „Je älter sie werden, desto öfter."
- „Als Jugendliche so mit 14 – 16 Jahren."
- „Wenn sie 18 Jahre sind."

Ganz selten sagt jemand: „Hm, wenn ich es recht überlege, gar nicht?!" Richtig! Meiner Meinung nach ist es nicht vom Alter abhängig, sondern vom Auszug aus dem elterlichen Haushalt! In dem Moment, wo sie die „MS Zuhause" verlassen, können sie Kapitän auf der „MS Eigene Wohnung" werden!

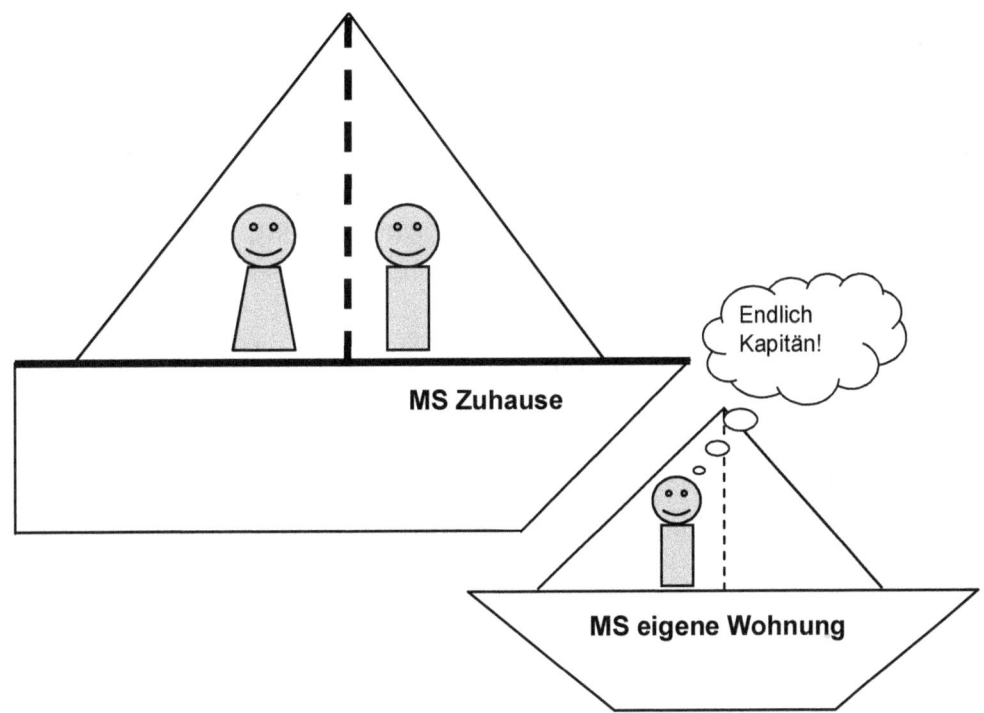

In der eigenen Wohnung können sie dann nach ihren Werten und Normvorstellungen handeln und ihr Leben eigenständig gestalten. Kommen sie zu Besuch auf die „MS Zuhause", wo haben sie dann einzusteigen?! Richtig! Sie steigen in dem Moment wieder auf der „Mannschaftsebene" / Kinderebene ein und haben sich nach den Werten und Normen zu richten, die diejenigen festlegen, die die Miete / Rate bezahlen. Und das sind wir, liebe Eltern.

Die meisten von uns kennen das, wenn wir unsere „MS Zuhause" betreten. Wir sind immer die Kinder unserer Eltern, egal wie alt wir werden und wir haben dem Erwartungsprofil desjenigen zu entsprechen, der das „Hausrecht" hat. Sicherlich werden die Grenzen und Anforderungen hier deutlich weiter und immer mehr partnerschaftlich geprägt. Jedoch kommen wir im Kontakt unseren eigenen Eltern (Oma und Opa) nicht wirklich raus aus der Situation: „Kind, bist du dir sicher, dass du das so machen willst!? Sei bloß vorsichtig, wenn …, Ich an deiner Stelle würde ja …, Das musst du so machen …", usw.

Selbstständigkeitsentwicklung

In einem Beratungsgespräch brachte mich eine Mutter mächtig ins Schwitzen. Sie sagte: „Das hört sich alles ganz gut an, aber ich finde den Gedanken bis zum Auszug im unteren Teil des Schiffes eingesperrt zu sein schrecklich. Ich habe dann ja gar keine

Möglichkeit mich zu erproben und Selbstständigkeit zu entwickeln! Das ist nicht das, was ich mir für mein Kind vorstelle. Ich will es doch nicht versklaven!"

Ups, jetzt hatte ich ein Problem! Das hatte ich in meinem, wie ich finde schönen Bild, gar nicht berücksichtigt. Jetzt saß ich in der Patsche und musste schauen, wie ich aus der Nummer rauskam. So hatte ich das doch gar nicht gemeint, aber die Dame hatte vollkommen Recht. Dann kam mir Gott sei Dank die rettende Idee, für die ich mich heute noch nachträglich herzlich bedanke!

Jedes Schiff verfügt über Beiboote, die die Mannschaft nach Rücksprache mit dem Kapitän nutzen darf. Bezogen auf die Erziehung unserer Kinder bedeutet dies: Sie können nach Rücksprache mit uns, altersangemessen, die Beiboote nutzen und bekommen dadurch die Möglichkeit, eigene Erfahrungs- und Erprobungsfelder, mit dem Ziel des Erlernens von Selbstständigkeit und Eigenverantwortung, nutzen zu können.

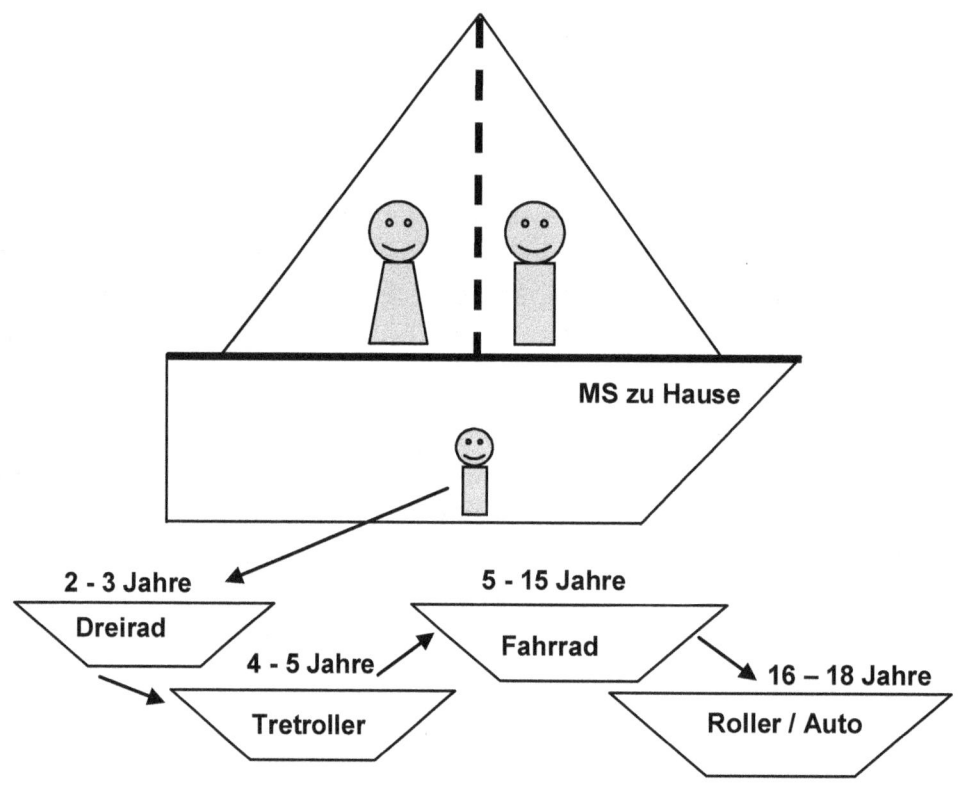

Auf dem Weg in die Selbstständigkeit gibt es viele „Beiboote", und ich beschränke mich im Folgenden auf die, die in der Mobilitätsentwicklung eine Bedeutung haben.

Eines der ersten „Beiboote" ist das Dreirad. Wenn ich mit meiner Tochter auf den Schulhof gehe und wir nehmen das Dreirad mit, dann darf sie in dem von mir abgesteckten Rahmen, eigenständig handeln. Das heißt, sie bestimmt, ob sie schnell oder langsam, rechts oder links herum fährt. Sie kann für sich bestimmen, fahre ich herum oder steige ich ab, fahre ich allein oder mit anderen um die Wette, usw. In diesem Rahmen kann sie sich eigenständig und frei bewegen, solange sie meine Einschränkung: „Du bleibst hier auf dem Schulhof!" beachtet und sich an meine Vorgaben hält. In diesem für ihr Alter angemessenen Rahmen kann sie sich dann erproben, ihre Erfahrungen sammeln und Eigenbestimmung üben.

Entfernt sie sich ohne mein Einverständnis vom Schulhof oder geht unangemessen mit dem Dreirad um, wird sie mit meinen Entscheidungen (die von meinen Werten und Normen geprägt sind) leben lernen müssen. Das bedeutet, das „Beiboot" wird wieder an der „MS Zuhause" angedockt und erst dann, wenn sie mich überzeugen kann, dass sie beim nächsten Mal angemessen damit umgehen kann / will, werde ich es ihr wieder zur Verfügung stellen. Ist sie geübter / älter kann sie den Roller nutzen. Mit dem Roller ist sie schneller unterwegs und der Aktionsradius, in dem sie sich bewegen / erproben kann, erweitert sich. Jedoch gelten auch hier die gleichen Grundbedingungen wie vorab beschrieben.

Je älter sie wird, desto größer werden die Strecken und Entfernungen, die sie mit dem dritten „Beiboot" Fahrrad zurücklegen kann und wird. Je älter sie wird, desto mehr muss ich ihr zutrauen, ihr vertrauen und habe immer weniger die Möglichkeit, sie zu beobachten und zu kontrollieren. Bedeutet, ich muss mir zunehmend Gedanken machen, was ich ihr, ihrem Alter entsprechend, zutrauen kann, wie ich sie auf mögliche Gefahren hinweise / vorbereite und wie ich reagiere, wenn sie sich meiner Meinung nach nicht angemessen verhält. Klar ist, sie kann ihre umliegenden Ziele, wenn sie im Vorfeld mit mir abgesprochen sind, zunehmend eigenständig ansteuern und ich muss ihr auch einen Freiraum schaffen, in dem sie sich eigenverantwortlich bewegen darf (für ihre Entwicklung sogar muss).

Das bedeutet, dass sie die für sie wichtigen nahen Ziele (zum Beispiel: Welche Freundin steuere ich an?), ihren Fähigkeiten entsprechend eigenständig anvisieren darf, die weiter reichenden Ziele (zum Beispiel: Schulbesuch, Hausaufgaben mit Blick auf die spätere berufliche Perspektive) jedoch immer noch von mir (dem Kapitän) vorgegeben und bestimmt werden. Im Hinblick auf die Hausaufgaben bedeutet das beispielsweise, dass die Hausaufgaben gemacht werden, ist nicht diskutabel (autoritär), wir können jedoch gerne darüber reden, wann sie gemacht werden (partnerschaftlich).

Das 4. / 5. und 6. „Beiboot" sind dann Mofa, Motorroller und Auto. Bedeutet, dass sich der Aktions- und damit der Selbstständigkeitsradius wieder und wieder erweitern. Als Vater habe ich somit immer weniger Kontroll- und Einflussmöglichkeit auf das, was mein Kind im Rahmen seines Autonomiebestrebens macht. Jedoch ist eines klar, bekomme ich Verstöße gegen mein Normen- und Wertesystem mit, wird sich nicht an Vereinbarungen und Absprachen gehalten, bin ich derjenige, der bestimmt, ob das „Beiboot" benutzt werden darf oder nicht.

Somit sind die grundlegenden Prinzipien recht einfach erklärt:
- Halte dich an das, was ich von dir erwarte und du kannst viele Freiräume nutzen.
- Hältst du dich nicht daran, werde ich sie dir einschränken und zwar solange wie du in meinem Hause wohnst! Dein eigener Kapitän kannst du werden, wenn du in eine eigene Wohnung ziehst!

Das Problem: Es ist leichter gesagt als getan, da uns unsere Kinder im Alltag immer wieder herausfordern! Ich weiß, doch: „Wer hat gesagt, dass es einfach ist?!" Dies, lieber Leser, liebe Leserin werde ich nicht behaupten. Aber: Es ist eine spannende Herausforderung meine / unsere Kinder auf dem Weg in ein eigenständiges Leben zu begleiten!

Der eine oder andere wird vielleicht jetzt denken: „Der hat gut reden! Ich habe beständig Gegenwind, da kann ich meinen Kurs bestimmen wie ich will, ich komme keinen Meter nach vorne!" Mit dieser Aussage bin ich von einem Vater konfrontiert worden und musste lange nachdenken, um eine Antwort darauf zu finden. Leider bin ich kein Segler oder Seemann. Ich nutze zwar gerne das Bild und das Motto, habe aber von der Schifffahrt wenig bis keine Ahnung. Noch während des Gespräches fiel mir jedoch ein, dass ich erst vor kurzen einen Fernsehbericht über eine Segelregatta gesehen hatte. Und da fiel es mir ein. Ein Segler kann auch gegen den Wind kreuzen. Das heißt, er kann trotz Gegenwind sein Ziel erreichen, jedoch geht dies nicht auf dem direkten Weg von A nach B. Er fährt zickzack und richtet sein Segel jeweils entsprechend aus, sprich, er überlegt sich, was der für ihn richtige Kurs ist (sollte dies für den ambitionierten Segler jetzt zu Laienhaft dargestellt sein, so möge er mir verzeihen!) und nimmt einen längeren anderen Weg in Kauf, um sein Ziel zu erreichen.

Manchmal gibt es jedoch auch Situationen, in denen es unmöglich erscheint oder vielleicht sogar so ist, dass wir Eltern unser Ziel nicht erreichen können. Es ist nicht immer alles möglich und es gibt selbstverständlich auch Grenzen, die häufig unüberwindbar scheinen und es manchmal auch sind. Sollten Sie sich in einer solchen Situation befinden, dann wird das Kapitel 9 Was tun, wenn nichts mehr geht?! Ihnen vielleicht helfen können.

4 Warum machst du das, oder auch nicht?!

Eine der häufigsten Fragen in der Erziehung ist die Frage nach dem „Warum".

- „Warum machst du das?"
- „Warum hast du das gemacht?!"
- „Warum machst du nicht, was ich dir sage?!"

sind wohl die am meisten gestellten Fragen, die sich Eltern auf der ganzen Welt stellen, wenn ihnen das Verhalten ihrer Kinder unsinnig, suspekt, widerspenstig oder einfach nur provozierend vorkommt.

Um uns in das Verhalten unserer Kinder einfühlen / hineindenken zu können, müssen wir Erwachsene uns erst einmal Gedanken über unsere eigenen Verhaltensweisen machen:

- Wie „reagiere" ich eigentlich?
- Wonach richte ich mein Handeln aus?
- Was ist das, was mein Verhalten und meine Gefühle bestimmt?
- …?

Menschliches Verhalten zu erklären ist ein hochkomplexes Unterfangen. Geben Sie „menschliches Verhalten" in eine Suchmaschine im Internet ein, so werden Sie viele Theorien unterschiedlichster Ausrichtung und Prägung finden, die versuchen die Grundsätze dessen, was uns täglich wie handeln lässt, zu analysieren bzw. zu erklären. Zum menschlichen Handeln gibt es vielfältigste Erklärungsmodelle. Im Folgenden versuche ich es einmal vereinfacht für uns „Ottonormalverbraucher" darzustellen.

Dabei erhebe ich nicht den Anspruch auf Vollständigkeit oder behaupte, das sei der „Weisheit letzter Schluss", dafür ist dieses Thema viel zu umfassend, aber ich habe ein für mich schematisch, schlüssiges Erklärungsmodell in den Theorien des NLP (Neurolinguistisches Programmieren) und seiner Systemtheorie in einem Seminar bei Elsbeth Trautwein (www.TrautweinTraining.de) gefunden. Vielen Dank an dieser Stelle an Elsbeth, die mich neben vielen weiteren methodischen Impulsen auch mit NLP erstmals in Berührung gebracht und mit ihrer pragmatischen Art an die Systemtheorie herangeführt hat. Die Systemtheorie nach Elsbeth Trautwein interpretiere ich wie folgt.

4.1 Von der Rolle des Unterbewusstseins

Bevor ich die Systemtheorie genauer beschreibe, noch ein kleiner Exkurs in die Psychologie, zur Bedeutung unseres Unterbewusstseins, in Bezug zu unserem täglichen Handeln. Wir Menschen agieren und reagieren aufgrund der Dinge und Gegebenheiten, die um uns herum passieren. Das heißt, was wir von unserer Umwelt wahrnehmen, beeinflusst, wie wir handeln und reagieren. Hierbei spielen unsere fünf Sinnesorgane eine große Rolle.

Ich bin davon überzeugt, dass jeder Mensch als ein in sich geschlossenes System reagiert / agiert. Dies wird durch unsere Sinneseindrücke stimuliert / angeregt. So spielt das, was wir HÖREN, SEHEN, RIECHEN, SCHMECKEN & FÜHLEN eine große Rolle, wenn wir uns mit der Frage beschäftigen: „Warum verhält sich der Mensch eigentlich so, wie er sich verhält!?"

Stellen Sie sich einmal vor, Sie gehen in Ihrer Stadt spazieren. Sie treffen auf einen Menschen, den Sie in Ihrem Leben noch nie zuvor gesehen haben. Sie fühlen derjenige ist mir unsympathisch, den kann ich nicht leiden! Wie kommt es, dass Sie das Gefühl haben, den Menschen nicht leiden zu können, obwohl Sie ihn überhaupt nicht kennen? Irgendwo in Ihrem Unterbewusstsein sind Informationen abgespeichert, die dieses Gefühl ausmachen und somit Ihr Handeln bestimmen, ohne dass Sie es bewusst mitbekommen. Vielleicht hat diese Person eine Nase wie jemand, der Sie während Ihrer Schulzeit oft geärgert hat und sie hat ein Parfüm aufgelegt wie es Ihr Ex-Freund / -Freundin, mit dem / der Sie im Dauerstreit lagen, hatte?! All dies sind Sinneseindrücke, die sich als Erinnerung in unserem Unterbewusstsein abgelegt haben. An diese Sinneseindrücke ist ein bestimmtes Gefühl geknüpft.

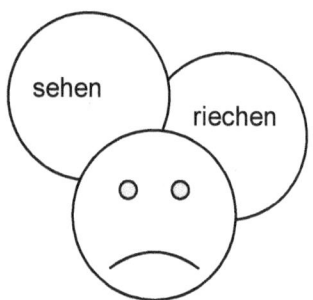

So ist die Nase evtl. der visuelle (sehen) und das Parfüm der olfaktorische (riechen) Reiz, an den das negative Gefühl geknüpft ist. Diese Verknüpfung lässt sich nicht mehr lösen und sie liegt mit vielen anderen Millionen / Milliarden Verknüpfungen (Erinnerungen) in unserem Gehirn.

Diese Verknüpfung ruhte solange in den Weiten Ihres Unterbewusstseins bis sie durch das Wahrnehmen der Person aktiviert wurde und Sie sofort diesem fremden Menschen gegenüber ein unangenehmes Gefühl hatten. Sprichwörtlich könnten Sie auch sagen:
„Die Person kann ich nicht riechen!". Diese Verknüpfung ist nicht lösbar. Sie wird in den „Weiten" unseres Gehirns unauslöschbar gespeichert und kann auch nicht gelöst werden.

Wir können sie jedoch ergänzen und somit eine neue, veränderte Verknüpfung schaffen: Sprechen Sie jetzt mit diesem Menschen und machen die Erfahrung, dass er doch ganz in Ordnung ist, so können Sie diese Verknüpfung auch ergänzen und Ihr Gefühl zu dieser Person verändern. So könnten Sie erkennen, dass er eine sympathische Stimme hat und nett aussieht. Schon verändert sich das Bild zum Positiven. Sie haben sich eine neue Verknüpfung (Erinnerung) geschaffen, welche nach einer gewissen Zeit wieder ins Unterbewusstsein abtaucht. Zukünftig bestimmt auch Sie Ihr Verhalten, ohne dass Sie es wahrnehmen.

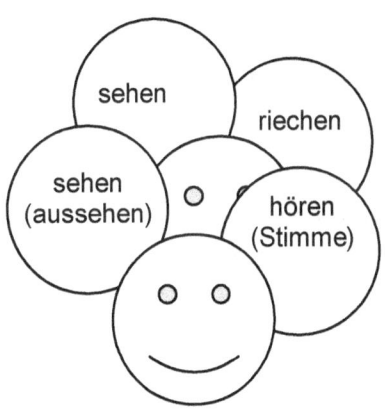

Denn: Welches Gefühl schleicht sich wieder ein, wenn Sie die Person in zehn Jahren wieder treffen? Richtig, in aller Regel das positive Gefühl, das zum Schluss da war!

Diese Verknüpfungen können Sie auch Erfahrungen / Erinnerungen nennen. Sie sind derart vielfältig, und das menschliche Gehirn ist derart komplex, dass die Ursache / Wirkungszusammenhänge oft nicht nachvollziehbar sind. Faszinierend ist, dass wir alle unsere Erlebnisse / Erfahrungen abspeichern. Somit ist das menschliche Gehirn wie eine riesige Festplatte von einem PC, nur mit dem gewaltigen Unterschied, dass sie sich endlos von allein erweitert.

Oft wissen wir nicht, aus welchem Grund wir gute oder schlechte Laune haben. Wer weiß, welche Erfahrung hier gerade am Werke ist und unser Verhalten aus dem Unterbewusstsein beeinflusst? Sie kennen das auch im positiven Sinne, Sie hören zum Beispiel ein Lied und vor ihrem geistigen Auge taucht die Szene einer Party von vor 20 Jahren auf. Sie haben sofort eine Hochstimmung und könnten gleich wieder in die Party einsteigen. Das Unterbewusste hat somit einen großen Anteil an dem, wie wir uns tagtäglich verhalten. Oft bekommen wir nicht mit, was aus unserem Unterbewusstsein mitbestimmt wird. Was glauben Sie, wie viel von dem, wie Sie täglich handeln, steuern Sie bewusst in dem Moment, in dem Sie es ausführen?! Versuchen Sie dies einmal in Prozent auf einer Skala von 0 – 100 einzuschätzen?

0_____100 % (bitte notieren Sie es sich)

In meinen Seminaren mache ich die Erfahrung, dass selten jemand in der Lage ist, diesen Wert annähernd richtig zu benennen. Die meisten tippen auf ca. 40 – 60 %. Sie glauben somit, dass mindestens die Hälfte ihrer Handlungen bewusst gesteuerte Handlungen sind, die sie deutlich und willentlich bestimmen. Sigmund Freud (1856 – 1939) hat sich als Psychoanalytiker seinerzeit mit dieser Fragestellung intensiv auseinandergesetzt. Auf seine Beobachtungen und Thesen stützt sich heute das „Eisbergmodell", welches das Verhältnis des bewussten und unbewussten Handelns anschaulich darstellt. Eine gute, wie kurz gefasste Erklärung zum Eisbergmodell habe ich im Internet unter www.marketinglexikon.ch gefunden:

„Das Eisbergmodell des Bewusstseins geht auf den Begründer der Psychoanalyse, Sigmund Freud, zurück und ist Teil seiner allgemeinen Theorie über die Persönlichkeit. Das menschliche Bewusstsein ist dann gut zu verstehen, wenn es mit einem im Meer treibenden Eisberg verglichen wird. Was Freud an seinen Patienten beobachtete, ließ ihn annehmen, dass das, worauf wir in unserem Verhalten in täglichen Situationen bewusst zurückgreifen, gerade einmal 10 – 20 % dessen ausmacht, was unser Handeln bestimmt. Damit zog er einen Schlussstrich unter die bis dahin geltende Auffassung, dass menschliches Verhalten allein auf bewusstes Denken und rationales Handeln zurückzuführen ist. Diese 10 – 20 %, welche als Sekundärmotive bezeichnet werden, liegen, um im Bild des Eisbergmodells zu bleiben, über Wasser, während die restlichen 80 – 90 %, welche als Primärmotive bezeichnet werden, unter der Wasseroberfläche verborgen bleiben. Was sich aber unter Wasser abspielt, hat einen großen und in Vielem gar bestimmenden Einfluss auf das, was sich über Wasser ereignet."

Das bedeutet meiner Meinung nach, dass uns lediglich 10 – 20 % unseres Handelns bewusst sind! ---------------→

dass 80 – 90 % unseres Handelns aus dem Unbewussten gesteuert / beeinflusst werden! ---------------→

Wenn wir handeln oder anderen beim Handeln zusehen, sehen wir also immer nur die „Spitze des Eisberges"! Das, was zu großen Teilen unser Handeln beeinflusst / mitbestimmt liegt unter der Wasseroberfläche. Es ist zunächst einmal uns selbst verborgen und kann von anderen gar nicht gesehen werden, was für die Kommunikation und Beziehungsgestaltung weitreichende Folgen hat (vgl. 8.2 Partnerschaftlich erziehen wie geht das?!). Das bedeutet, dass 80 – 90 % dessen was wir tun, von dem wie wir handeln und fühlen, aus dem Unterbewusstsein bestimmt wird. Dabei werden wir von unseren

Erfahrungen und Erinnerungen (Verknüpfungen) beeinflusst, wenn nicht sogar bestimmt. Das macht es oft auch so schwierig zu benennen, aus welchem Grund wir etwas tun. Vieles von dem was tagtäglich passiert scheint einfach so zu laufen. Wir machen uns wenig Gedanken darüber was es ist, das eigentlich unser Handeln, Fühlen und Denken bestimmt.

Im Rahmen einer meiner Fortbildungen bei Martina Schmidt-Tanger (www.nlp-professional.de) lernte ich ein nettes Wortspiel kennen, was ich Ihnen hier nicht vorenthalten möchte:

„*Wenn wir das Handeln von Menschen betrachten, reden wir oft von der Wirklichkeit. **Wirklichkeit** ist eigentlich der falsche Begriff, weil wir nach dem schauen, was über der Wasseroberfläche IST und nicht nach dem suchen, was unter der Wasseroberfläche WIRKT. Eigentlich müsste es **Istlichkeit** heißen!*"

Was bedeutet das für uns Eltern?!

Ähnliches gilt meiner Meinung nach auch für unsere Kinder. Wie oft haben Sie Ihr Kind schon gefragt: „Warum machst du das?" „Warum hast du das getan?"

Wie oft konnte es Ihnen eine klare Antwort auf diese Frage geben?

In der Regel werden von 100 solcher Fragen 95 mit „Weiß ich nicht!", beantwortet. Etwa 5 mal bekommen wir eine angemessene Antwort. Das bedeutet,

- dass Ihrem Kind die Hintergründe seines Verhaltens 95-mal wirklich nicht bewusst sind.
- dass es aus seinem Unterbewusstsein heraus handelt und unberechtigterweise oft in Erklärungsnot gerät.

Dies soll nun nicht dazu dienen, jegliche unangemessenen Reaktionen unserer Kinder zu entschuldigen. Es soll seine Reaktion auf unsere Fragen erklären. Viel zu oft fühlen wir uns von unseren Kindern veräppelt. Unterstellen ihnen, dass sie lügen. Der sich hieraus oft ergebende Streit belastet viel zu oft die Beziehung zu unserem Kind. Es kann sehr entlastend sein, wenn wir verinnerlichen, dass 95 % der kindlichen Handlungen aus dem Unterbewusstsein heraus erfolgen!

Vielleicht fragen Sie sich jetzt: „Hat er vorhin nicht gesagt 80 – 90 % unseres Handelns erfolgt aus dem Unterbewusstsein heraus?! Und jetzt heißt es, das Kind handelt zu 95 % aus dem Unterbewusstsein heraus?!" Richtig! Jedoch habe ich vorab die Situation eines Erwachsenen, nicht die eines Kindes beschrieben! Ich möchte an dieser Stelle keinen ausschweifenden, wissenschaftlichen Exkurs in die Entwicklungspsychologie von Kindern machen, hierzu ist schon viel geschrieben worden. Mir ist es wichtig darauf aufmerksam zu machen, dass unsere Kinder in der Entwicklung sind! Das bedeutet: Je jünger ein Kind ist, desto mehr handelt es meiner Meinung nach aus dem „Bauch", aus seinen unbewussten Impulsen, Gefühlen und Bedürfnissen heraus. Je jünger es ist, desto weniger kann es dieses hinterfragen oder reflektieren, so dass sich das Verhältnis hier, meiner Meinung nach deutlich zugunsten des Unterbewusstseins verändert!

An dieser Stelle werde ich in meinen Seminaren oft mit der Frage konfrontiert: „Dann ist es doch auch ungerecht, wenn wir unsere Kinder mit Konsequenzen konfrontieren, für Handlungen, die sie ja eigentlich nicht hinterfragen können, oder?!" Hier gilt mein Grundsatz: „Dies ist eine Erklärung! Das bedeutet nicht, dass sie zur Entschuldigung werden darf!" Hierfür gibt es eine schöne alte Volksweisheit: „Unwissenheit schützt vor Schaden nicht!"

Auch das müssen unsere Kinder lernen, auch wenn es uns Erwachsenen oft leid tut. Denn Hand aufs Herz: Wenn Sie beim Autofahren nicht auf die Geschwindigkeitsbeschränkung achten und geblitzt werden, erlässt Ihnen dann der Beamte den Strafzettel?! Auch wenn Sie vermeintlich unschuldig in diese Situation geraten sind, müssen Sie sich der hieraus folgenden Konsequenz stellen. Auch wenn es Sie nicht begeistert und Sie sich durch moderne Ausbeutung ungerecht behandelt fühlen, müssen Sie zahlen! Das Gleiche sollte auch für unsere Kinder, ihrem jeweiligen Alter entsprechend, gelten. Damit sie dieses lernen und frühzeitig angemessene Verhaltensweisen zum Umgang mit solchen Situationen üben.

Ein Tipp aus der Rhetorik

Die Frage: „Warum hast du das getan?", ist in diesem Zusammenhang eine eher negative Frageform. Sie bringt das Kind in einen Rechtfertigungsdruck, für etwas, das es zu 95 % nicht erklären kann. Diese oft sehr moralisch wahrgenommene Fragestellung steht einer liebevollen, positiven Beziehungsgestaltung in der Regel hinderlich im Wege. Sie wird emotional in Konfliktsituationen als Belastung empfunden. Besser ist die Frage nach dem Grund. „Aus welchem Grund hast du das getan?" ist als Fragestellung wesentlich neutraler. Sie fragt nach der Motivation für mein Handeln. So kann ich nachdenken, mein Handeln mit vermindertem moralischem Druck zu reflektieren, um angemessene Antworten zu finden.

Lassen Sie es einmal auf sich selbst wirken.

Stellen Sie sich vor, Sie haben einen Konflikt mit ihrem Lebenspartner. Dieser fragt Sie: „Warum hast du das getan?!"

- Wie wirkt das auf Sie?!
- Welche Gefühle bestimmen gerade Ihr Denken!?
- Wie würden Sie sich fühlen?!
- Wie würden Sie reagieren / handeln?!

Und jetzt die andere Frageform: „Aus welchem Grund hast du das getan?!"

- Wie wirkt das auf Sie?!
- Welche Gefühle bestimmen gerade Ihr Denken!?
- Wie würden Sie sich fühlen?!
- Wie würden Sie reagieren / handeln?!

Bemerken Sie einen Unterschied?! Mit der Frage nach dem Grund kann es sein, dass Sie zukünftige Konflikte schon im Vorfeld emotional etwas entspannen können. Was jedoch nicht zwangsläufig bedeutet, dass Sie deutlich mehr Antworten auf Ihre Fragen erhalten. In manchen Situationen kann es sein, dass 8 von 100 Fragen beantwortet werden, der Großteil bleibt uns jedoch oft verborgen. Das scheint so in der Natur des Menschen zu liegen.

4.2 Der systemtheoretische Ansatz des NLP

„Aus welchem Grund machst du das, oder auch nicht?", habe auch ich mich im Kontakt mit meinen Kindern auch immer wieder gefragt. Mit den folgenden Ausführungen unternehme ich den Versuch, das mehr als komplexe Wirken und Handeln des Menschen, auf einfache Art und Weise zu umschreiben. Mir ist bewusst, dass jetzt viele Fachleute das als zu simpel ansehen, weitere fachlich fundierte Ausführungen wünschen oder das Fehlen solcher bemängeln.
Letztlich geht es mir darum, keine wissenschaftliche Abhandlung über menschliche Verhaltensmuster zu schreiben. Vielmehr erfahre ich in meiner täglichen Arbeit, dass Eltern und Pädagogen auf dieses Erklärungsmodell genauso positiv reagieren, wie ich selbst, als ich mich das erste Mal mit ihm auseinandergesetzt habe.
Der systemtheoretische Ansatz wird als nachvollziehbar empfunden und kann somit hilfreich sein, den oftmals kompliziert erscheinenden Alltag besser zu meistern. Meine Klienten und Teilnehmer sagen oft: „Das ist gut. Jetzt kann ich das verstehen und besser einschätzen!"

Der Mensch reagiert als ein in sich geschlossenes „System".

Wir Menschen reagieren also auf das, was wir von unserer Umwelt bewusst / unbewusst wahrnehmen. Sprich auf das, was wir HÖREN, SEHEN, RIECHEN, SCHMECKEN & FÜHLEN können. Aufgrund dieser Impulse von außen agieren wir. Wir handeln als „System Mensch", bewusst / unbewusst aufgrund von fünf Kriterien.

So sind wir als „System Mensch" in unserem Handeln immer **AUTONOM** beziehungsweise eigenständig. Wir regulieren für uns allein und selbstständig, ob wir den Dingen um uns herum **OFFEN** oder **GESCHLOSSEN** gegenübertreten.

Das bedeutet, dass ich Sie, lieber Leser, liebe Leserin, hier und jetzt nicht dazu zwingen kann, meinen Ausführungen Beachtung zu schenken.

Sie allein bestimmen in diesem Augenblick, ob an meinen Darstellungen etwas Wahres sein kann (OFFEN). Oder ob es der größte Quatsch ist, den Sie je gelesen haben (GESCHLOSSEN). Der Mensch bestimmt also im Rahmen seiner Autonomie völlig eigenständig, ob er anderen Menschen zuhört oder nicht, ob er Gesagtem Glauben schenkt oder nicht, ob er Erfahrungen annehmen will oder nicht, usw.

Das dritte Kriterium ist, dass wir immer **ANPASSUNGSFÄHIG** sind. Das heißt, wir können uns jederzeit verändern und anpassen, vorausgesetzt wir sehen es für uns als wichtig und notwendig (OFFEN oder GESCHLOSSEN) an.
Was für uns wichtig und notwendig ist entscheiden wir eigenständig. Wir können einen Menschen sicherlich erpressen etwas zu tun, was er nicht will. Wir können jedoch keine Einsicht oder Meinungsänderung wirklich erzwingen.

Wir haben also im Grundsatz immer und jederzeit die Möglichkeit, unsere Haltung, unsere Einstellungen, unserer Gewohnheiten zu verän-

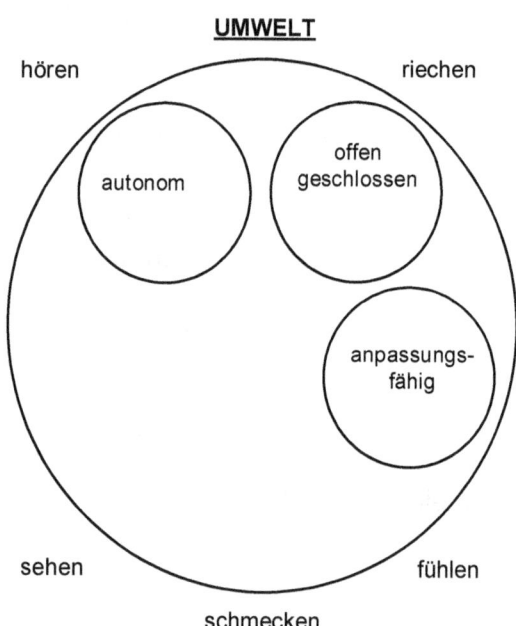

dern, wenn wir es uns im Rahmen unserer Autonomie erlauben und es für uns stimmig ist beziehungsweise die Motivation hierzu vorhanden ist.

Das vierte Kriterium ist, dass wir als System immer **VOLLSTÄNDIG** sind. Das bedeutet, dass jeder von uns seine eigenen Lösungen in sich selbst trägt. Somit verfügen wir über alles selbst, um uns auf eigene Weise konstruktiv entwickeln zu können.

Wichtig ist, dass wir uns im Rahmen unserer Autonomie erlauben (OFFEN), nach Lösungen zu suchen, sie vor dem Hintergrund unserer Anpassungsfähigkeit versuchen umzusetzen!

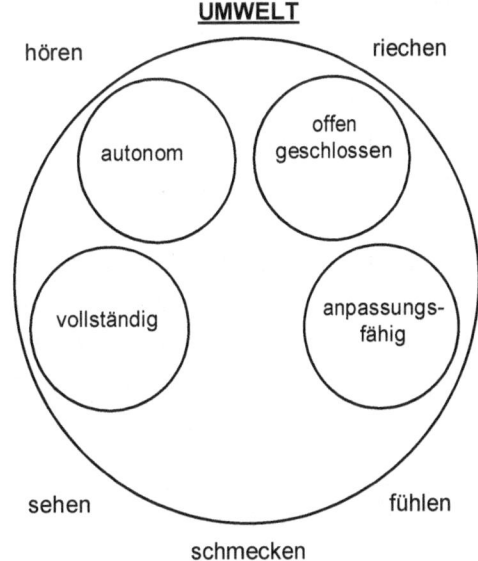

Sie kennen das sicherlich auch. Wie oft hat Ihnen ein Freund / eine Freundin schon einmal einen gut gemeinten Rat gegeben. „Mach das doch mal so oder so!" In der Regel funktionieren solche Ratschläge nicht oder nur sehr unzureichend. Erst wenn wir sie durch eine Kleinigkeit „aus dem Bauch heraus" verändern, klappt es plötzlich wie geschmiert. Das sind dann solche Situationen, in denen wir oft denken: „Mensch, darauf hätte ich auch schon einmal früher kommen können!" Das heißt, jeder von uns trägt seine individuelle Lösung in sich selbst. Jeder von uns muss das Passende für sich selbst finden. Erst dann fällt es uns leichter, unsere Ziele zu erreichen.

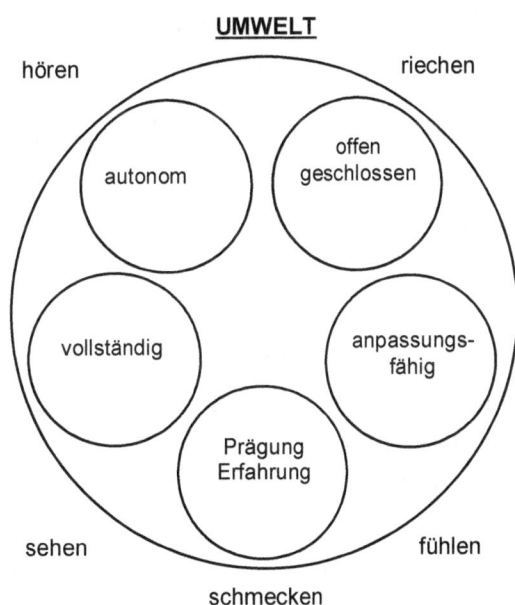

Das fünfte Kriterium ist, dass wir unser Verhalten immer auf der Grundlage unserer individuellen **PRÄGUNG** und **ERFAHRUNG** ausrichten.

Das bedeutet:

- Was habe ich in der Vergangenheit gelernt?
- Was habe ich in meinen Erbanlagen mit auf diese Welt gebracht?
- Welche Erfahrungen / Erlebnisse (Verknüpfungen) habe ich gemacht, auf deren Grundlage ich bewusst / unbewusst handle?

Unter Prägung verstehe ich hier die genetische Grundlage, die uns unsere Eltern mitgegeben haben. Hier werden oft so lebensprägende Aussagen getroffen wie: „Das hat er von seinem Vater!" oder „Das hat meine Frau von ihrer Mutter geerbt!" Ergänzt wird dies über die Erfahrungen, die wir in unserem Leben bisher gemacht haben. Oft werden hier so zuschreibende Aussagen getätigt wie: „Ist doch klar, dass er nicht auf die Beine kommt, er hatte eine schlechte Kindheit!" „Er hat ja nie gelernt mit Geld umgehen zu können!" oder es werden Glaubenssätze geprägt, die sich tief ins Unterbewusstsein einprägen wie: „Das kannst du nicht!", „Jungen weinen nicht!", „Mädchen sind wehleidig!", „Das lernst du nie!" etc. und uns daran hindern, unser Potenzial abzurufen.

Letztlich gilt meines Erachtens auch hier ein Grundsatz: Dies alles sind Erklärungen! Sie dürfen nicht zu Entschuldigungen werden! Denn, wenn ich mich meinen Entschuldigungen ergebe, dann hindere ich mich selbst daran, Veränderungen anzustreben. Ich zerstöre meine Träume und Visionen. Ich ergebe mich dem Problem. Verhindere, dass ich Lösungen im Sinne positiver Veränderungen anstrebe und erreiche!

Das hört sich alles sehr einfach an?! Man könnte ja behaupten: „Der Mensch kann alles, wenn er nur will!" Ich persönlich glaube, dass das auch so ist. Wichtig ist hierbei zu beachten, dass es auch Handikaps gibt, die Menschen daran hindern können, dies aus sich selbst heraus leisten zu können. Dies ist dann die Stelle, an der ich mir, im Rahmen meiner Autonomie, erlauben (offen) kann, nach Veränderungspotenzial (Anpassungsfähigkeit) und nach einer eigenen Lösung (vollständig) vor dem Hintergrund meiner Prägung und Erfahrung zu suchen. Hierzu stehen mir vielfältige Partner und Möglichkeiten im Rahmen von Beratung und / oder Therapie zur Verfügung, wenn ich sie nutzen will (vgl. Kapitel 11 Was tun, wenn es schwierig wird?!).

Der Volksmund sagt: „Des Menschen Wille sei sein Himmelreich!"
Im Motivationstraining gibt es schöne Sprüche, die ich in meinen Seminaren gern nutze. Diese möchte ich Ihnen nicht vorenthalten, da sie manchmal mehr Aussagen als 1000 komplizierte Sätze.

- Der Mensch besteht zu 65 % aus Wasser, der Rest ist Einstellung!
- Eine Hummel hat eine Flügelfläche von 0,7 Quadratzentimetern, bei 1,2 Gramm Gewicht. Nach den Gesetzen der Aerodynamik ist es ihr unmöglich, mit diesem Verhältnis von Flügelfläche zu Gewicht zu fliegen. Wie gut, dass ihr das noch keiner gesagt hat!
- Der Pessimist sieht in jeder Aufgabe ein Problem, der Optimist löst sie!

Ich denke, dass an diesen Sätzen viel Wahres ist. Jürgen Höller war in den 1990er Jahren ein sehr erfolgreicher Motivationstrainer und schrieb in seinem Buch „Sprenge deine Grenzen" (4. Auflage von 1999, Seite 29) die recht bekannte Geschichte vom Adler und dem Huhn. Diese möchte ich Ihnen nicht vorenthalten.

Adler oder Huhn
Ein Adlerküken, noch kaum flügge, wagte sich aus dem Adlerhorst, zog „einige Kreise" und landete recht bald unsanft auf dem Boden. Nach kurzer Zeit fand ein Landwirt, der zufällig vorbei kam, das kleine Adlerküken. Er nahm es mit nach Hause und gab es zu den anderen Küken in seinen Hühnerstall, in der Hoffnung, das Adlerküken würde von den Hühnern angenommen. Und tatsächlich: Die Hühner des Stalls erkannten es als ihr eigenes Küken an. So wuchs der Adler in dem Bewusstsein heran er sei ein Huhn. Er scharrte im Boden nach Würmern und flatterte nur ab und zu ein paar Meter auf einen Baum. Eines Tages sah er, als er nach oben blickte, hoch am Himmel einen Adler majestätisch, ohne Flügel zu schlagen, seine Kreise ziehen. Bewundernd schaute er eine Zeit lang zu und fragte schließlich die anderen Hühner: „Wer ist das?"
„Das ist der Adler, der König der Lüfte."
„Warum fliegt er so toll? Wäre es nicht schön, wenn wir auch so fliegen könnten?"
„Nein, das können wir nicht, wir sind schließlich nur Hühner!"

Und so lebte der Adler weiter und starb eines Tages in dem Bewusstsein, nur ein Huhn gewesen zu sein ...

Der Volksmund sagt: „Der Glaube versetzt Berge!"
Höller schreibt im Weiteren:
„Der Glaube ist es, der darüber entscheidet, ob wir Huhn oder Adler sind. Und dieser Glaube wird gebildet in erster Linie durch die Erziehung, die Umwelt. Alles, was du Einfluss auf dich nehmen lässt, wird in deinem Gedächtnis gespeichert. Auf diese Weise beeinflusst dein Unterbewusstsein, alles womit sich deine Gedanken beschäftigen."
(Jürgen Höller, Sprenge Deine Grenzen, Seite 29)

Wenn ich dann das Gefühl habe, dass etwas nicht geht, steht mir immer die Möglichkeit einer Hilfe durch Beratung oder Therapie zur Verfügung.

Das bedeutet, der Mensch

- ist in dem, was er tut, immer autonom.
- reguliert, ob er sich öffnet oder verschließt.
- ist immer vollständig.
- ist immer anpassungsfähig.
- reagiert aufgrund seiner individuellen Prägung und Erfahrung.

Jetzt fehlt „nur" noch die Absicht, der Sinn, die Motivation, der Hintergrund usw. eines jeden Verhaltens.

- Was glauben Sie ist die Absicht, die Motivation, die hinter jeder unserer Verhaltensweisen steht?
- Worum geht es uns Menschen immer und ausschließlich?!

Wer jetzt auf Leben / **ÜBERLEBEN** getippt hat, liegt richtig.

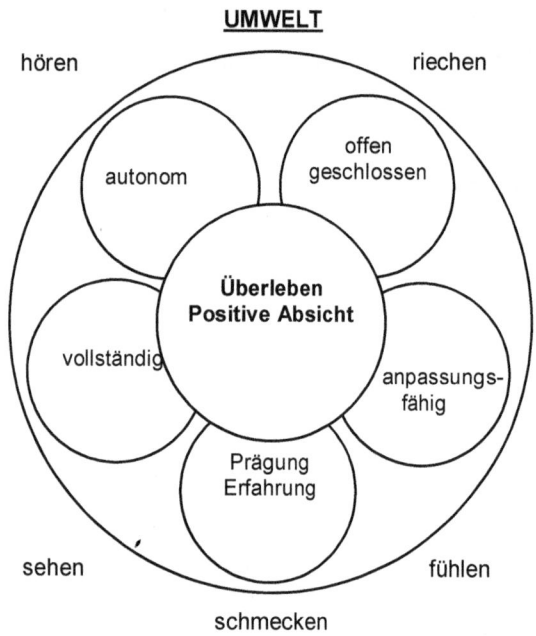

Bei jeder unserer Handlungen geht es einzig und allein darum, unser eigenes Überleben zu sichern. Das heißt, jeder Mensch hat in dem Moment, wo er etwas tut, eine für sich **POSITIVE ABSICHT**.

Niemand tut sich selbst etwas Schlechtes.

Das Ziel eines jeden menschlichen Verhaltens ist somit:

- sich selbst etwas Gutes zu tun!
- etwas Positives für sich selbst zu erreichen!

Sie werden sich jetzt vielleicht fragen:

- „Was ist mit den Kriminellen, die für das, was sie tun, ins Gefängnis müssen!?"
- „Was ist mit den Menschen, die zur Selbstverstümmelung (Autoaggression) neigen und sich beispielsweise mit einem Messer in den Arm schneiden / sich ritzen?

Es fällt oft schwer, die positive Absicht hinter dem Verhalten des Menschen zu entdecken. Sie ist jedoch da! Die positive Absicht im Handeln zu akzeptieren bedeutet jedoch nicht, sie gutheißen zu müssen! Wenn dies der Grundsatz wäre, dann würde es bedeuten, dass der Jugendliche, der die ältere Dame überfällt und ihre Geldbörse stiehlt, nicht zur Verantwortung zu ziehen ist, weil er ja eine positive Absicht hatte! Er brauchte nämlich Geld, um sich etwas Schönes zu kaufen! („Der arme Kerl, oder!?")

Wir alle müssen lernen, uns mit den Normen und Werten unserer Gesellschaft auseinanderzusetzen. Die Frage ist nur, auf welcher Grundlage dies geschieht und mit welcher Haltung wir unseren Mitmenschen begegnen. Dass der Jugendliche Geld benötigte (positive Absicht), gilt es nicht zu verurteilen und ihn in seiner Person abzuwerten. Jedoch ist es die Art und Weise wie er seine Bedürfnisse befriedigt hat, die zu entsprechenden Konsequenzen führen muss. Deutlicher wird es mit dem zweiten Beispiel.

Welche positive Absicht könnte ein Mensch für sich haben, wenn er sich mit dem Messer in den Arm ritzt?! Haben Sie eine Vorstellung, eine Idee?!

- Er könnte sich damit in den Mittelpunkt bringen wollen!
- Er möchte sich selbst spüren!
- Er möchte Aufmerksamkeit!
- Er ...?

Sie werden sich vielleicht jetzt denken: „Super! Das will ich auch alles, dazu muss ich mir aber nicht selbst weh tun! Wie bescheuert ist das denn!? Der muss doch nur ...!" Zu einer solchen Aussage lassen wir uns im Alltag allzu oft hinreißen. Auch mir geht das immer wieder so. Es ist jedoch wenig anerkennend und wertschätzend. Unser Gegenüber wird sich in seiner Person, seiner Situation, nicht gesehen fühlen. Oft wird er versuchen, sich zu verteidigen. Es entwickelt sich schnell in ein Streitgespräch. Und wir landen oft mit dem, was wir als guten Ratschlag gemeint haben, in einer kommunikativen und emotionalen Sackgasse.

Wenn es uns jedoch gelingt, die Person wertzuschätzen, wir versuchen, die positive Absicht zu erkennen oder zu hinterfragen, dann hat unser Gegenüber das Gefühl, dass wir ein Interesse an ihm haben. Er fühlt sich in seiner Person, seiner Situation, eher gesehen und weniger abgewertet. Das bedeutet nicht, dass wir sein Verhalten wertschätzen und akzeptieren. Dies ist ein feiner, wenn auch bedeutender Unterschied! In der Regel haben wir Erwachsene 20 / 30 / 40 Jahre mehr Lebenserfahrung als unsere Kinder. Jahre, in denen wir durch das Zusammenleben mit anderen Menschen gelernt haben,

- dass es wichtig ist, Kompromisse zu schließen.
- dass Verzicht und Abstriche unangenehme Begleiter im Leben sind.
- dass wir nicht immer genau das dann bekommen können, wenn wir es wollen.

Man könnte auch sagen, das Leben ist über weite Strecken eine riesengroße Frustration. Es erwartet viel zu oft Dinge von uns, auf die wir gerade keine Lust haben. Wir selbst haben lange Jahre gebraucht, um zu erkennen, dass das Leben nicht nach Lust und Laune funktioniert. Letztendlich muss man sich die Frage stellen: „Was ist es eigentlich, was mich tagtäglich dazu bewegt die Dinge zu tun, die ich tun muss?"

Wenn ich Eltern in meinen Seminaren diese Frage stelle, kommen oft Antworten wie Verantwortungsbewusstsein, Pflichtgefühl, Einsicht usw. Hierbei muss sich jeder die Frage stellen: „Wie und wodurch habe ich diese Eigenschaften gelernt?" Wir haben diese Eigenschaften in der Auseinandersetzung mit uns und unserer Umwelt, sowie den sich hieraus ergebenden Konsequenzen gelernt. Das bedeutet:

- Gehen wir nicht arbeiten, bekommen wir kein Geld!
- Putzen wir nicht die Wohnung, stinkt es irgendwann!
- Gehen wir nicht einkaufen, haben wir nichts mehr zu essen!
- Fahren wir mit dem Auto nicht tanken, bleiben wir irgendwann liegen!

Um uns diesen Konsequenzen nicht aussetzen zu müssen, reagieren wir, bezwingen unsere Unlust und machen es einfach, obwohl wir uns auch etwas Besseres vorstellen können. Manchmal lassen wir unseren „inneren Schweinehund" gewinnen, schieben das Notwendige auf und riskieren mit den Folgen konfrontiert zu werden. Das bedeutet, dass wir unser Handeln auf der Grundlage unserer bisherigen Erfahrungen (Prägung und Erfahrung), die in unserem Unterbewusstsein milliardenfach abgespeichert sind, ausrichten, ohne dass wir uns hierzu noch groß Gedanken machen müssen. Wir tun es einfach, weil es so ist und nicht, weil wir es irgendwann einmal schmerzlich erfahren mussten. So vergessen wir Erwachsene immer wieder gern, dass wir selbst auch Kinder waren. Hand aufs Herz:

- Haben Sie immer genau das mit Freude gemacht, was die Erwachsenen von Ihnen erwartet haben?
- Haben Sie immer den Erwachsenen geglaubt, wenn sie Sie vor etwas gewarnt haben, oder Sie schützen wollten?

Versetzen Sie sich einmal zurück in die Zeit, als Sie selbst noch in die 6. Klasse gegangen sind! Wann haben Sie erkannt, dass Sie für sich und Ihre Zukunft lernen, und nicht für den Lehrer oder Ihre Eltern? Letztendlich gilt die Regel, je jünger das Kind, desto weniger kann es seine Bedürfnisse kontrollieren, desto eher will es seine Wünsche sofort befriedigt wissen (positive Absicht). Erst mit fortschreitendem Alter kann es, aufgrund seiner Lebenserfahrungen, immer besser lernen, zwischen seiner positiven Absicht (Wünsche / Bedürfnisse / etc.) und der möglichen Konsequenz abzuwägen, um sein Verhalten danach auszurichten. Hierzu benötigt es jedoch die Erwachsenen, die ihm den Rahmen für diese Erfahrungen stecken. Und dieser Rahmen nennt sich Erziehung!

Was bedeutet das für uns Eltern?!

Ähnliches, wenn nicht Gleiches, gilt für unsere Kinder. Hier gibt es jedoch einen feinen, aber sehr beutenden Unterschied. Der liegt, wie auch schon in den vorangegangene Ausführungen mehrfach erwähnt, im 5. Kriterium (Prägung und Erfahrung). Bei der Prägung (Genetik) gilt für uns und unsere Kinder Ähnliches. Bei der Erfahrung hingegen gibt es 20 / 30 / 40 Jahre Lebenserfahrung, die wir mehr auswerten können als unsere Kinder. Vieles was uns klar ist, muss den Kindern noch lange nicht klar sein, da ihnen wertvolle Erfahrungen des Lebens fehlen.

Immer wenn unsere Kinder etwas tun, wollen sie hiermit etwas Positives für sich erreichen. Wenn es uns gelingt, diesen Grundsatz zu beherzigen und wir versuchen, die positive Absicht zu erkennen, kann vieles im gemeinsamen Zusammenleben leichter werden, da unsere Kinder das Gefühl entwickeln, gesehen / verstanden zu werden. Dies bedeutet jedoch nicht, dass wir Eltern das Verhalten unserer Kinder bedingungslos akzeptieren und dem Willen unserer Kinder nachgeben müssen. Wenn es uns gelingt, die positive Absicht im Verhalten unserer Kinder grundsätzlich zu akzeptieren, sie im Gespräch zu hinterfragen, fühlen sie sich in ihrer Person anerkannt, respektiert und wertgeschätzt.

Der Grundsatz sollte lauten: „Ich mag dich! Doch wie du dich verhältst, was du getan hast, kann ich nicht akzeptieren!" Auch unsere Kinder reagieren im Rahmen ihrer eigenen Autonomie, regulieren eigenständig ob sie sich unseren Anliegen gegenüber öffnen oder verschließen. Auch sie sind immer anpassungsfähig, vorausgesetzt sie wollen (offen) das, tragen ihre eigene Lösung in sich selbst und reagieren ob ihrer bisherigen Prägung und Erfahrung. Im Kontakt zu unseren Kindern gilt es, dies zu berücksichtigen. Es gilt, ihr Fehlverhalten, ihre Fehler und Unpässlichkeiten nicht persönlich zu nehmen. Vielmehr sind es wichtige Verhaltensmuster, durch die sie lernen können / müssen, was im Leben wichtig ist. Hierbei spielen Aktion und Reaktion, sprich Handlung und Folge, eine große Bedeutung. Doch dazu mehr im folgenden Kapitel.

Der Volksmund sagt:

- „Das Leben ist nun mal kein Wunschkonzert!"
- „Lehrjahre sind keine Herrenjahre!"
- „Vor das Vergnügen hat der liebe Gott die Arbeit gesetzt!"

Dass dies nicht einfach ist, gebe ich gern zu, da ich es jeden Tag zu Hause selbst erlebe. Es kann jedoch für die Beziehungsgestaltung zum Kind sehr hilfreich sein, wenn ich davon überzeugt bin, dass mein Kind mir nichts Böses will, weil:

- „es nicht hört!"
- „es nicht ins Bett will!"
- „es seine Hausaufgaben nur unter Protest macht!"
- „es Absprachen und Vereinbarungen nicht einhält!"
- „es Regeln missachtet und sich über Grenzen hinwegsetzt!"
- „es …!"

Das Kind will lediglich seine positive Absicht, seine Interessen, Wünsche und / oder Bedürfnisse durchsetzen. Wenn das Kind seine Hausaufgaben nicht machen will, weil es das doof und anstrengend findet, es dann möglicherweise tobt und wütet, geht das nicht gegen uns persönlich. Seine positive Absicht ist möglicherweise die Anstrengung zu umgehen oder es will seinem „inneren Schweinehund" nachgeben, der ihm sagt, dass draußen spielen viel schöner ist.

Wenn wir ihm dann sagen, dass wir seine positive Absicht nachvollziehen können, dies jedoch nichts an der Tatsache ändert, dass die Hausaufgaben gemacht werden müssen, dann können wir ihm emotional sehr nahe sein, was jedoch nicht bedeutet, dass wir es aus seiner Verantwortung entlassen.

Als Erwachsene können wir emotional gelassener reagieren und die Beziehung zwischen uns und unserem Kind wird nicht infrage gestellt.

5 Impulse zum Erziehungsalltag

5.1 Liebe und Harmonie versus Konflikt und Ärger

Wie schon gesagt, Erziehung ist immer dann ein Interessenkonflikt, wenn unsere Kinder nicht so wollen, wie wir es uns wünschen! Als Eltern streben wir ein liebevolles und harmonisches Miteinander an. Dass dies möglich ist, zeigen uns täglich die Werbung und diverse Erziehungszeitschriften. Dort heißt es, du musst nur eine bestimmte Margarinesorte oder spezielle Nudeln mit Tomatensauce kaufen, dann läuft in deiner Familie alles von allein. Von den Titelbildern diverser Erziehungszeitschriften strahlen, lachen tolle Kinder und glückliche Eltern, getreu dem Motto: „Kauf mich und du kannst diese Harmonie auch erleben."

In unserer multimedialen Welt wird uns täglich suggeriert, dass Harmonie und Glück beständig und immer machbar sind. Dies dringt tief in unser Unterbewusstsein ein und fällt hier auf fruchtbaren Boden, da es ein Grundbedürfnis des Menschen zu sein scheint.

Was glauben Sie, schließen sich Liebe und Harmonie sowie Konflikt und Ärger gegenseitig aus? An dieser Stelle ein kleines Experiment. Legen Sie dieses Buch einmal zur Seite, legen die Hände zusammen und reiben sie aneinander!

Was passiert? Richtig, es wird warm!

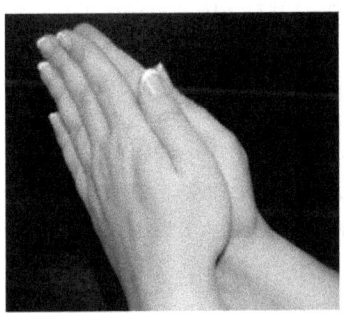

Wärme wird jedoch auch landläufig mit Liebe und Harmonie in Verbindung gebracht. Dies lässt die Hypothese zu:
Ohne Reibung keine Wärme!
Ohne Konflikt / kein Ärger, keine Liebe?

Im Alltag mit unseren Kindern müssen wir uns beständig mit ihnen reiben, da unsere Vorstellungen und die Erwartungen der Gesellschaft, sich oft von den spontanen Wünschen und Bedürfnissen der Kinder deutlich unterscheiden.

Somit ist Erziehung ein beständiger Prozess zwischen liebevoller emotionaler Zuwendung, jedoch auch klarer und eindeutiger Positionierung. Eltern sind die besten „Reibungspartner" für ihre Kinder, damit diese in einem geschützten Rahmen lernen können, ihre spontanen Wünsche und Bedürfnisse zu steuern / zu kontrollieren. Die täglichen kleinen und großen Konflikte unseres familiären Alltages sind also normal. Wir Eltern sollten uns hierdurch nicht verunsichern lassen. Weil wir unsere Kinder lieben, müssen wir uns mit ihnen reiben, um ihnen die wichtigen Erfahrungen für das Leben in unserer Gesellschaft zu vermitteln. Die Reibung, der Konflikt ist ein wichtiger Bestandteil der Erziehung. An uns Eltern können sich unsere Kinder „gefahrlos" reiben. Im geschützten familiären Rahmen können unsere Kinder den Umgang mit Frustrationen üben und trainieren.

Ein schönes Beispiel ist hier der Umgang mit Taschengeld. Geht es nach unseren Kindern, ist es immer zu wenig. Es reicht selten aus, um all die schönen Dinge zu kaufen, die sie gerne hätten. Dementsprechend versuchen sie mit allen zur Verfügung stehenden Mitteln, das Geld zu bekommen, von:

- „Mami ich hab dich so lieb, ich hätte gern mehr Taschengeld!"
- „Du willst doch nicht, dass ich Außenseiter werde, die anderen haben alle viel mehr Taschengeld als ich!"
- „Du bist gemein, Lisas Mama ist viel netter!", bis hin zum Extremfall.
- „Wenn du mir nicht mehr Geld gibst, dann klau ich eben! Dann bist du schuld, dass ich ein Verbrecher werde!"

Eltern, die diese Versuche als legitim und normal ansehen, sie nicht persönlich nehmen, können sicherer und souveräner in den Konflikt gehen. Denn: „Was sollen unsere Kinder für ihr späteres Leben lernen?!" Sie sollen lernen, mit Geld umzugehen, da es in der Regel nicht im Überfluss vorhanden ist! Das setzt jedoch voraus, dass sie reibungsbereite Eltern haben, an denen sie dieses Erfahrungen machen und trainieren können. Schließlich können sie später auch nicht zur Sparkasse gehen und sagen: „Sie müssen mir jetzt Geld geben! Ist doch egal, wenn mein Konto überzogen ist! Sie haben im Tresor noch genug Geld liegen! Stellen Sie sich mal nicht so an, es ist doch nicht Ihr Geld!" Wie der Sparkassenangestellte hierauf reagieren würde ist klar, oder?!

Wenn unsere Kinder schon im Kindesalter erfahren, dass es Grenzen im Leben gibt und dies immer wieder mit ihnen geübt / trainiert wird, werden Sie als Erwachsene angemessener mit ihnen umgehen können. Vorausgesetzt es gelingt uns dies in der Form zu gestalten, die das Kind in seiner Persönlichkeit wertschätzt. „Die psychische Entwicklung von Kindern entsteht somit auch durch Verweigerung auf der Erwachsenenseite, nicht nur durch Gewährung." (Michael Winterhoff, Tyrannen müssen nicht sein, Seite 152) Unsere Kinder würden dann, ohne das Gefühl der persönlichen Herabsetzung zu haben, sagen: „Wenn du mich liebst, liebe mein Verhalten / meine Forderungen manchmal nicht! Dann kann ich mich gefahrlos an dir reiben und trainieren, mit den Widrigkeiten des Lebens umzugehen!" (in Anlehnung an Lucia Feider, 12 Forderungen eines Kindes an seine Eltern)

5.2 Drachen steigen gegen den Wind, nicht mit ihm!

Wir alle möchten, dass unsere Kinder sich zu freiheitlich denkenden, eigenständigen Persönlichkeiten entwickeln, die im Rahmen unserer Gesellschaft angemessen Leben können. Doch was heißt es, in unserer Gesellschaft angemessen Leben zu können? Hierzu gehört meiner Ansicht nach auch, dass eine Gesellschaft wie die unsere nur dann funktionieren kann, wenn wir die Zwänge, die sich durch diese Gemeinschaft ergeben tolerieren. Das bedeutet nicht, dass wir sie unkritisch einfach hinnehmen und nicht hinterfragen sollten. Es gilt jedoch, sie als notwendiges „Übel" anzuerkennen, da es ohne sie nicht wirklich geht. Wir alle sind im Rahmen von Zwängen (Miete / Arbeit / Geld / Verträge / etc.) gebunden, was uns nicht immer begeistert, sich jedoch nicht wirklich ändern lässt, oder? Viele sozialkritische Menschen werden mich jetzt wahrscheinlich steinigen. Doch für mich ist das so, wie jemand der versucht Kaffee zu kochen, sich jedoch grundsätzlich weigert, Kaffeepulver zu verwenden.

Auch hier kann ich den Wind nicht ändern, jedoch versuchen, meine Segel richtig zu setzen. Das bedeutet: Dass es Kaffeepulver sein muss, ist klar. Wie ich ihn jedoch, mit welcher Menge, mit welcher Bohne, welchem Röstverfahren ... zubereite, das kann ich bestimmen. Ich kann auch nach Alternativen suchen, wobei diese dann auch wieder an Sachzwänge gebunden sind.

Das Drachenbeispiel

Ein schöner Spruch:
„Drachen steigen gegen den Wind, nicht mit ihm!"
Ich denke, dass dieser Satz auf vielfältige Weise zu interpretieren ist. Bezogen auf die Erziehung unserer Kinder bedeutet er für mich, dass die Kinder sich gegen uns Erwachsene auflehnen müssen, damit sie sich vermeintlich freiheitlich und individuell entwickeln sowie ihre wichtigen Lebenserfahrungen machen können. Umso wichtiger ist es, dass Eltern und Pädagogen hier angemessen Position beziehen.

Denn: Der Drache fliegt auf den ersten Blick vermeintlich frei am Himmel.

Doch wodurch fliegt er dort? Er fliegt dort, weil am Ende jemand steht, der als Gegengewicht die Leine hält! Weil jemand Position bezieht, in dem er mit beiden Beinen fest auf dem Boden steht. Über den Zug an der Leine erzeugt er somit genügend Gegendruck, damit der Drache in der Luft bleibt und er vermeintlich frei dort seine Bahnen ziehen kann! Wir könnten auch sagen, der Drache reibt sich am Wind, nur dadurch kann er fliegen! Dies ist der unbestreitbare Grundsatz, der meinem einfachen Wissen nach, für alle Flugapparate gilt (Fachleute der Flugwissenschaften mögen mir diese laienhafte Darstellung verzeihen, hoffe ich!)

Sie werden vielleicht jetzt denken: „Das ist ja toll, aber mein Kind ist doch kein Gegenstand wie ein Drache! An die Leine legen wie einen Hund will ich es auch nicht!" Im Grunde haben Sie auch Recht. Doch ich finde, dass der Vorgang des Drachen steigen lassen sich hervorragend eignet, um zu verdeutlichen, an welchen Grundsätzen und Sachzwängen sich Erziehung orientieren sollte. Sie runzeln die Stirn und fragen sich: „Was soll das denn jetzt heißen!?" oder haben das Gefühl, Sie verstehen nur „Bahnhof"?! Damit wären Sie nicht allein. In meinen Seminaren und in meinen Beratungen ernte ich ähnliche Reaktionen. Ich bitte die Beteiligten sich einfach einmal auf das folgende Gedankenspiel einzulassen, bevor der Denkansatz in Diskussionen untergeht. Erziehung setzt für mich zum einen, einen angemessenen Stellungsbezug von uns Eltern und Pädagogen, zum anderen ein Bewusstsein zur Notwendigkeit von angemessener Reibung voraus!

Oft werde ich gefragt:

- Was ist denn dann ein angemessener Stellungsbezug?!
- Wie finde ich denn dann die richtige Position?!
- Woran merke ich, dass die Reibung angemessen ist?!

Dann frage ich: „Haben Sie schon einmal einen Drachen mit Erfolg steigen lassen?!" Fast alle Teilnehmer bejahen diese Frage. Die Teilnehmer, die es noch nicht versucht haben oder denen es noch nicht gelungen ist, bitte ich zu versuchen, sich einmal in den Vorgang einzudenken, besser noch, sich einzufühlen! „Woher wussten Sie, dass Ihre Position gut war?!" Oft wird mir geantwortet: „Das weiß ich halt! Das ist Intuition!"

- Doch woher kommt Ihr Wissen oder Ihre Intuition?
- Sie war doch nicht einfach da!
- Wie haben Sie das Drachensteigen gelernt?!

Oft wird geantwortet: „Ich habe es mir als Kind oder als Erwachsener zeigen lassen. Dann habe ich so lange probiert bis es geklappt hat, um ein Gefühl dafür entwickeln zu können! Und heute kann ich es halt!"

Es ist jedoch nicht selbstverständlich, dass Sie es können! Sie haben es geübt! Sich durch Misserfolge nicht entmutigen lassen! Sie haben versucht, aus Ihren Fehlern zu lernen und Ihre Fertig- und Fähigkeiten trainiert! Sie haben durch Ihre Erfahrungen ein

Gefühl und eine Meinung dafür entwickelt,

- was eine gute Position zu sein scheint!
- ob der Wind ausreichend oder zu stark ist!
- wie Sie den Drachen am besten führen können!
- etc.

„Wenn der Drachen dann am Himmel flog, war alles klar! Sie brauchten auf nichts mehr achten, oder?!"
In der Regel wird dann im ersten Moment geantwortet: „Ja klar!" Beim genaueren Nachdenken kommen dann die Einschränkungen: „Stimmt eigentlich nicht, denn der Wind könnte drehen, abflauen oder stärker werden!" Das bedeutet, dass Sie, auch wenn er frei am Himmel steht, immer noch darauf achten müssen, was der Wind macht, auf den Sie bekanntlich keinen Einfluss haben. „Was machen Sie denn, wenn der Wind unbeständig weht!?" Die meisten Eltern antworten: „Ich bin aufmerksam und achte auf die Windveränderungen!"
„Was bedeutet das denn genau, wenn zum Beispiel der Wind abflacht und der Drachen ins Trudeln gerät!?"
Antwort: „Das ist doch klar, dann ziehe ich an der Leine bis er sich gefangen hat!"
Das bedeutet: Sie ziehen an der Leine, um den Winddruck zu erhöhen! Dieses betreiben Sie so lange, bis der Drache sich wieder stabilisiert hat!
„Und was ist, wenn der Wind auffrischt, der Druck auf die Leine zu stark wird?"
Antwort: „Dann lasse ich Leine nach, um den Druck zu minimieren!"
Das bedeutet: Wenn Sie merken, dass der Druck zu groß wird, dann lassen Sie zunächst die Leine länger, um den Druck zu minimieren!
„Und wenn der Wind sich dreht!?"
Antwort: „Dann überlege ich kurz und verändere dann meine Position!"

Das bedeutet: Sie denken kurz nach, prüfen aus welcher Richtung der Wind kommt und passen sich der veränderten Situation an!

„Und wenn Sie sich vertan haben? Den Wind oder Ihren Drachen falsch eingeschätzt haben? Was machen Sie, wenn der Drache abstürzt, weil der Wind zu stark abgeflacht ist, oder Sie die Windrichtung falsch eingeschätzt haben?"
Antwort: „Dann gehe ich los, hebe ihn auf und versuche es erneut beziehungsweise warte auf besseren Wind!"
„Ok! Und was ist, wenn der Wind zu stark war, die Leine gerissen ist und der Drache davon treibt!? Lassen Sie ihn dann einfach wegfliegen und gehen nach Hause? Oder wie reagieren Sie?"

Antwort: „In der Regel versuche ich zu retten, was zu retten ist! Wenn möglich laufe ich hinterher und versuche ihn einzufangen! Wenn ich ihn bekomme schaue ich ihn mir an, wenn möglich repariere ich ihn und lasse ihn dann wieder steigen!"

Vielleicht werden Sie sich jetzt fragen: „Ok, jetzt weiß ich was ich grundsätzlich beim Drachen steigen lassen beachte! Ich habe aber ein Buch über Kindererziehung gekauft und keine Anleitung zum erfolgreichen Drachenfliegen!"

Haben Sie eine Idee, was das Prinzip des Drachen steigen lassen mit den Grundsätzen der Kindererziehung gemein haben könnte?!

Oft fragen mich Eltern nach einem Patentrezept für die Erziehung ihrer Kinder. Wie alle anderen Pädagogen sage ich dann immer: „Das gibt es nicht!" Aber es gibt Grundsätze, die ich beachten sollte, dann kann vieles was kompliziert erscheint, einfacher werden. Einfacher werden heißt nicht, dass es leichter wird. Wenn ich aber um die Grundsätze weiß, dann kann ich mich besser auf das, was von mir gefordert wird, einstellen. Sie können also den Wind nicht ändern, jedoch versuchen, die Segel richtig setzen, damit Sie Ihr Ziel erreichen. Mit diesem Buch möchte ich Ihnen helfen, Ihren persönlichen Kurs / Ihre persönliche Haltung / Ihre persönliche Meinung besser bestimmen zu können.

Um die Gesetzmäßigkeiten von Erziehung so zu erklären, dass es leicht verstanden werden kann, ohne studiert haben zu müssen [und auch die „Studierten" haben oft Schwierigkeiten im Umgang mit ihren Kindern! (Der Volksmund sagt: „Oft sind die schlimmsten Kinder, Lehrer- und / oder Pädagogen-Kinder!")], bietet sich meiner Meinung nach unter anderem das Drachenbeispiel gut an. Ich finde es gut geeignet, um ein Gefühl für die Grundsätze von Erziehung zu erhalten, um sich dann Gedanken zu seiner Haltung sowie der daraus folgenden Handlung machen zu können.

Was bedeutet das für uns Eltern?!

Das Prinzip des Drachen steigen lassen, lässt sich meiner Meinung nach 1 : 1 auf die Kindererziehung umsetzen. Unsere Kinder brauchen Erwachsene, die sich trauen Position und Stellung zu beziehen. Dies sollte dem jeweiligen Alter (Wind) angemessen sein. Erwachsene, die die Leine der jeweiligen Situation (Windverhältnisse) entsprechend souverän handhaben, wissen, dass das Kind (Drache) nicht flügge werden kann, wenn keiner die Leine hält!

Kritiker werden jetzt sagen: „Das Beispiel taugt nichts, denn das Ziel der Erziehung ist ja wohl, dass die Kinder selbstständig werden sollen. Spätestens, wenn sie älter werden, müssen Eltern auch lernen die Leine loszulassen! Einen Drachen kann man niemals loslassen, denn dann stürzt er ab!" Stimmt liebe Kritiker. Das sehe ich genauso. Bei dieser

Argumentation wird meines Erachtens außer Acht gelassen, dass wir zwar in einem freiheitlichen und demokratischen System leben, in dem jeder die Freiheit hat das zu tun, was ihm liegt. Aber ist dieses System wirklich so freiheitlich wie wir denken? Was passiert denn, wenn:

- wir unsere Miete nicht bezahlen, weil wir das Geld lieber für Sinnvolleres ausgeben?
- wir morgens lieber, im schönen warmen Bett liegen bleiben, anstatt zur Arbeit zu gehen?!
- wir mit unserem Geld nicht haushalten, es willkürlich einsetzen, um uns unkritisch und spontan die schönen neuen Sachen zu kaufen, die uns wichtig erscheinen?
- wir uns den Porsche des Nachbarn ungefragt nehmen, weil es ungerecht ist, dass er einen hat und wir nicht?
- wir nicht zur Schule gehen, weil es schöner ist, Freizeit zu haben?
- wir ... ?

Die Leinen, die Eltern irgendwann loslassen müssen, werden andere übernehmen. Andere, wie der Lehrer, der Ausbilder, der Professor, der Vermieter, der Sparkassenangestellte, der Staatsanwalt, der Richter, etc. An einer Stelle hinkt das Beispiel mit dem Drachen, das gebe ich gerne zu. Denn der Drache wird nie flügge werden. Er ist ein Gegenstand und keine menschliche Persönlichkeit. Jedoch finde ich, dass das Grundprinzip richtig ist. Unsere Kinder müssen lernen, mit den „Leinen" des Lebens umgehen zu können. Um das zu trainieren und zu üben benötigen sie zunächst uns Eltern. Uns muss das bewusst sein. Wir sollten kein schlechtes Gewissen haben, wenn wir versuchen, dies unseren Kindern zu vermitteln. Denn je jünger die Kinder sind, desto sicherer sollten wir Eltern die Leine in der Hand halten. Dadurch können wir einen angemessenen Gegendruck erzeugen, an dem die Kinder sich reiben dürfen, um „fliegen" zu können. Je jünger die Kinder sind und mit diesen Leinen konfrontiert werden, desto besser können sie lernen, mit diesen im weiteren und späteren Leben umzugehen. Wie beim Drachen steigen lassen sollten wir uns bei der Erziehung auf unsere Intuition unser Gefühl (Erfahrung) verlassen und dies mit dem Kopf hinterfragen.

Für die Erziehung unserer Kinder bedeutet das:

- Nutzen Sie Ihre Erfahrungen, Ihre Intuition (Sie waren selbst einmal Kind und können einschätzen, was Ihnen gut getan hat und was falsch gelaufen ist!) und suchen Sie sich eine gute Position (Meinung)!
- Nehmen Sie die Leine fest in die Hand und halten guten Kontakt zum Boden!
- Haben Sie das Gefühl der Druck wird zu stark, lassen Sie Leine nach!
- Haben Sie das Gefühl der Druck wird zu schwach, ziehen Sie die Leine ein!
- Beobachten Sie die Entwicklung Ihres Kindes und seien Sie aufmerksam für Verände-

rungen. Dann können Sie Ihr Handeln beim Wechsel des Windes rechtzeitig verändern!
- Haben Sie das Gefühl der Wind ist im Moment zu stark, dann verschieben Sie Ihr Vorhaben auf einen anderen Zeitpunkt!

Mit der Entwicklung und Erziehung unser Kinder ist es wie mit dem Wind beim Drachen steigen lassen. Sie fordert uns immer wieder neu heraus, und wenn wir gedacht haben jetzt geht es gut, dann ändert sich der Wind und wir müssen neu überlegen und handeln. Als Eltern sollten wir also lernen, angemessen Position durch unsere Haltung und unsere Meinung zu beziehen, die jeweilige Entwicklung unserer Kinder sensibel beobachten, und je nach Situation die Gratwanderung zwischen Halt geben und Loslassen mit unseren Kindern üben. Denn: Drachen steigen gegen den Wind und nicht mit ihm!

5.3 Von der Angst, Fehler zu machen

Es gibt bei der Kindererziehung ein großes Hindernis, das wir beim Drachen steigen lassen nicht wirklich haben. Wenn wir beim Drachen steigen lassen einen Fehler machen, dann stufen wir das als nicht so schlimm ein. Reißt die Leine oder stürzt er ab, weil wir den Wind falsch eingeschätzt haben, so gehen wir ihn suchen, schauen ihn uns an, überprüfen seinen Zustand, reparieren ihn und lassen ihn in der Regel wieder steigen. Wir machen uns hier wenig Gedanken, dass etwas schiefgehen könnte, weil wir ja im Vorfeld überprüft haben (Ort / Wind / Drachen/ etc.), ob es möglich ist. Und wenn wir einen Fehler gemacht haben, weil wir die Bedingungen falsch eingeschätzt haben, kaufen wir im schlimmsten Fall halt einen neuen Drachen. Ein neues Kind können wir uns schlecht kaufen. Was die Angst vor Fehlern deutlich zum Problem werden lässt. Haben Sie eine Idee, was ich Ihnen damit vermitteln möchte?!

Das Verlassen auf Ihre Fähigkeiten und Ihre Selbsteinschätzung sollten Sie auch bei der Erziehung Ihrer Kinder an den Tag legen. Wie beim Drachen steigen lassen, können Sie die Bedingungen und Gefahren Ihrer erzieherischen Bemühungen im Vorfeld einschätzen. Hierdurch wird das Risiko einer Fehleinschätzung deutlich minimiert. Sie sollten dann Ihr Vorhaben überzeugt und selbstsicher umsetzen. Als Eltern haben wir oft Angst Fehler zu machen. Diese Angst ist grundsätzlich gut, da sie uns wach hält und aufmerksam sein lässt, um Fehler zu vermeiden. Sie kann aber auch sehr hinderlich sein. Gerade bei der Erziehung von Kindern höre ich immer wieder: „Ich will und ich darf keine Fehler machen!"

Fehler sind jedoch ein wichtiger Bestandteil von Entwicklung. Ohne Fehler und deren Ideen zur Problemlösung würden wir heute noch in der Steinzeit leben. Bezogen auf die Definition von Fehlern habe ich während einer meiner vielen Fortbildungen folgenden tollen Satz gehört, der seitdem mein Leben mitbestimmt: „Ein Fehler ist ein Ereignis dessen großer Nutzen sich nur noch nicht zu deinem Vorteil entwickelt hat!" Nach diesem Satz gibt es eigentlich keine Fehler, da jeder Fehler, wenn ich ihn als solchen erkenne, auch den Vorteil der Möglichkeit zum positiven Nutzen birgt. Ich ergänze diesen Satz immer gerne mit: „Er enthält nämlich die Information, wie du es beim nächsten Mal besser machen kannst!"

Es gibt keine Entwicklung ohne Gefahr und Risiko! Auch dies sind wesentliche Bestandteile von Entwicklung. Das bedeutet, dass wir unsere Kinder, Gefahren und Risiken aussetzen müssen, sonst bleiben sie in ihrer Entwicklung stehen. Sie müssen lernen, mit diesen umzugehen. Dabei haben wir Erwachsene die Aufgabe darauf zu achten, dass diese dem jeweiligen Alter unserer Kinder angemessen sind. Wenn wir dann einmal einen Fehler gemacht haben, ist die Frage, wie wir mit ihm umgehen. Was können Sie tun, wenn Sie einmal einen Fehler gemacht haben?! Richtig, Sie können sich bei Ihrem Kind entschuldigen. Ihr Kind würde sagen: „Denke nicht, dass es unter deiner Würde sei, dich bei mir zu entschuldigen. Eine ehrliche Entschuldigung erweckt in mir ein überraschendes Gefühl von Zuneigung!" (in Anlehnung an Lucia Feider, 12 Forderungen eines Kindes an seine Eltern)

5.4 Wie sollte eine gute Mutter, ein guter Vater sein?

Immer wieder werde ich gefragt, wie gute Eltern sein sollen.

- „Wann bin ich eine gute Mutter?"
- „Wann bin ich ein guter Vater?"
- „Woher weiß ich, was richtig und falsch ist?"

Ich bin davon überzeugt, dass dieses Wissen in allen schlummert. Auch in Ihnen! Sie sind verwundert?! Lassen Sie sich einmal auf ein kleines Experiment ein, und holen sich, bevor Sie weiterlesen, bitte einen Stift, um die folgenden Fragen zu beantworten: Wie stellen sie sich den optimalen Chef vor?!

- Was macht ihn aus?!
- Welche Eigenschaften soll er haben?!
- Welches Gefühl soll er Ihnen vermitteln?!
- Wie sollte seine Mitarbeiter- und Geschäftsführung sein?!

Träumen ist erlaubt! Ausreden wie: „Den gibt es nicht!" gelten nicht! Bitte notieren Sie in den folgenden Zeilen einmal Ihre Gedanken, Wünsche, Vorstellungen, etc.!

In meinen Seminaren wird oft genannt:

„Er sollte sich durchsetzen können, seinen Mitarbeitern Vertrauen schenken, ihnen das Gefühl geben, ein wichtiger Bestandteil des Betriebes zu sein, wissen was er will, Fehler zugeben können, das Steuer fest in der Hand halten jedoch auch gut delegieren und Verantwortung abgegeben können, ein Ohr für die Sorgen seiner Mitarbeiter haben, sich jedoch das Heft nicht aus der Hand nehmen lassen, seinen Mitarbeitern etwas zutrauen, konsequent sein, einfühlend jedoch auch klar sein, ..."

Können Sie sich vorstellen, was das mit der Erziehung und Beziehungsgestaltung zu Ihren Kindern zu tun haben könnte?! **SEIEN SIE IHREN KINDERN EIN GUTER CHEF!** All das, was Sie sich von einem guten Chef wünschen, sollten Sie im Alltag mit Ihren Kindern umsetzen! Dann läuft vieles wie von allein! In der Schifffahrt würde man sagen: **Sie sind der Kapitän an Bord und bestimmen, wohin das Schiff fährt!**

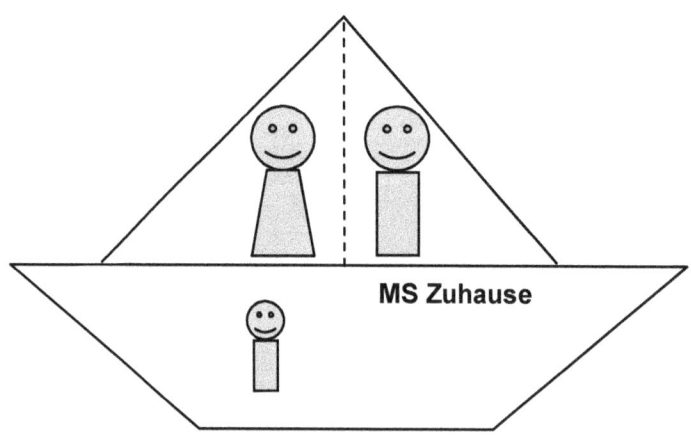

Dabei müssen Sie die Bedürfnisse der Mannschaft gut im Auge haben und allen Abteilungen das Gefühl geben, dass sie das Ziel nur erreichen können, wenn alle ihre Abteilungen angemessen führen und ihre Aufgaben erfüllen. Was passiert, wenn der Kapitän unsicher ist und nicht wirklich weiß, was er will?! Die Mannschaft wird meutern, da sie sich nicht wohl und gesehen fühlt. Die Konflikte, die hieraus entstehen, können bis zum Untergang des Schiffes führen. **SEIEN SIE IHRER FAMILIE EIN GUTER KAPITÄN!** Denken Sie vielleicht jetzt: „Das ist ja super! Wissen tu ich das auch, aber wie bekomme ich es im Alltag umgesetzt!? Das ist doch das Problem!" Ich glaube, dass Sie es schon in die Praxis umsetzen – es vielleicht gar nicht selbst wahrnehmen.

Das Autobeispiel

Haben Sie einen Autoführerschein? Fahren Sie mit Ihren Kindern oft Auto? (Sollten Sie keinen Führerschein besitzen, dann können Sie sich vielleicht in dieses Beispiel einfühlen, oder Sie sind schon einmal mit Bekannten gefahren?)

Wie verhalten sich Ihre Kinder denn während der Fahrt!?

- Toben sie im Auto rum?
- Schnallen sich während der Fahrt ab?
- Klettern während der Fahrt von vorne nach hinten?
- Werfen sie Sachen aus dem Fenster?
- Greifen sie Ihnen während der Fahrt ins Lenkrad?
- Wollen sie das Auto fahren und toben, wüten, schreien, weil sie nicht an das Lenkrad dürfen?!
- Werfen sie Spielzeug durch das Auto?
- ...?

Nein? Warum nicht! Viele Eltern sagen:

- „Weil es ein begrenzter Raum ist!"
- „Weil es viel zu gefährlich ist!"
- „Weil es verboten ist!"
- „Weil die Kinder angeschnallt sind!"
- ...

Es gibt viele Erklärungen dazu. Ich jedoch behaupte: Sie tun es nicht, weil Sie es Ihnen beigebracht haben! 95 – 98 % der Eltern mit denen ich spreche, sagen mir, dass ihre Kinder beim Autofahren das machen, was sie von ihnen erwarten. Ihre Kinder haben in jungen Jahren sehr wohl versucht durch das Auto zu toben, wollten sich nicht anschnallen oder nicht auf dem Platz sitzen bleiben. Letztlich haben sie sich jedoch durchgesetzt. Sie haben Ihren Kindern die erwarteten Werte, Normen und Verhaltensanforderungen auf die unterschiedlichsten, individuellen Weisen beigebracht. Oder benötigten Sie hierzu einen Therapeuten oder Berater?!

Beim Autofahren sind Eltern in der Regel ein guter Kapitän! Sie sitzen ohne Diskussion vorne links und haben das Steuer fest in der Hand. Dabei lassen sie ihren Kindern den ihrem Alter entsprechenden Freiraum, beziehen jedoch auch klar Position bei dem was geht und was verboten ist. Oder haben Sie ein schlechtes Gefühl, wenn Sie in den Urlaub fahren und Ihre Kinder nötigen, dabei stundenlang angeschnallt auf ihrem Platz sitzen zu bleiben? In der Regel nicht! Sie machen sich vorab Gedanken wie lange Sie fahren, wann Sie Pausen einlegen, damit Sie alle angemessen an Ihrem Urlaubsziel ankommen. Das gilt auch für Urlaubsreisen mit der Bahn oder dem Flugzeug. Sicherlich stellt sich auch ein schlechtes Gewissen ein. Das sichert jedoch, dass sie angemessen die Bedürfnisse Ihrer Kinder im Auge behalten. Es sorgt dafür, dass Sie die Gratwanderung zwischen den Bedürfnissen der Kinder und den nicht änderbaren Anforderungen sowie Gegebenheiten begehen können. Es sei denn, Sie sagen, Sie werden mit Ihren Kindern kein Auto fahren. Denn auch auf Kurzstrecken müssen Sie Ihre Kinder zwingen sitzen und angeschnallt zu bleiben.

Beim Autofahren gibt es klare Grundsätze, die Sie von den Kindern erwarten müssen. Diese setzen sie ab der Geburt auch konsequent um. Schon aus dem Krankenhaus holen Sie Ihr Kind in einer speziellen Sitzschale ab, um es mit einem Sechspunktgurt, bis fast zur Bewegungsunfähigkeit festzuschnallen. Im weiteren Verlauf wechseln die Kinder in einen Kindersitz, welcher immer noch ein Sechspunktsystem und ein kindergesichertes Schließsystem hat. Auch wenn die Kinder nicht in den Sitz wollen, müssen sie dort Platz nehmen. Das ist nicht zu diskutieren. Je älter sie werden, desto freiheitlicher werden die Sitzgelegenheiten. Es gilt jedoch der Grundsatz: Wer vorne links sitzt, bestimmt! Je älter die Kinder werden, desto partnerschaftlicher werden mögliche Ziele mit ihnen vereinbart. Desto mehr können unsere Kinder mitbestimmen, wo sie sitzen und wohin gefahren wird. Klar ist jedoch: Bis zum 18. Lebensjahr und zur erfolgreichen Führerscheinprüfung dürfen sie nicht vorne links sitzen! Das ist in erster Linie den Eltern vorbehalten und von ihnen einzuhalten.

In meiner Arbeit beobachte ich, dass das in fast allen Familien gelingt. Beim Autofahren beachten selbst die größten Rabauken die an sie gestellten Anforderungen. Sie akzeptieren den ihnen zugewiesenen Platz und greifen ihren Eltern nicht ins Lenkrad, wenn diese einen Weg fahren, der ihnen nicht passt und opponieren nicht gegen den Gurt. Beim Autofahren beachten wir Erwachsene in der Regel genau das, was ich zu Anfang des 3. Kapitels "Was ist eine normale Familie" beschrieben habe. Intuitiv beachten wir, dass es eine Elternebene und eine Kinderebene gibt. Das natürliche Machtgefälle, welches Minuchin und Winterhoff als notwendig für eine gesunde psychische Entwicklung ansehen, wird hier ohne lange darüber nachzudenken umgesetzt. Die Erwachsenen ruhen in sich selbst, verstehen sich als unabhängiges Individuum, grenzen sich den Kindern gegenüber ab, geben ihnen somit Orientierung, und ... es klappt! Winterhoff schreibt hierzu:

„Der Erwachsene hat in der Beziehung zu Kindern die Pflicht, eine unsichtbare Trennungslinie zwischen sich und dem Kind zu gewährleisten. Das geht allerdings nur, wenn er in sich selbst ruht, sich also als unabhängiges Individuum versteht, welches Kinder auf einer von ihm getrennten Ebene ansiedelt" (Winterhoff, Tyrannen müssen nicht sein, Seite 47)

Das, was beim Autofahren vielfach klappt, sieht im übrigen Alltag oft ganz anders aus. Da wird es oft schon zu einem großen Problem, wenn von den Kindern erwartet wird, dass sie einmal fünf Minuten ruhig am Essentisch sitzen sollen. Woran liegt das?! Viele Eltern und Pädagogen sagen mir, das ist doch klar. Das Auto ist ein begrenzter Raum, es gibt viel zu sehen und die Kinder sind angeschnallt, usw. Ich glaube, dass das sicherlich ein Teil des Erfolges ist, aber Hand aufs Herz! In der Regel verfügen die Kinder über alle Fähigkeiten. Sie haben gesunde Hände und könnten sich abschnallen. Sie sind in der Regel bewegungsfähig und könnten durch das Auto klettern oder während der Fahrt ins Lenkrad greifen. Sie tun es aber nicht. Als verantwortungsbewusste Eltern haben wir ihnen schon ab dem Säuglingsalter beigebracht, dass wir in diesem Fall auf ihre spontanen Wünsche und Bedürfnisse nur sehr eingeschränkt Rücksicht nehmen können. Wir haben von ihnen erwartet, dass sie lernen, ihre spontanen Impulse zurückzuhalten, dass sie lernen, mit den entsprechenden Frustrationen angemessen umzugehen. Um das zu erreichen, haben wir oft "wenn-dann-Kombinationen" eingesetzt wie:

- „Wenn du dich nicht anschnallst, dann fahre ich nicht weiter!"
- „Wenn du nicht auf deinem Platz sitzen bleibst, dann bleibe ich stehen!"
- „Wenn du dich im Auto nicht anständig benimmst, dann fahren wir nicht!"
- „Wenn du ...!"

Man könnte also gehässig behaupten: Aus tiefster Überzeugung haben wir Position bezogen, um unsere Kinder, fast ohne schlechtes Gewissen, zu „erpressen". Das haben wir gemacht, weil wir wissen wie gefährlich es sein kann, wenn sich unsere Kinder beim Autofahren nicht „anständig" zu benehmen lernen. Doch wie gefährlich ist es, wenn die Kinder es nicht lernen auch am Essentisch einmal fünf Minuten ruhig sitzen zu bleiben? Hier werden wir unsicher und überlegen, ob es das Kind in seiner freiheitlichen Persönlichkeitsentwicklung nicht traumatisiert, wenn wir es hierzu zwingen. Letztlich denken wir nicht darüber nach was unsere „Kleinen" bis zum Schuleintritt gelernt haben müssen. Wer trainiert diese Fähigkeiten mit unseren Kindern?

Sie fragen sich jetzt vielleicht: „Was haben denn fünf Minuten ruhig am Essentisch sitzen bleiben, mit der Schule zu tun?" Mit Schuleintritt wird von unseren Kindern verlangt, dass sie das bis zu 6-mal 45 Minuten am Tag können müssen. Gut, im ersten Schuljahr vielleicht noch nicht, jedoch gilt auch hier der Grundsatz, dass sie an dem Platz sitzen bleiben sollen, der ihnen vom Lehrer zugewiesen wird. Und wenn sie es vorher nicht trainiert haben, woher sollen sie es denn dann können?! Wir Eltern machen uns das oft nicht klar. Beim Autofahren trainieren wir es wegen der offensichtlichen Gefahr automatisch. Doch die Gefahren des Alltages sind uns oft nicht so präsent. Denn wenn unsere Kinder das Sitzen an dem Platz der ihnen zugewiesen wird nicht beherrschen und dagegen beständig opponieren, wie sieht es denn dann mit dem erfolgreichen Schulbesuch aus?! Dieses Beispiel können Sie auf viele alltägliche Situationen übertragen. In der Erziehung gilt es, als guter Kapitän die Wünsche und Bedürfnisse der Kinder sicherlich zu beachten, jedoch auch, sich deutlich zu machen, was die Grundsätze des Lebens von ihnen erwarten und diese Anforderungen mit ihnen zu trainieren. Hierzu müssen wir Eltern fest im Sattel sitzen und wissen, was wir von unseren Kindern erwarten. Hier gilt: „Du kannst nur das in deinem Kind entzünden, was selber in dir brennt!"

Beim Autofahren sind wir von den Notwendigkeiten überzeugt. Aus diesem Grund gelingt es hier augenscheinlich wie von selbst. Es gelingt aber nicht wie von selbst! Sondern es gelingt nur, weil wir Eltern es unseren Kindern beigebracht haben. Als Kapitän müssen wir Eltern auch mal unpopuläre Entscheidungen treffen, damit wir ans Ziel kommen. Beim Autofahren ist klar, du musst dort angeschnallt sitzen. Unsere Kinder begeistert das nicht, es sorgt jedoch dafür, dass wir angemessen unser Ziel erreichen!
SEIEN SIE IHREN KINDERN ALSO EIN GUTER KAPITÄN!

5.5 Mutter und Vater als Team (Teamplay)

In Kapitel 3 habe ich beschrieben, wie eine normale Familie aufgestellt sein sollte. Mutter und Vater sind Kapitän und 1. Offizier. Im Rahmen einer durchlässigen Grenze auf der Elternebene sollten sie als Team agieren und sich miteinander abstimmen. Doch:

- Was bedeutet Partnerschaft?!
- Was bedeutet Teamplay?!

„Normale" Partnerschaft?!

Die Ansprüche an Partnerschaft erlebe ich oft geprägt durch den Wunsch nach beständiger Harmonie, Frieden, Glückseligkeit usw.

Sind Vater und Mutter sich einig, steht diesem auch nichts im Wege und sie kommen nahe an das heran was gewünscht wird.

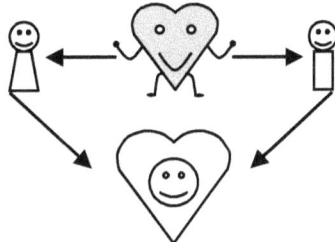

Doch was passiert, wenn sich Vater und Mutter nicht einig sind?! Wenn beide unterschiedliche Vorstellungen, Einstellungen sowie Sichtweisen zum Umgang mit dem Kind haben und jeder versucht seine „positive Absicht" (vgl. Kapitel 4 Warum machst du das, oder auch nicht?! Seite 39) zu verfolgen und durchzusetzen?

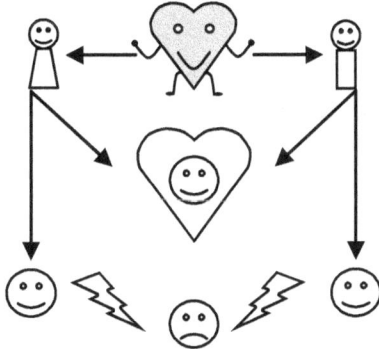

Richtig, es gibt Unstimmigkeiten, die bis zum Streit führen können!

Wie geht es dann weiter? Müssen Sie einen Machtkampf ausfechten und sich solange streiten bis einer gewonnen hat? Wie kommen Sie aus dieser „Nummer" raus, sodass beide Partner das Gefühl haben mit ihrem Anliegen gesehen worden zu sein? Richtig, Sie können versuchen einen Kompromiss zu finden.

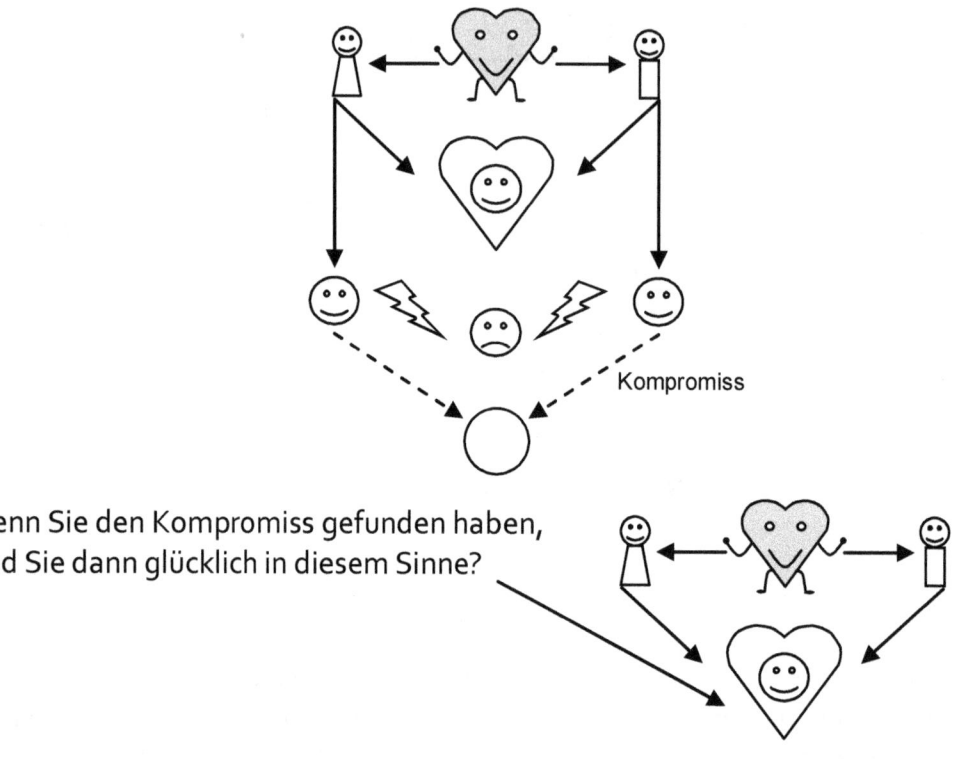

Wenn Sie den Kompromiss gefunden haben, sind Sie dann glücklich in diesem Sinne?

Was glauben Sie? Nein, denn das, was am Ende dabei heraus kommt ist das:

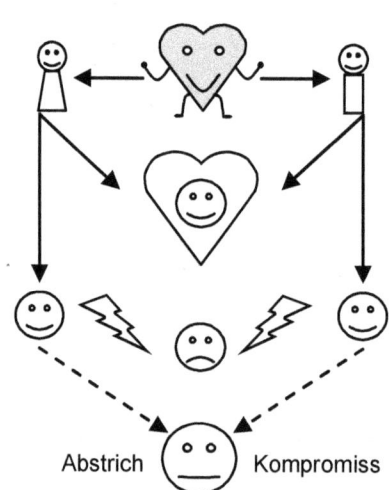

„Glücklich" sind beide Partner nicht, da jeder Kompromiss immer einen Abstrich, sprich einen teilweisen Verzicht bedingt, damit man sich in der Mitte treffen kann. Partnerschaft bedeutet für mich, zunächst erst einmal ein Verständnis für die „normalen" Abläufe zwischenmenschlicher Kommunikation zu erhalten. Partnerschaft heißt für mich, dass ich mir darüber im Klaren sein muss, dass immer dann, wenn ich mir mit meiner Frau einig bin, es wunderschön in der Beziehung ist. Das ist jedoch nicht immer der Fall. Ich glaube, dass wir im Laufe der vergangenen Jahrzehnte das Gefühl dafür verloren haben, dass Konflikte zu unserem Alltag dazugehören. Dass Interessenkonflikte im Rahmen von Partnerschaft etwas völlig normales sind, und dass es nicht immer nur schön und harmonisch verlaufen kann.

Das Problem ist, dass ich glaube, dass das Streben nach Glück und Harmonie seit Anbeginn in uns Menschen verankert ist, wir uns also immer danach sehnen und die multimediale Gesellschaft diese Sehnsucht versucht zu bedienen, um uns ihre Produkte zu verkaufen. Mit Konflikten, Ärger und Streit lässt sich nichts verkaufen! Die Botschaft, dass Frieden, Glück und Harmonie möglich sind wird vielfach in unser Unterbewusstsein eingespeist, ohne dass wir das mitbekommen und welche Auswirkungen dieses auf unser Verhalten haben kann, habe ich im Kapitel 4.1 beschrieben.

Wir sollten uns also vom **Traumschloss** lösen.

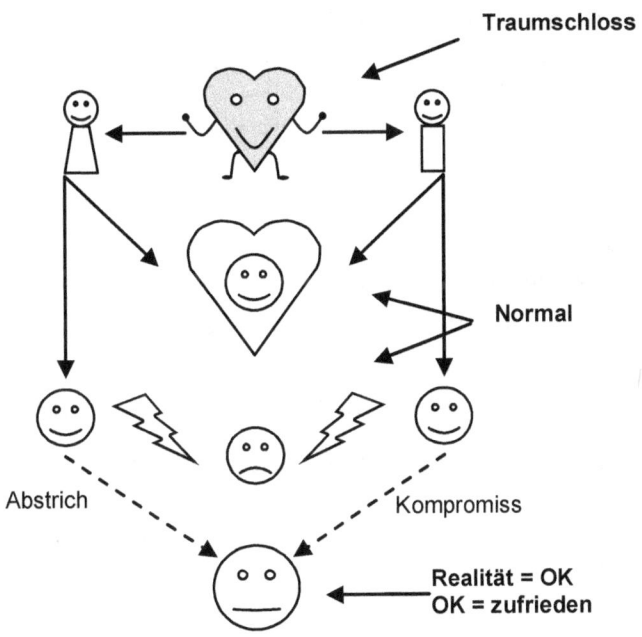

Wir sollten lernen, den Konflikt als **normal** in der zwischenmenschlichen Beziehungsgestaltung anzusehen, da er zum Alltag genauso dazu gehört wie Glück und Harmonie.

Letztlich gilt es einen Kompromiss in dem Bewusstsein zu finden, dass das die **Realität** darstellt. Realität bedeutet: „Es ist ok! Ok heißt, ich bin zufrieden." Zufrieden zu sein heißt nicht, glücklich zu sein! Das ist ein feiner, aber entscheidender Unterschied!

Partnerschaft bedeutet also, dass ich immer dann lebbare Kompromisse finden muss, wenn ich mit meinem Partner nicht einer Meinung bin! Dass das nicht ganz einfach ist, ergibt sich meines Erachtens von selbst. Jedoch gibt es Möglichkeiten dieses auf angemessenen Wegen zu erreichen, doch dazu mehr in Kapitel 8.2 "Partnerschaftlich verhandeln, wie geht das?"

Das Akzeptieren des Interessenkonflikts vor dem Hintergrund der Anerkennung und die Wertschätzung der positiven Absicht (vgl. Kapitel 4) meines Partners sowie die Bereitschaft zum Finden eines geeigneten Kompromisses haben für die Erziehung unserer Kinder einen entscheidenden Vorteil. Wir leben unseren Kindern vor, dass es im Leben unterschiedliche Meinungen geben darf, dass es wichtig ist, sich darüber angemessen auseinanderzusetzen, um als Ziel einen geeignet erscheinenden Kompromiss zu erzielen, mit dem wir zufrieden leben können. Somit sind wir ganz nebenbei Vorbilder für unsere Kinder, an denen sie diese notwendigen Grundvoraussetzungen zur Kompromissfindung beobachten und erlernen können.

Teamplay – Individuelle Sichtweisen als Ressource / Chance?!
(frei nach Martina Schmidt-Tanger, www.nlp-professional.de)

Unterschiedliche Sichtweisen und die sich hieraus ergebenden Probleme erleben wir im Rahmen von Partnerschaft oft als störend, hinderlich und nicht selten führen sie zu Trennung und Scheidung. Hier kann es sehr hilfreich sein, das Vorhandensein der unterschiedlichen Perspektiven einmal ins Bewusstsein zu rufen, es im positiven Sinne, im Hinblick auf ein konstruktives Teamplay zu betrachten. Jeder Mensch hat seine individuelle Perspektive. Das bedeutet, wenn zwei Personen über dasselbe Problem nachdenken, werden sie aufgrund ihrer Erziehung, Erfahrung, ihrer Interessen (vgl. Kapitel 4) jeweils nur einen individuellen Ausschnitt des gesamten Themas sehen.

Der Inhalt des folgenden Achtecks soll die Gesamtmenge aller Informationen / Inhalte zu einem beliebigen Thema im Umgang mit dem Kind darstellen. Die Blickwinkel der Figuren stellen die individuellen Perspektiven von Mutter und Vater dar.

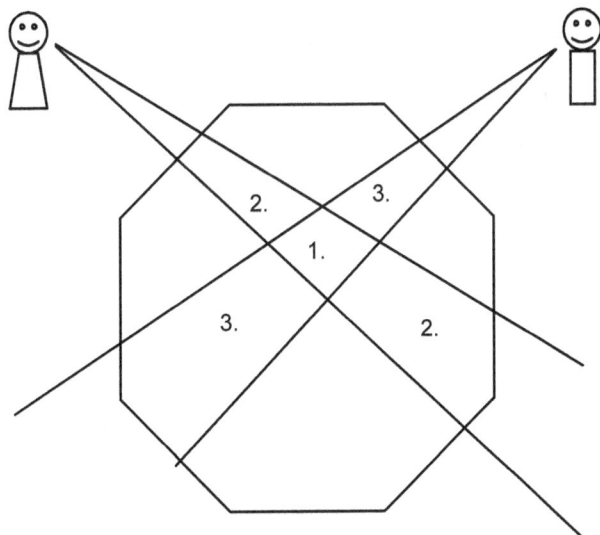

Betrachten nun Mutter und Vater das Thema, entsteht oft eine Diskussion in deren Verlauf meist die Frage auftaucht: **Wer hat Recht?**
Dies führt häufig in einen destruktiven Konflikt / Machtkampf, da jeder versucht seine Sichtweise durchzusetzen (positive Absicht vgl. Kapitel 4)! In der Schnittmenge (1.) herrscht Einigkeit. Dies ist die Stelle, an der es in der Regel „funktioniert" und die Eltern sich einig sind. Hier ist Teamplay kein Problem.

Es gibt jedoch Bereiche (und die sind in der Regel größer als 1.), die nur Mutter sieht (2.) und Zonen, die nur Vater sieht (3.). Dies ist die Stelle, an der häufig ein Streit oder Machtkampf entsteht, der Aggressionen schürt, wertvolle Energien kostet, mit Tumult und Misstrauen einhergeht. Inwieweit kann man denn nun beide Perspektiven als Ressource / Ergänzung / Chance sehen?! Schmidt-Tanger stellt „Teamplay", meines Erachtens, im destruktiven und konstruktiven Sinne wie folgt gegenüber:

STREIT	**RESSOURCE**
Tumult	Tatkraft
Energieverlust	Ehrlichkeit
Aggression	Anerkennung
Misstrauen	Meinungsfreiheit

Wenn es gelingt, die „Welt" / Perspektive des anderen wertzuschätzen und sich darüber auszutauschen sind wertvolle Synergien und eine angemessenere, ja sogar eine gute Beziehungsgestaltung möglich. Das bedeutet für mich: Wenn es Eltern gelingt, sich mit **Tatkraft** und **Ehrlichkeit** in der **Anerkennung** der **Meinungsfreiheit** des Gegenübers auseinanderzusetzen, dann kann es ihnen gelingen einen guten und gesunden Kompromiss zu finden, der für alle Beteiligten ok ist.

Der spannende Vorteil ist: Lasse ich mich auf die Welt / Sichtweise des anderen ein, kann ich meine persönliche Sichtweise im positiven Sinne erweitern bzw. ergänzen! Dies alles gilt selbstverständlich auch für den Kontakt zu unseren Kindern!!! Auch hier gilt es ihre Sicht der Dinge wertzuschätzen und ihnen ihre Meinung zuzugestehen. Dabei sollten wir jedoch nicht außer Acht lassen, dass wir bei ihnen nicht die gleichen Maßstäbe im Sinne von Kommunikation, Reflexion und Selbstkontrolle ansetzen können, wie sie für uns Erwachsene gelten. Es sind schließlich Kinder und keine „kleinen Erwachsenen"! Es ist jedoch für die Beziehungsgestaltung sehr positiv wenn wir ihrer kleinen, unerfahrenen „Welt" eine „Existenzberechtigung" geben.

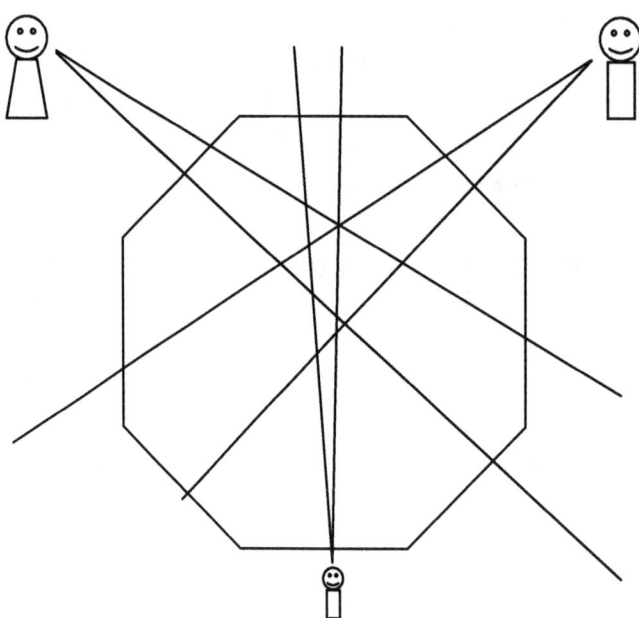

Eine asiatische Weisheit sagt „Jedes Ding hat drei Seiten: Eine, die du siehst, eine, die ich sehe und eine, die wir beide nicht sehen. Es gibt also drei Wahrheiten: Meine Wahrheit, deine Wahrheit und die Wahrheit."

5.6 Ziele in der Erziehung

„Günstige Winde kann nur der nutzen, der weiß, wohin er will!"
„Wer das Ziel nicht kennt, kann den Weg nicht finden!" (Christian Morgenstern)

Jeder von uns hat eine Vorstellung von dem, was er erreichen möchte. Auch in der Pädagogik wird viel von Zielen, von Nahzielen, Fernzielen usw. gesprochen und der Weg zur Zielerreichung gelehrt. Ich habe die Erfahrung gemacht, dass es sehr einfach ist Ziele zu formulieren, der Weg zur Erreichung dieser jedoch oft sehr steinig und vielfach von Misserfolgen geprägt ist. In meinen Ausbildungen zum Erzieher und Heilpädagogen habe ich mich vielfach mit dem Thema Ziele, Zielformulierung, Zielerreichung und Ergebniskontrolle beschäftigt. So richtig befriedigend fand ich das alles nicht, da ich immer das Gefühl hatte, irgendwie im Nebel zu stehen und es selten wirklich konkret darum ging, worauf es denn nun wirklich ankommt.

Ich formulierte: „Das Kind soll lernen ..." Ich gestaltete ein Angebot, aber das Kind lernte nicht! Es machte stattdessen etwas anderes, weil es viel lieber nach draußen zum Spielen wollte! Als Vater ging es mir oft genauso. Mein Ziel war, dass mein Sohn sein Zimmer aufräumen sollte, aber er machte es nicht! Kennen Sie das auch? Hilfreich war für mich meine Fortbildung zum Sozialmanager und Unternehmensberater Wirtschaft & Soziales. Als Pädagoge war es für mich anfangs verpönt, mich mit wirtschaftlichem Gedankengut zu beschäftigen. Hier wurde ich eines Besseren belehrt. Je mehr ich mich mit den Grundzügen von Wirtschaft, Betriebs- und Mitarbeiterführung auseinandersetze, desto deutlicher wurde mir, dass Pädagogik und Wirtschaft sich sehr gut ergänzen können. Vieles von dem was die Wirtschaft seit Jahrtausenden erfolgreich macht, lässt sich oft auch auf die Pädagogik übersetzen und zum Teil sogar übernehmen. Hierzu werde ich vielleicht auch noch mal ein Buch schreiben, schauen wir mal.

Zwei, wie ich finde, hochinteressante Ansätze und ihre Hintergründe habe ich in meinen Management-Fortbildungen im NLP (Neurolinguistisches Programmieren) kennengelernt.

Den Zielfindungsprozess nach Elsbeth Trautwein (www.TrautweinTraining.de) und den Neugier-Erfolgs-Loop in Anlehnung des Buches *Der Neugier-Erfolgs-Loop* von Katja Dyckhoff und Klaus Grochowiak (Junfermann Verlag 1996), möchte ich Ihnen, so wie ich sie, bezogen auf die Kindererziehung interpretiere, im Folgenden vereinfacht darstellen.

Der NLP-Zielfindungsprozess
Das wichtigste Merkmal eines gut formulierten Zieles ist aus meiner Sicht:
Ein Ziel ist nur dann ein Ziel, wenn du es durch dich selbst erreichen kannst!

Das bedeutet, dass wir nicht formulieren dürfen: „Max soll lernen, dass ...‚ sondern, dass wir sagen müssen: „Was kann **ICH** tun, damit Max lernt, dass ...!"

Die Handlungsverantwortung zur Zielerreichung liegt immer bei demjenigen der dieses Ziel hat! Für unseren Alltag bedeutet das: Wenn ich das Ziel habe, dass mein Sohn sein Zimmer aufräumt, dann muss ich mir Gedanken dazu machen wie ich das erreichen kann. Die Verantwortung, dass das Zimmer aufgeräumt wird liegt zunächst bei mir! Weil es mein Ziel ist! Wir Eltern können immer nur Ziele für uns selbst formulieren. Unsere Kinder haben ihre eigenen Ziele. Während uns wichtig ist, dass das Zimmer aufgeräumt wird, hat unser Kind Ziele, die nicht zwangsläufig mit dem einhergehen müssen, was wir uns wünschen. Es will seine Ruhe! Es will fernsehen, Playstation spielen mit seinen Freunden chatten usw. Unser Ziel / unseren Wunsch erlebt es eher als störend.

An dieser Stelle wird es dann im Rahmen von Erziehung „lustig". Haben wir „Glück" und es lässt sich darauf ein, ist alles kein Problem. Haben wir „Pech" und es möchte seine Bedürfnisse durchsetzen, sprich, es hat keinen „Bock" das zu tun, was wir von ihm erwarten, müssen wir uns Gedanken machen, wie wir unser Ziel auf welchem Weg umsetzen sollen / wollen! Und das Schlimmste ist, je jünger die Kinder, desto weniger sind sie zu Kompromissen bereit! Wir müssen uns also entscheiden, gehen wir einen autoritären oder einen partnerschaftlichen Weg (vgl. Kapitel 6 Was ist Erziehung?!) und das Ganze in dem Bewusstsein, dass das jetzt zunächst einmal unser Problem ist!

Es ist also wichtig zu erkennen, dass unsere Ziele nicht gleich die Ziele unserer Kinder sind, und dass der sich hieraus ergebende Interessenkonflikt aus meiner Sicht völlig „normal" ist. Weitere Merkmale eines „wohl" formulierten Zieles sind:

- Es sollte positiv formuliert sein.
- Es sollte den Zeitpunkt der Zielerreichung enthalten.
- Es sollte realistisch zu erreichen sein.
- Es sollte möglichst nur ein Satz sein.

Mein Ziel könnte zum Beispiel sein:
„Ich will erreichen, dass mein Sohn (16 Jahre) sein Zimmer bis 18:00 Uhr gesaugt hat."

Jetzt ist es sehr hilfreich, wenn ich mich einmal in den Zielzustand hineinträume (Woran werden Sie erkennen, dass Sie Ihr Ziel erreicht haben?!). Das heißt, ich stelle mir, mit allen, mir zur Verfügung stehenden Sinnen [sehen, hören, fühlen, riechen und schmecken – im NLP: VAKOG (visuell / auditiv / kinästhetisch / olfaktorisch / gustatorisch), vgl. auch Kapitel 4] vor, wie es ist, wenn ich mein Ziel erreicht habe. Heißt: Vor meinem „geistigen" Auge **sehe** ich mich und meinen Sohn in seinem Zimmer auf einem sauberen Teppich stehen. Ich **höre** unsere Stimmen, wie wir uns entspannt unterhalten und **fühle** mich gut und zufrieden, da alles geklappt hat. Ich **rieche** und **schmecke** den Tee, den wir uns während der Unterhaltung gönnen. Schöne Vorstellung oder?! Das Ganze hört und fühlt sich jetzt vielleicht alles ein bisschen komisch oder weltfremd an, aber es klappt wirklich, weil ich meine Motivation, mein Ziel zu erreichen hierdurch wirklich „pusche". Versuchen Sie es doch auch einfach einmal!

Émile Coué formulierte es einmal so: „Jede bildhafte Vorstellung, die uns erfüllt, hat das Bestreben, sich zu verwirklichen".

Im Zielfindungsprozess geht es darum, wunsch- und lösungsorientiert, also positiv zu denken. Viel zu oft stellen wir das Problem (zum Beispiel „Mein Kind räumt sein Zimmer nicht auf!") in den Vordergrund. Auf Problemlösung haben wir alle wenig Lust, wenn ich aber statt des Problems, meinen Wunsch in den Vordergrund stelle, bin ich viel positiver motiviert, mich dafür einzusetzen, dass ich es erreiche. Versuchen Sie es doch einmal selbst:

Was wünsche ich mir?! (ein Satz, selbst erreichbar, realistisch, Zeitpunkt, positiv)

Woran werde ich erkennen, dass ich mein Ziel erreicht habe!? Was kann ich dann:

sehen:

hören:

fühlen:

riechen:

schmecken:

Habe ich meinen Wunsch „geträumt", werden die „Ärmel hochgekrempelt" und es geht an die Realität. Das heißt, ich mache mir weitere Gedanken, die es gilt auf dem weiteren Weg zur Zielerreichung zu beachten.

Mit wem will ich mein Ziel erreichen?!   „Mit meinem Sohn"

Mit wem will ich mein Ziel nicht erreichen?!   „Mit meiner Frau, meiner Tochter"

Bei der ersten Frage ist es ja noch sehr logisch. Bei der zweiten werde ich oft gefragt „Wieso das denn?!" Ich finde es sehr hilfreich, sich im Vorfeld der Zielerreichung Gedanken darüber zu machen, welche Personen ich zur Erreichung meines Zieles benötige und welche Personen hier auch störend sein könnten. In meinem Beispiel würde ich meine Frau („Jetzt bist du aber etwas zu streng!") und meine Tochter („Papa, das ist doch jetzt gut gesaugt!") ausschließen wollen. „Superstörer" sind ganz oft auch die Großeltern, Onkel oder Tanten etc. („Du warst früher auch nicht anders! Ach lass das Kind doch! Jetzt bist du aber pingelig!"). Es macht also Sinn vorab zu überlegen, wer für die Zielerreichung notwendig und hilfreich ist, und wer hier eher störend wirken könnte.

Jetzt Sie:

Mit wem will ich mein Ziel erreichen?!

Mit wem will ich mein Ziel nicht erreichen?!

Ist die Personenfrage geklärt, geht es an die Fragen:

Wo will ich mein Ziel erreichen?!   „Im Zimmer meines Sohnes."

Wo will ich mein Ziel nicht erreichen?!   „Im Keller und der Garage."

In meinem Ziel ist die Frage des Ortes vermeintlich klar benannt. Doch Vorsicht, hier lauert der Teufel im Detail. Mein Ziel ist, dass mein Sohn sein Zimmer saugt, dementsprechend spreche ich ihn an und neige wie viele von uns dazu noch plötzlich mehr dranzuhängen, wenn es klappt! Haben Sie eine Ahnung was ich meine?!

Wenn es denn funktioniert, kommen oft plötzlich und unerwartet noch weitere Baustellen dazu, wie zum Beispiel: „Ach die Bücher müssen noch ins Regal, den Müll kannst du auch noch wegbringen, wenn du schon mal dabei bist, kannst du deinen Krempel in der Garage auch noch wegräumen, im Keller liegen schon seit Tagen deine Werkzeuge von der Fahrradreparatur und eigentlich müssten wir auch noch auf dem Dachboden nachschauen …!" Vereinbart war ursprünglich, er soll sein Zimmer aufräumen, das war mein Ziel, wenn jetzt plötzlich noch weitere Ziele auftauchen, die im Vorfeld nicht benannt waren, kann ich nachvollziehen, dass er sauer wird und die ganze Aufräumaktion in einem Chaos endet. Vielleicht kennen Sie das auch aus Ihrem Alltag. So Sätze wie „Schatz kannst du mal …, Ach ja, wenn du schon mal dabei bist, dann…!", und plötzlich werden aus einer Sache ganz viele und meine eigene Planung gerät ins Wanken!

Jetzt Sie:

Wo will ich mein Ziel erreichen?!

Wo will ich mein Ziel nicht erreichen?!

Im nächsten Schritt geht es um Folgendes:

Welche Vorteile würden sich durch die Zielerreichung für mich ergeben?!

„Das Zimmer ist gesaugt, Tante Erna kommt heute zu Besuch und ich muss mich für die Krümel und den Dreck nicht schämen, mein Ordnungs- und Sauberkeitsbewusstsein ist befriedigt, … !" Durch das Überlegen der Vorteile stütze ich noch einmal das „schöne" Gefühl, mein Ziel erreichen zu wollen.

Jetzt Sie:

Welche Vorteile würden sich durch die Veränderung für Sie ergeben?!

Jetzt wird es spannend! Jetzt kommt die Frage:
Welche Nachteile würden sich durch die Veränderung für mich ergeben?!
„Ich müsste mir die Zeit nehmen, es zu kontrollieren, evtl. müsste ich in den Konflikt mit meinem Sohn, da er nicht staubsaugen will. Ich müsste mir Gedanken zu möglichen Konsequenzen machen, wenn er sich verweigert, …!" Dies ist die Stelle, an der wir uns Gedanken machen müssen, welche Veränderungen es mit sich bringt, wenn wir unser Ziel erreichen wollen. Wo Licht ist, ist auch immer Schatten. Das bedeutet, dass ich auf dem Weg zum Ziel beide Seiten berücksichtigen muss. Allzu oft nehmen wir uns etwas vor, vergessen jedoch uns Gedanken darüber zu machen, welche unangenehmen Konsequenzen das mit sich bringen würde. Das ist die Stelle, an der wir im Alltag dann oft aussteigen und frustriert sind, weil es nicht geklappt hat. Nur dann, wenn ich mir bewusst mache, was das auch an Nachteilen für mich mit sich bringt, kann ich die letzte Frage des Zielfindungsprozesses eindeutig beantworten.

Jetzt Sie:

Welche Nachteile würden sich durch die Veränderung für Sie ergeben?!

Jetzt geht um die Wurst! Die alles entscheidende Frage steht kurz bevor. Bevor wir uns der „finalen Frage" zuwenden, sollten wir all das, was wir vorab notiert haben noch einmal anschauen:

- Was war mein Ziel!?
- Wie ist es für mich wenn ich mein Ziel erreicht habe?!
- Wen brauche ich, wen nicht!?
- Wo will ich es erreichen, wo nicht!?
- Welche Vorteile ergeben sich für mich?!
- Welche Nachteile ergeben sich für mich?!

Habe ich mir das alles angeschaut, kommt die Frage nach der Entscheidung:
„Will ich mein Ziel jetzt immer noch erreichen?!"

Wenn ja, dann geht es jetzt in die Handlungsplanung.

Also: Was ist wann mein:

Erster Schritt:

Zweiter Schritt:

Dritter Schritt:

Doch was ist, wenn ich fühle, dass das ganz schön kompliziert wird, ich befürchte, dass es unrealistisch ist, oder die Nachteile für mich zu stark sind?! Dann ist das Ziel nicht „wohl" formuliert worden, und der Prozess beginnt von vorn. Es gilt, dieses solange zu wiederholen, bis die Entscheidungsfrage mit einem eindeutigen und klaren Ja beantwortet werden kann, dann erst ist der Weg zu Zielerreichung geebnet. Den Zielfindungsprozess nach Elsbeth Trautwein finden Sie als Vordruck auf Seite 224. Hört sich einfach an, oder?! Leichter gesagt als getan, richtig?!

Ja, ich gebe Ihnen Recht, das ist in der Theorie ganz einfach und logisch nachzuvollziehen, im Alltag jedoch oft schwer umzusetzen. Auch hier ist die Frage zu stellen, warum das so ist. Ich kombiniere hier immer gerne die Stufen auf dem Weg zum Erfolg mit dem Zielfindungsprozess. Die Frage ist zu stellen, wie verläuft der Weg zum Erfolg, also zum Ziel? Die Vorstellung, mein Ziel zu erreichen, mir Gedanken zu machen wie toll es wäre, wenn ich es erreicht habe und abzuklären, was ich dafür benötige, ist ja ganz nett. Aber dann kommt der Schock, wenn ich feststelle, was ich dafür alles tun muss.

5.7 Der Weg zum Erfolg

Im NLP gibt es eine Lern- und Motivationsstrategie, die Katja Dyckhoff und Klaus Grochowiak in ihrem Buch „Der Neugier-Erfolgs-Loop" (Junfermann Verlag 1996) beschreiben. Den Neugier-Erfolgs-Loop umschreibe ich auch gern mit den vier Stufen auf dem Weg zum Erfolg. Ich interpretiere diese Strategie in gekürzter Fassung wie folgt. Der Weg zum Ziel, zum Erfolg verläuft immer in vier Stufen.

Stufe 1 ist die Stufe der Neugier.

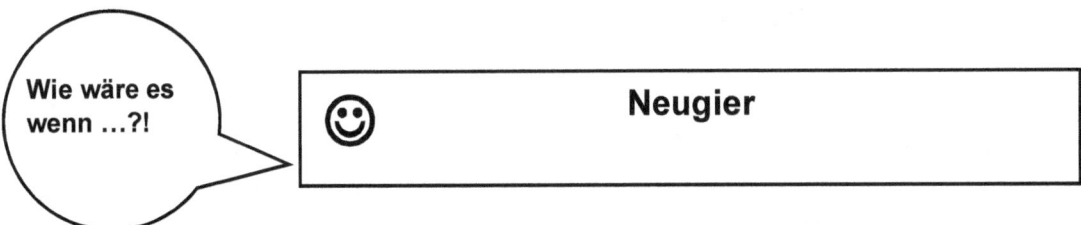

Das ist die Stufe, auf der ich Visionen habe und auf der ich von dem begeistert bin, was ich alles erreichen will. Die euphorische Freude ist hier oft grenzenlos und ich träume davon, was alles möglich wäre, welches Glück ich hätte, wenn, usw. Nach dieser Stufe kommt die Phase der Ernüchterung!

Das ist die 2. Stufe.

Auf der erkenne ich plötzlich, was ich alles machen muss, um mein Ziel zu erreichen. Viele Menschen steigen an dieser Stelle aus und schaffen es nicht auf die dritte Stufe. Oft sitzt hier der „innere Schweinehund", der sagt: „Wäre ja schön wenn, aber so wichtig ist es mir dann doch nicht!" oder aber wir haben das Gefühl, dass das Ziel unerreichbar ist, weil wir uns zu viel vorgenommen haben. Manchmal ist weniger mehr! Hier bekommt der Zielfindungsprozess wieder seine Bedeutung, weil er mir helfen kann, mein Ziel realistisch zu formulieren. Wenn ich mir vornehme einen Marathon laufen zu wollen und erst glücklich bin, wenn ich die 42 km gelaufen bin, dann gebe ich auf dem Weg dorthin vorher auf, weil der "Berg" vor dem ich stehe, zu gewaltig ist. Wenn der Marathon mein entferntes Ziel ist und ich untrainiert bin, dann sollte ich mir das Ziel (den Berg) kleiner stecken und mir (je nach Kondition) vornehmen 100, 200 oder 500 Meter laufen zu wollen. Dann ist die Ernüchterung nicht ganz so stark und ich kann die 3. Stufe / Phase „überleben"!

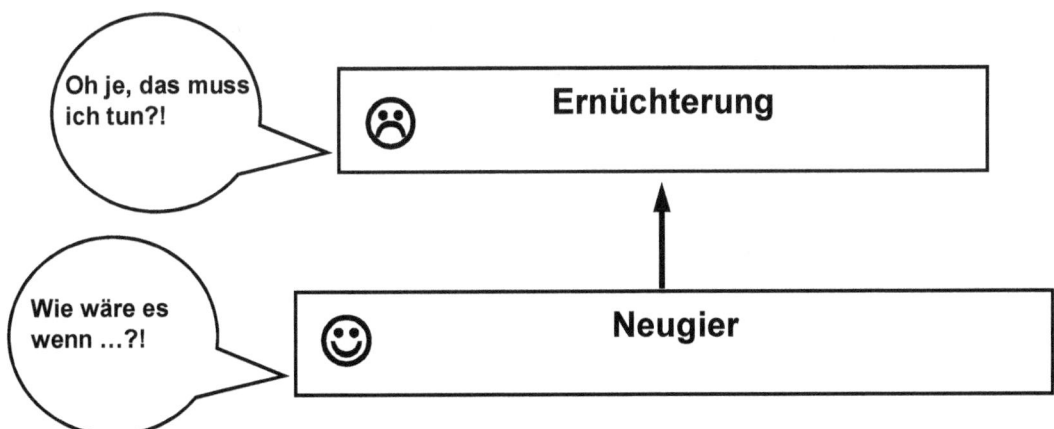

Die 3. Stufe ist dann die Stufe der Ausdauer.
Das ist die Stufe, auf der es gilt, nicht aufzugeben. Die grundlegende Erkenntnis hierzu hat Glen W. Turner wie folgt beschrieben: „Selbst im Alphabet kommt Arbeit vor Erfolg."

Hier muss ich durch und mich der Anstrengung stellen, weil ich sonst die 4. Stufe nicht erreichen kann. Hier wird deutlich, warum ein Ziel immer realistisch beschrieben sein muss. Denn habe ich mir zu viel vorgenommen, dann komme ich durch diese Phase nicht durch und erlebe statt Erfolg nur Frust und dieser hindert mich wieder daran, mir etwas Neues vorzunehmen.

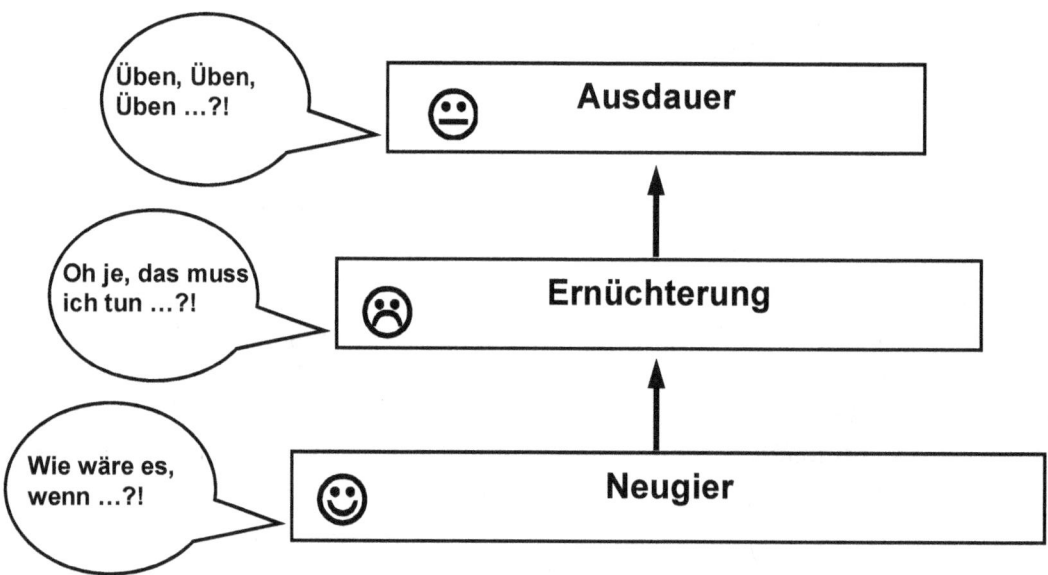

Erst wenn ich die Stufe der Ausdauer durchlaufen habe, kommt **Stufe 4: der ERFOLG!** Und wie geht es dann weiter?! Richtig, wenn ich es jetzt geschafft habe 100, 200 oder 500 Meter zu laufen, beginnt der Prozess von neuem und ich muss mich wieder da durch kämpfen, um mein nächstes Ziel zu erreichen!

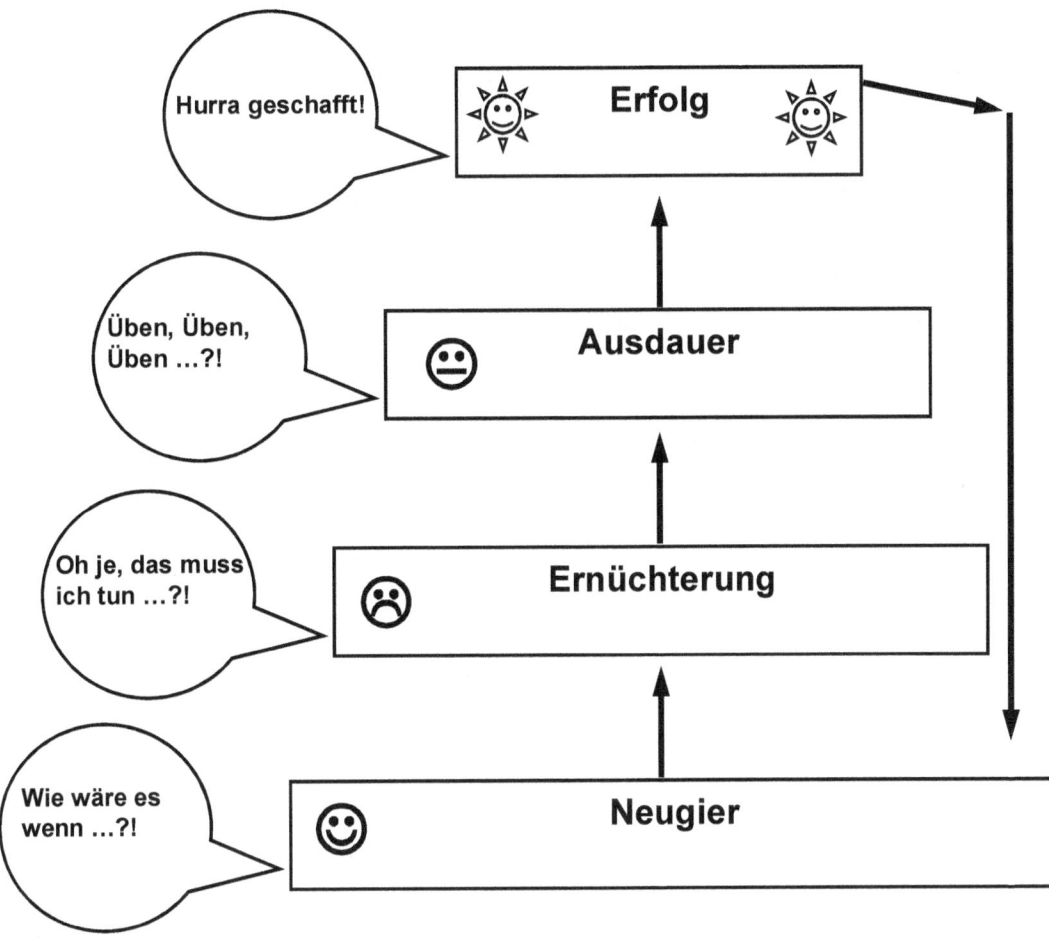

Was bedeutet das für den Umgang mit unseren Kindern?!

Jetzt wird der ein oder andere von Ihnen sicherlich denken: „Lese ich ein Buch über Kindererziehung oder über Motivationstraining?! Was hat das mit der Erziehung meiner Kinder zu tun!? Das ist doch alles logisch, wo ist das Problem?!"

Es ist richtig, Sie lesen ein Buch über Kindererziehung. Mir haben diese Methoden, die oft im Motivationstraining oder als Verkaufs- und Führungskräfteschulung eingesetzt werden, trotz fachlich fundierter Ausbildung zum Erzieher und Heilpädagogen imponiert und mir Wege aufgezeigt, wie ich mein Erziehungsverhalten beruflich und privat zufriedener gestalten kann. Sie haben ein Bewusstsein dafür geschaffen, wo Stolpersteine auf dem Weg zur Umsetzung meiner Vorstellungen liegen und mir gezeigt, was ich tun kann, um sie aus dem Weg zu räumen. Aus diesem Grund setze ich sie auch gerne in meiner Arbeit mit Familien und Pädagogen ein.

Mit der Erziehung unserer Kinder hat dies meines Erachtens auch viel zu tun, weil Kindererziehung nicht nur vor dem Hintergrund von Beziehung, Intuition und Gefühl erfolgen kann, sondern auch mit dem Kopf, der Ratio, das tägliche Handeln überprüft, hinterfragt, reflektiert werden muss (vgl. auch Kapitel 5.9 "Der tägliche Kampf zwischen Kopf und Bauch"). Oft erlebe ich, dass viele Menschen das als völlig logisch ansehen, versuchen es im Umgang mit ihren Kindern umzusetzen und von diesen erwarten, dass sie das Handeln ihrer Eltern auf der Vernunftsebene verstehen. Auch mir ergeht es immer wieder so, dass ich vergesse, dass ich über 30 Jahre mehr Lebenserfahrung verfüge und wie selbstverständlich davon ausgehe, dass meine Kinder das genauso verstehen und sehen müssen wie ich. Letztlich sind sie aber wegen ihres Alters mit diesem Anspruch überfordert, was dann im Familienalltag immer wieder zu Belastungen führt, die eigentlich hausgemacht sind. Je jünger unsere Kinder sind, desto weniger können sie ihren „inneren Schweinehund" kontrollieren, wenn sie Dinge machen sollen, die ihrer Lust widersprechen. Umso wichtiger ist es, dass sie Erwachsene an der Seite haben, die ihnen im Bewusstsein um diese Vorgänge helfen über die zweite und dritte Stufe hinwegzukommen.

Hier spielt die intrinsische (innere) Motivation eine große Rolle. Ich bin immer wieder erstaunt, wie selbstverständlich die Kinder diese Stufen bei diversen Videospielen meistern. Sie sind neugierig wie das nächste Level wohl aussieht (Neugier), lassen sich von den Schwierigkeiten, die vor ihnen liegen, nicht beeindrucken (Ernüchterung) und üben was das Zeug hält (Ausdauer), um das nächste Level zu erreichen (Erfolg). Auf der anderen Seite sind sie sicherlich neugierig, wie es ist, wenn sie in der Schule eine gute Note bekommen, was jedoch bei den Hausaufgaben oder beim Lernen für eine Klassenarbeit nicht heißt, dass sie hier mit dem gleichen Elan an die Sache herangehen und am liebsten die Stufe der Ausdauer gar nicht erst betreten wollen. Hier benötigen sie dann die Aufmerksamkeit und den Zuspruch von uns Erwachsenen, als externen Motivator (extrinsische Motivation), um diese Hürden nehmen zu können. Dieses möchte ich in das Bewusstsein meiner Teilnehmer und Leser tragen, besser noch, verankern.

5.8 Zweifel in der Erziehung

Zweifel in der Erziehung werden oft als unangenehm und störend empfunden. Sie hindern uns scheinbar daran, sicher und souverän auftreten zu können und sind die Stellen, an denen wir unsicher und angreifbar werden. Jede Sache auf der Welt hat jedoch zwei Seiten. Eine negative und eine positive. Es gibt nichts auf dieser Welt, was nur eine Seite hat. Was ist denn die positive Seite des Zweifels?

Viele meiner Teilnehmer geraten hier ins Grübeln und es fällt Ihnen schwer, das Positive am Zweifeln zu entdecken. Der Zweifel hat die positive Eigenschaft, mich aufmerksam zu machen und darüber nachdenken zu lassen, ob ich evtl. einen Fehler gemacht habe. Stellen Sie sich einmal vor, Sie wären ohne Zweifel. Wie wären Sie dann? Oder besser noch: Stellen Sie sich einmal vor, Sie wären mit einem Partner / einer Partnerin zusammen, die immer und zu 150 % perfekt wäre. Ein Mensch, der von allem was er tut, vollkommen überzeugt ist und nie darüber nachdenkt ob er / sie evtl. etwas falsch gemacht haben könnte! Sie könnten machen was Sie wollten, er / sie könnte es immer besser und hätte immer Recht! Wie lange wären Sie mit einem solchen Partner / einer solchen Partnerin zusammen?!

Die meisten Menschen die ich mit diesem Beispiel konfrontiere sagen: „Oh Gott, das geht ja gar nicht!" oder „Nicht lange, die Vorstellung ist ja grauenhaft!"

Zweifel halten uns also wach und helfen uns, mögliche Fehler zu erkennen. Der aktive Umgang mit dem Zweifel hilft uns, uns auf die Wünsche und Bedürfnisse des anderen einstellen und eigenes Handeln kritisch hinterfragen zu können. Nobody is perfect! Es kann also nicht darum gehen, die Zweifel auszulöschen, sondern nur darum, ein angemessenes Verhältnis zu ihnen zu bekommen. Ohne Zweifel laufen wir in Gefahr, uns als allmächtig zu erklären, zu viele Zweifel hindern uns im Alltag etwas zu erreichen. Wir müssen uns also entscheiden, den Weg so oder so zu gehen. Ob es der richtige Weg, die richtige Entscheidung war, wissen wir immer nur im Nachhinein. Mit dem Zweifel können wir das aber kritisch hinterfragen, vorausgesetzt wir erlauben es uns, ihn konstruktiv zu nutzen. Ein weiterer entscheidender Punkt ist die Beziehungsgestaltung zwischen uns und unseren Kindern.

Denken Sie sich noch einmal hinein in das Gefühl des / der 150 % perfekten Partners / Partnerin. Was sollen unsere Kinder von uns halten?! Bis zu einem bestimmten Alter sind wir ihnen in allem überlegen, haben immer Recht und wissen alles besser. Kein besonders gutes Gefühl für unsere Kinder, oder?! Es ist also auch wichtig, zu seinen Zweifeln zu stehen und diese durchaus mitzuteilen. Wir sollten nicht versuchen, ein Bild des Allwissenden und immer perfekten Elternteils aufzubauen, da dies, wie schon beschrieben, nicht besonders toll für eine tragfähige Bindung und Beziehung ist.

Unsere Kinder würden sagen:

„Versuch nicht, immer so zu tun, als seist du perfekt und unfehlbar. Der Schock ist für mich zu groß, wenn ich herausfinde, dass du es doch nicht bist".

(in Anlehnung an Lucia Feider, 12 Forderungen eines Kindes an seine Eltern)

5.9 Der tägliche Kampf zwischen Kopf und Bauch

Eltern sollten wie ein Kompass, der unbeirrbar nach Norden zeigt, ein Orientierungspunkt für ihre Kinder sein (vgl. auch Kapitel 7.8 "Regel / Grenzen und freiheitliche Entwicklung – ein Widerspruch?!" Seite 134). Sie sollten eine bestimmte Richtung vorgeben und die Kinder können sich dann im Rahmen ihrer Handlungsverantwortung (vgl. Kapitel 6.4 "Die Eigenverantwortung des Kindes" Seite 112) entscheiden, in welche Richtung sie laufen möchten. Ein Orientierungspunkt kann ich als Elternteil aber nur sein, wenn ich von dem, was ich tue, auch überzeugt bin. Erst dann kann ich mich für eine Richtung entscheiden und diese auch sicher und souverän vertreten.

Doch wie komme ich dahin, bzw. wie ist der Weg dorthin?! Erziehung ist für mich ein beständiges Wechselspiel zwischen dem, was ich denke und überlege (Kopf) sowie dem, was ich im Kontakt zu meinem Kind fühle (Bauch). Viele Eltern erziehen ihre Kinder aus dem Gefühl (Bauch) heraus, ohne ihr Handeln mit dem Kopf zu überdenken. Sie haben den Wunsch, dass mit viel Liebe ein harmonisches Miteinander gestaltet werden kann. Reagieren die Kinder nicht so, wie sie es sich wünschen, werden sie unsicher und beginnen an sich zu zweifeln. Diese Unsicherheit spüren die Kinder und versuchen, Oberwasser gewinnend, ihre Wünsche und Bedürfnisse durchzusetzen. Oft sagen mir Eltern: „Ich will doch mein Kind lieben. Ich wünsche mir einen harmonischen Umgang mit meinem Kind! Wenn ich mir jedoch überlege, wie mein Kind mit mir umgeht oder wie es auf mich reagiert, dann kann / darf das doch nicht sein, oder?!"

Das bedeutet, dass der Kopf sich hier schon zu Wort meldet, jedoch der innere Konflikt als hemmend und unnormal betrachtet wird. Gute Eltern haben keinen Kampf zwischen Kopf und Bauch. Mit guten Eltern läuft in der Familie alles harmonisch und konfliktfrei! Das ist zumindest das, was oft gedacht wird. Doch ist das so? Durch die Gesellschaft, die Pädagogik und die breite Medienlandschaft (insbesondere die Werbung) wird das Gefühl: „Glück ist machbar Herr Nachbar!" beständig forciert. Sie kaufen nur die falsche Margarine oder den falschen Brotaufstrich, lesen die falsche Zeitschrift etc.! Denn, wenn Sie „die" Nuss-Nougat-Creme oder „die" speziellen Fertignudeln mit Tomatensauce kaufen, dann sind alle in der Familie glücklich und zufrieden. Ich erlebe täglich Eltern, deren Handeln davon geprägt ist, nach dieser Harmonie, dieser Liebe und Geborgenheit, im Kontakt zu ihren Kindern zu suchen.

Jeder von uns wird dieses Bestreben individuell geprägt beschreiben. Es bedeutet vermeintlich, dass wir mit uns im „Reinen" sind und alles auf der Welt schön und glücklich scheint. Doch ist das realistisch?! Letztlich glaube ich, wird unser inneres Erleben von dem Zusammenspiel zwischen Kopf und Bauch geprägt. Das bedeutet, wenn das „Was ich denke" (Kopf), mit dem „Was ich fühle" (Bauch) im Einklang ist, geht es mir gut, ich bin glücklich, überzeugt von dem, was ich tue und vieles im Leben läuft vermeintlich von allein.

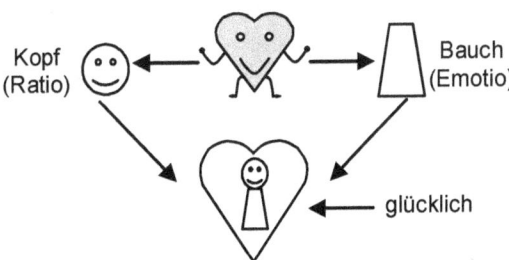

In meinem Alltag mit Eltern erlebe ich immer wieder, dass es viele Bereiche gibt, in denen Eltern von dem überzeugt sind, was sie tun. Bereiche, in denen Kopf und Bauch im Einklang sind. Erstaunlich ist, dass das in der Regel die Bereiche sind, in denen vermeintlich alles gut läuft, wir uns aber keine Gedanken machen, warum das so ist. Denken Sie noch einmal an das Beispiel aus Kapitel 5.4 mit dem Anschnallen beim Autofahren. Oft erlebe ich, dass Eltern sagen: „Ja klar schnallen meine Kinder sich an, das ist wichtig!" In solchen Momenten sind Kopf und Bauch im Einklang und wir sind von dem überzeugt, was wir tun. Die Kinder bekommen dies mit und reagieren wie selbstverständlich auf das, was wir uns von ihnen wünschen, obwohl das nicht selbstverständlich ist. Was wäre das Leben schön, wenn Bauch und Kopf immer im Einklang wären. Wenn wir nicht zweifeln würden oder unsicher wären, oder?! Vieles im Leben würde leichter und wir hätten keine Probleme mehr mit uns und unserer Umwelt und vor allem nicht mehr mit unseren Kindern!

Leider ist das im Leben aber nicht so. Oft genug sagt uns unser Kopf: „Jetzt musst du dich aber durchsetzen!" und der Bauch hält dagegen: „Das kannst du doch nicht machen, das Kind leidet!" Wir werden unsicher und fangen an zu zweifeln, ob das was wir uns vorstellen, in Anbetracht der Reaktion des Kindes, tatsächlich das ist, was richtig scheint! Ein innerer Konflikt entsteht, an dessen Ende wir oftmals nicht wissen, wie oder wofür wir uns entscheiden sollen. Ein Konflikt, den wir als unangenehm und hinderlich empfinden.

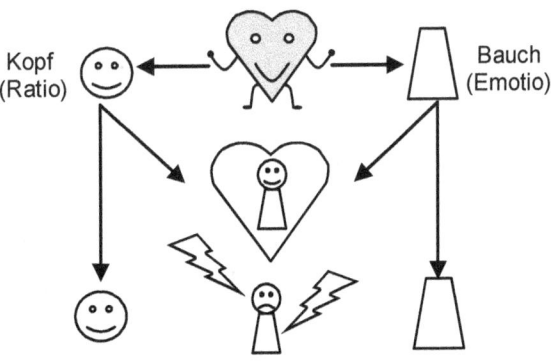

Innerer Konflikt

Dieser innere Konflikt verunsichert uns und wir würden ihn am liebsten gar nicht haben. Jedoch ist er, wie der Zweifel (vgl. das vorhergehende Kapitel), meiner Meinung nach völlig normal. Wir werden lernen müssen, dass dieser konflikträchtige Dialog zwischen Kopf und Bauch ein natürlicher Prozess ist, der uns vor Überheblichkeit und Unachtsamkeit schützt. Wichtig ist, dass wir ihn lösen, um zu einer überzeugten Haltung kommen zu können. Es gibt hier jedoch ein großes Problem: Die kleinen „Antennenmonster"!

Kleine „Antennenmonster"!? Ja, Sie haben richtig gelesen, die kleinen „Antennenmonster"! Haben Sie eine Ahnung, wen ich damit meine? Richtig, unsere Kinder. Immer dann, wenn der Kampf zwischen Kopf und Bauch tobt, sprich ich verunsichert bin, wie ich mich jetzt verhalten soll, schlagen die kleinen „Antennenmonster" zu. Sie fahren ihre Antennen aus, um ihre Sensibilität zu erhöhen, schauen uns bei Anforderungen tief in die Augen und eruieren in Millisekunden, ob wir von dem, was wir wollen überzeugt sind, oder ob wir verunsichert sind. Registrieren die Antennen Unsicherheit, ist die Chance, dass sie sich mit ihren Wünschen und Bedürfnissen durchsetzen können, groß. Sie legen, zugunsten ihres Vorteils, ihrer positiven Absicht (was völlig „normal" ist, vgl. Kapitel 2 "Was ist normales Verhalten von Kindern?!" Seite 15) den Daumen tief in die Wunde und versuchen, das für sich Bestmögliche rauszuholen!

Unsere Kinder würden sagen: „Verwöhne mich nicht! Ich weiß sehr wohl, dass ich nicht alles bekommen kann, wonach ich frage. Ich will dich nur auf die Probe stellen." (in Anlehnung an Lucia Feider, 12 Forderungen eines Kindes an seine Eltern)

Das ist dummerweise für uns Erwachsene doppelt ärgerlich, weil es unseren inneren Konflikt zusätzlich verstärkt und wir uns somit in einer echten Zwickmühle befinden. Was müssen wir also tun, um aus der Zwickmühle zwischen Kopf und Bauch zu entkommen, um unseren kleinen „Antennenmonstern" angemessen begegnen zu können?! Wir müssen einen inneren Kompromiss finden, der uns wieder handlungsfähig macht.

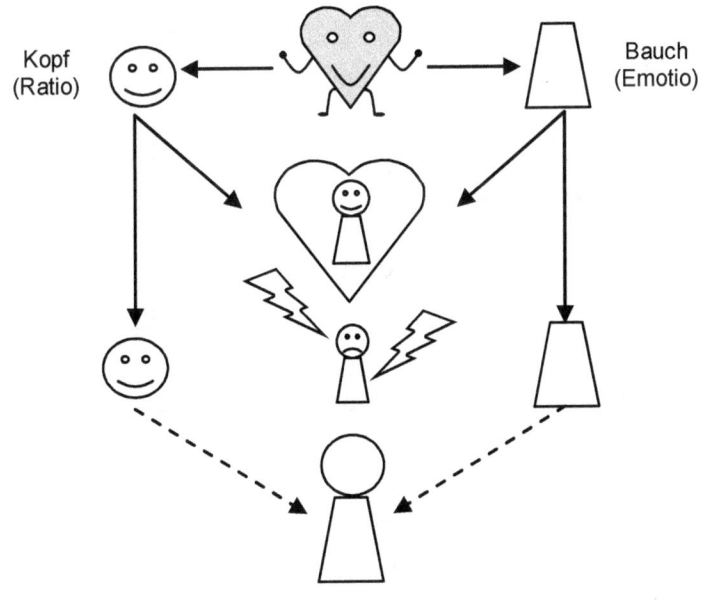

innerer Kompromiss

Einen inneren Kompromiss zu finden bedeutet, dass Kopf und Bauch einen inneren Dialog führen, ihre Stellungnahmen ausdiskutieren und nach einer gemeinsamen Lösung des Problems suchen.

Wenn es uns gelungen ist, den inneren Kompromiss zu finden, sind wir dann glücklich, wie wenn Kopf und Bauch im Einklang wären?! Was meinen Sie, lieber Leser?!

Ich meine nein. Denn jeder Kompromiss bedingt das die jeweilige Partei (Kopf / Bauch) Abstriche machen müssen. Das bedeutet, dass das vorherrschende Gefühl dieses ist:

Dieses Gefühl bedeutet: Es ist OK! Und OK bedeutet, ich bin zufrieden.
Zufrieden sein ist jedoch nicht gleichbedeutend mit dem Gefühl Glücklich zu sein!
Dieses ist meines Erachtens ein bedeutsamer Unterschied.

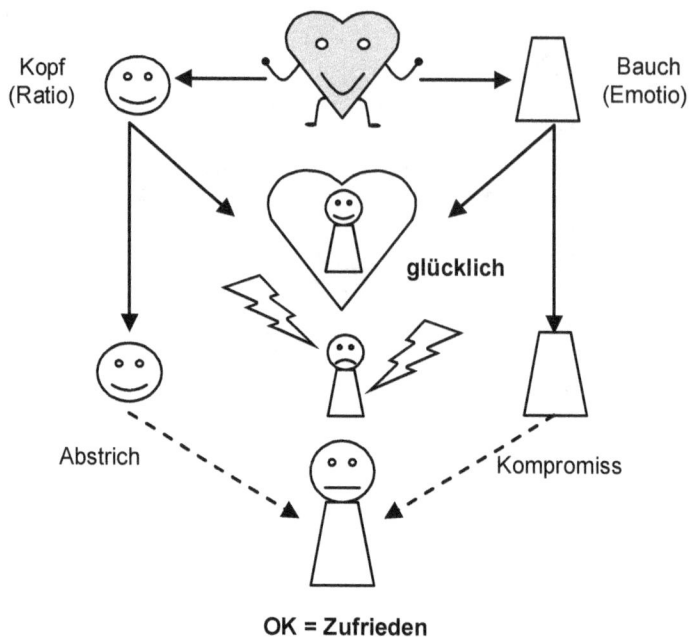

Was bedeutet das für uns im Alltag mit unseren Kindern?!

Wenn es uns im Alltag gelingt 50 % Frieden und Glück

und 50 % inneren Ärger und Zweifel zu erleben,

dann ist dies meines Erachtens im Kontakt zu unseren Kindern „**NORMAL**"!!!

Die beständige Suche nach dauerhafter Harmonie ist das **TRAUMSCHLOSS**, das es im Zusammenleben zwischen Menschen, meines Erachtens, nicht gibt!

Diese Prozentzahlen sind nicht statisch. So gibt es Tage, da können wir 80 % im Einklang mit uns Leben und haben nur 20 % Ärger und Konflikte. Und dann gibt es Tage, an denen wir 90 % Ärger und Konflikte und 10 % Glück erleben.

Immer dann, wenn Kopf und Bauch im Konflikt stehen, müssen wir den inneren Kompromiss suchen, das ist die REALITÄT des Alltages. Wenn wir ihn gefunden haben bedeutet das, es ist OK! Und wenn es OK ist, sind wir zufrieden!

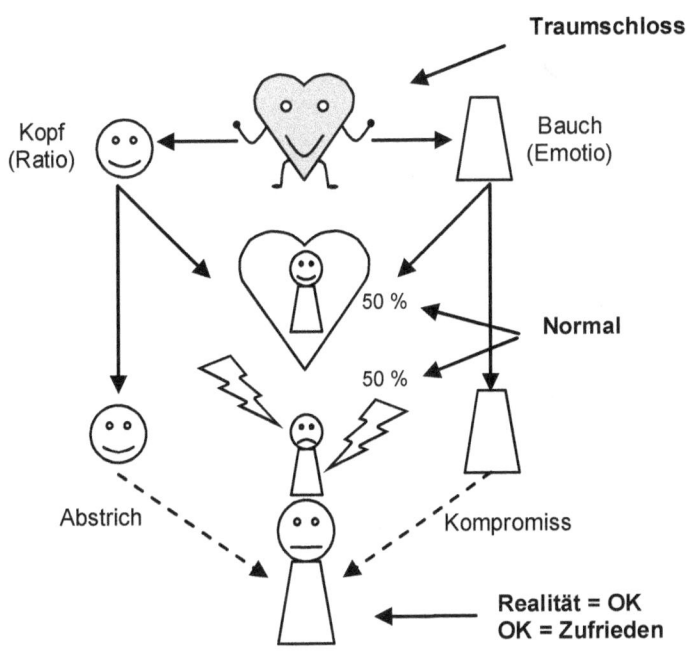

Zufrieden bedeutet: Ich bin von dem überzeugt, was ich tue und kann somit der Orientierungspunkt, der Kompass für meine Kinder sein ohne Überheblich und Unachtsam zu sein! Kann also eine sichere und überzeugte Erziehungshaltung einnehmen, die dem Kind Sicherheit und Orientierung bietet.

Es gilt also zu erkennen, das Erziehung fast wie von alleine geht, wenn Kopf und Bauch im Einklang sind und das der innere Konflikt, im Kontakt zu unseren Kindern, ein völlig normales Phänomen unseres Alltages ist. Eltern sollten also bei der Erziehung Kopf und Bauch als Teampartner verstehen, die gleichermaßen beachtet werden müssen. Der oft auftretende innere Konflikt sollte nicht als störend und verunsichernd empfunden, sondern als Chance verstanden werden. Denn wie auch schon im Kapitel 5.5. "Teamplay" beschrieben habe, kann der Streit zwischen Kopf und Bauch wie auch im Teamplay von Vater und Mutter als Ressource gesehen werden.

Bezogen auf die richtige Erziehungshaltung bedeutet dass, das uns der innere Konflikt und seine Normalität, seine Chance die er beinhaltet, erst einmal bewusst sein muss. Ist uns dieses klar, dann können wir Eltern auch in unsicheren Situationen mit dem Kopf überlegen, was wir wollen und was uns wichtig ist. Und unseren Bauch dazu nutzen, dass wir mit dem entsprechenden Gefühl überprüfen, ob das, was wir uns überlegt haben, auch gut für uns und unsere Kinder ist.

Diese Erkenntnis kann in der Kombination mit dem „guten Vater" / „der guten Mutter" (vgl. Kapitel 5.4 "Wie sollte eine gute Mutter, ein guter Vater sein?!") sehr hilfreich sein, um seine eigene Linie zu finden.

5.10 Die Bedeutung der Komfortzone

Von der Komfortzone wird oft im Zusammenhang mit persönlicher Entwicklung und Veränderungsarbeit gesprochen. Gibt man den Begriff bei Google ein, so landet man in der Regel auf Seiten, die sich mit Persönlichkeits-, Entwicklungs- und Führungskräftetrainings in den unterschiedlichsten Feldern beschäftigen. Eine Erweiterung des Komfortzonenmodells findet sich meines Erachtens im Lernzonenmodell nach Luckner / Adler 1997, was vielfach in erlebnispädagogischen Bereichen als Grundlage von Erfahrungslernen und damit verbundener persönlicher Weiterentwicklung genannt wird. Auch hier lohnt es ich einmal nachzuschlagen bzw. nachzulesen.

Ich selbst wurde im April 2000 zum ersten Mal auf den Begriff „Komfortzone" und seine Bedeutung in einem Seminar von Dr. Jens Tomas im Rahmen einer Fortbildungsveranstaltung von NLP Professional (www.nlp-professional.de) aufmerksam. Seine Ausführungen zu diesem Thema haben mich seinerzeit sehr beeindruckt und ich habe mich gefragt, welche Bedeutung dies wohl für das Handeln von Eltern und die Erziehung unserer Kinder haben könnte. Auf der Grundlage seiner damaligen Ausführungen zu diesem Thema, möchte ich Ihnen meine Interpretationen und Ideen im Folgenden vereinfacht darstellen.

Die Komfortzone

Haben Sie sich auch schon einmal gefragt:

- Wann erledige ich Dinge, auf die ich keine Lust habe?
- Ab wann beginne ich mit Sachen, die mir nicht leicht von der Hand gehen?
- Was benötige ich, um Handlungen auszuführen, bei denen mir die Leidenschaft fehlt?
- Wie verhält es sich grundsätzlich mit Veränderungen in meinem Leben?
- Nach welchen Kriterien verändere ich meine Situation?
- ...?

Kennen Sie das auch? Für bestimmte Dinge im Leben fehlt mir einfach der Elan, obwohl es sinnvoll bzw. wichtig wäre, sich um sie zu kümmern. Ich neige dazu, sie vor mir herzuschieben, Ausreden zu finden, warum es jetzt nicht geht oder warum ich es nicht kann. Der notwendige Bericht wird auf den letzten Drücker geschrieben, um die Steuererklärung kümmere ich mich kurz vor dem letzten Abgabetermin, die Tankstelle fahre ich an, wenn ich Gefahr laufe, dass das Auto liegen bleibt, mehr Sport zu treiben wäre toll, aber meistens bleibt es beim Vorhaben, um den Einkauf kümmere ich mich kurz bevor der Kühlschrank leer ist und Wäsche wasche ich, wenn ich die letzte saubere Hose aus dem Schrank genommen habe. Das heißt, um die von mir als unangenehm empfundenen Dinge kümmere ich mich auf den letzten Drücker, kurz bevor mir nicht mehr akzeptable Konsequenzen drohen. Von manchen Dingen träume ich, gehe sie jedoch nie an. Was könnte dahinter stecken? Die Komfortzone!

Die Komfortzone wird hinlänglich als eine Zone beschrieben, die jeder Mensch imaginär um sich herum aufgebaut hat. Dies ist der Bereich, in dem ich mich sicher und geborgen, sprich wohlfühle. Man könnte auch von einem „Wohlfühlbereich" sprechen, in dem es bequem, ruhig und entspannt zugeht. Also ein Bereich, den ich eigentlich nicht verlassen möchte. Ein Bereich, in dem ich Erfolg und Spaß habe, aber nur so, dass es so eben gerade ausreicht. Echte exzessive Erfolgserlebnisse habe ich in dieser Zone nicht. In der Komfortzone gilt: **„Hier ist es angenehm, hier bleibe ich!"**

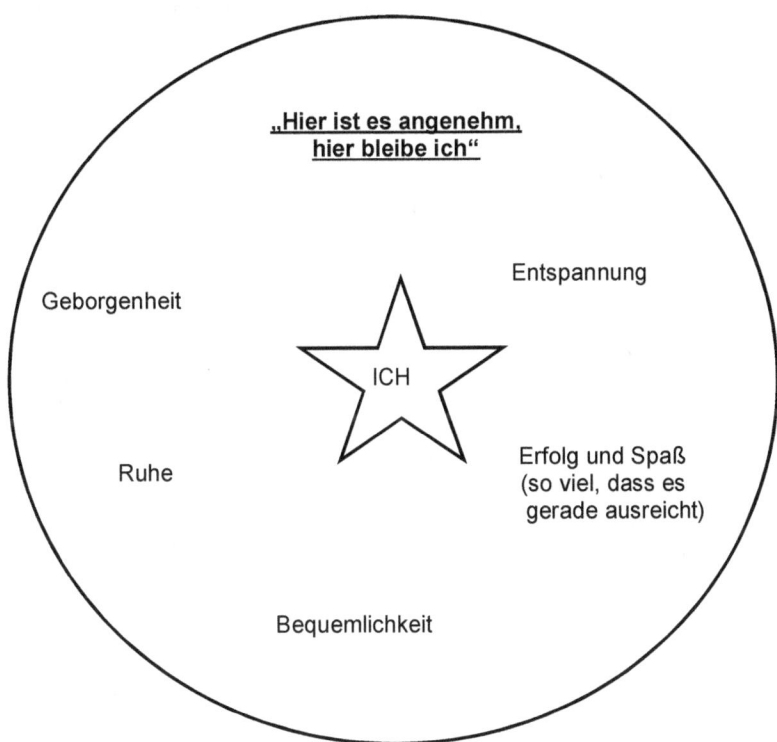

In dieser „Wohlfühlzone" sitzt meines Erachtens der sogenannte „Innere Schweinehund"! Der innere Schweinehund ist ein kluges und sensibles Tier! Er bekommt sofort mit, wenn uns Aufgaben, Ziele und Anforderungen, schwer fallen und will uns schützen, indem er versucht, uns davon zu überzeugen, dass es besser ist, in der Komfortzone zu bleiben.

„Bleib hier! Hier ist es angenehm! Verändere nichts! Das kannst du doch auch morgen machen! Bleib bei deinen Gewohnheiten! Das ist zu schwer! Das dauert zu lange! Das kannst du eh nicht! ..."

Außerhalb der „Komfortzone" stehen die Anforderungen / Herausforderungen des Alltages! Wir denken: **„Ich würde ja gern ..., aber ...!"** und der innere Schweinehund passt gut auf uns auf. Er hilft uns dabei, jede Menge Anlässe zu finden, die begründen, warum es besser ist, auf unsere innere Stimme zu hören und in der „Komfortzone" zu bleiben. Er bewahrt uns vor allem, was zu neu, zu mutig, zu gefährlich oder zu anstrengend scheint!

Ich würde ja gerne, aber...

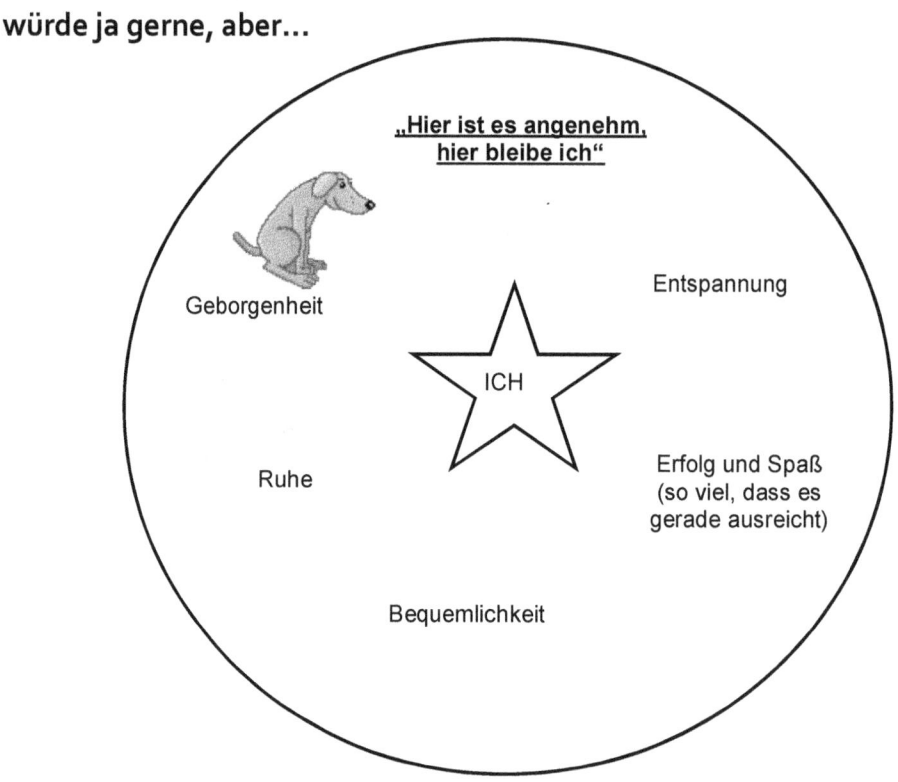

Die Begründungen könnten lauten: „Ich würde ja gerne die Steuererklärung machen, aber wer weiß, ob morgen noch so schönes Wetter ist, ich gehe lieber spazieren! Eigentlich müsste ich einkaufen, aber ein bisschen ist ja noch da, dann kann ich auch morgen gehen! Im Prinzip müsste ich den Keller aufräumen, aber da steht so viel rum, dass ich gar nicht weiß, wo ich anfangen soll, morgen ist ja auch noch ein Tag! Eigentlich würde ich mich gerne beruflich verändern, aber wer weiß, ob ich das schaffe oder ob mir das was bringt! ..." Das heißt, wir schieben die Dinge vor uns her, da wir keine Lust haben, uns mit allzu unangenehm empfundenen Sachen auseinandersetzen zu müssen. So richtig zufrieden und glücklich sind wir mit unseren Entscheidungen nicht, aber wir sind froh, dass wir wenigstens schon mal dran gedacht haben (Erfolg und Spaß so, dass es gerade reicht).

Deutlicher noch wird es beim Sport. Die meisten Menschen beginnen zu lächeln, wenn ich sie frage: „Wollten Sie nicht auch schon einmal mehr Sport treiben?! Wir wissen doch alle, dass Sport gut für unsere Gesundheit ist und ... ?!" Stellen Sie sich einmal vor, Sie haben jetzt gerade einen Motivationsschub und nehmen sich ganz fest vor: „Morgen früh vor der Arbeit werde ich 30 Minuten joggen, walken oder spazieren gehen. Sie stellen sich den Wecker entsprechend, der Wecker klingelt, Sie stehen aus dem warmen Bett auf, gehen zum Fenster, schauen hinaus und stellen fest, es regnet! Was sagt der „innere Schweinehund"?

„Och ne, aber nicht bei dem Wetter! Du kannst stolz auf dich sein, dass du aufgestanden bist, du hattest ja den guten Vorsatz, das reicht für heute, leg dich lieber noch mal hin, du kannst ja morgen noch mal einen Anlauf machen, wenn es nicht regnet!"

Sie hören auf ihren „Schweinehund" mit einer gewissen Erleichterung und legen sich wieder hin! So richtig gut geht es Ihnen jedoch nicht, oder?

Stellen Sie sich einmal vor, Sie haben Ihren „inneren Schweinehund" überwunden, sich trotz des Wetters das Sportzeug angezogen und sind losgelaufen? Mit welchem Gefühl kommen Sie wieder zu Hause an? Richtig, mit einem richtigen Glücksgefühl, voller Zufriedenheit und Stolz. Sie haben exzessiven Erfolg und Spaß! An dieses Erfolgsgefühl sind Sie jedoch nur gekommen, weil Sie Ihren „inneren Schweinehund" überwunden, sich aus Ihrer Komfortzone heraus bewegt und sich zunächst einmal den unangenehmen Seiten Ihres Vorhabens gestellt haben!

Das heißt, wirkliche Veränderungen / Erfolge in unserem Leben erreichen wir nur, wenn wir unsere Komfortzone verlassen. Dabei müssen wir erst über die unangenehme Seite gehen, auf der die Anspannung, die Anstrengung, die Unsicherheit, das Risiko, die Selbstkontrolle, die Angst usw. steht.

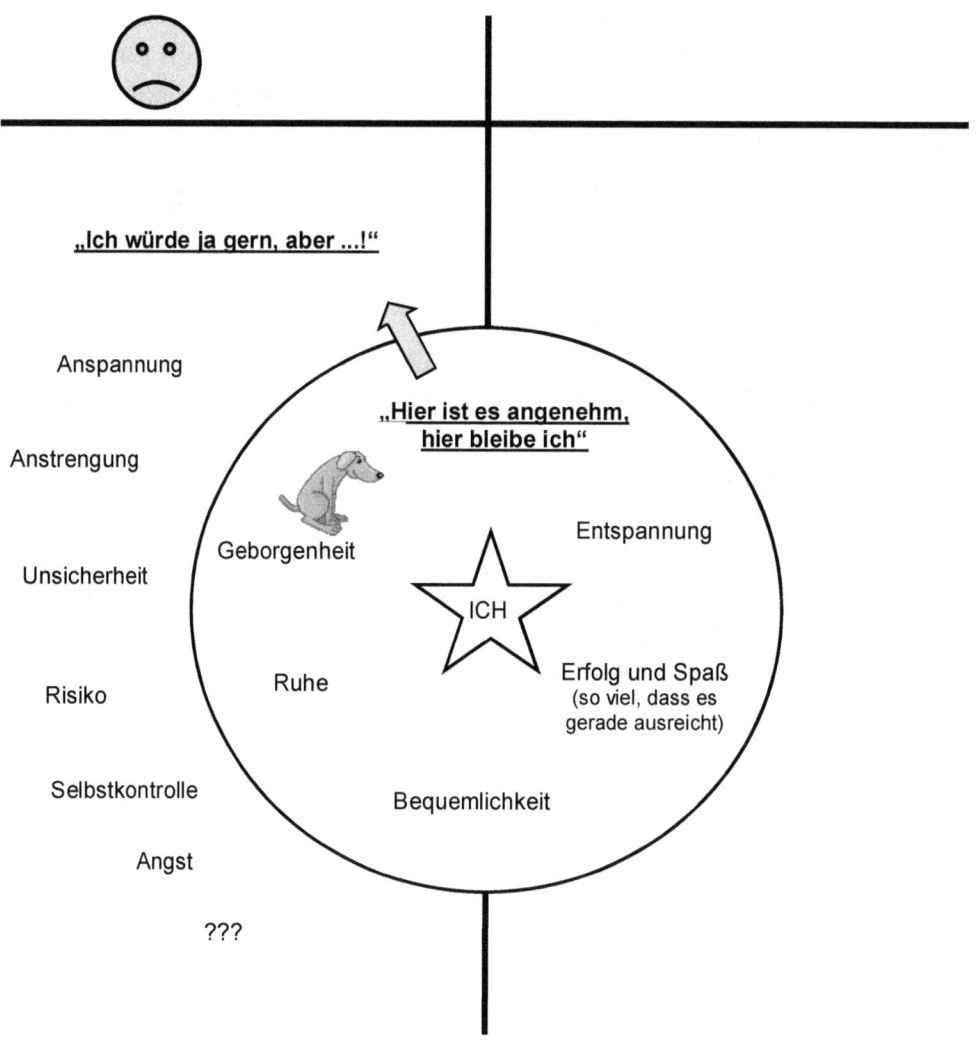

Erst dann kommen wir auf die Erfolgsseite, auf der Zufriedenheit, Stolz, Aktion, Lebensfreude und Begeisterung, also Erfolg und Spaß im exzessiven Sinne stehen!

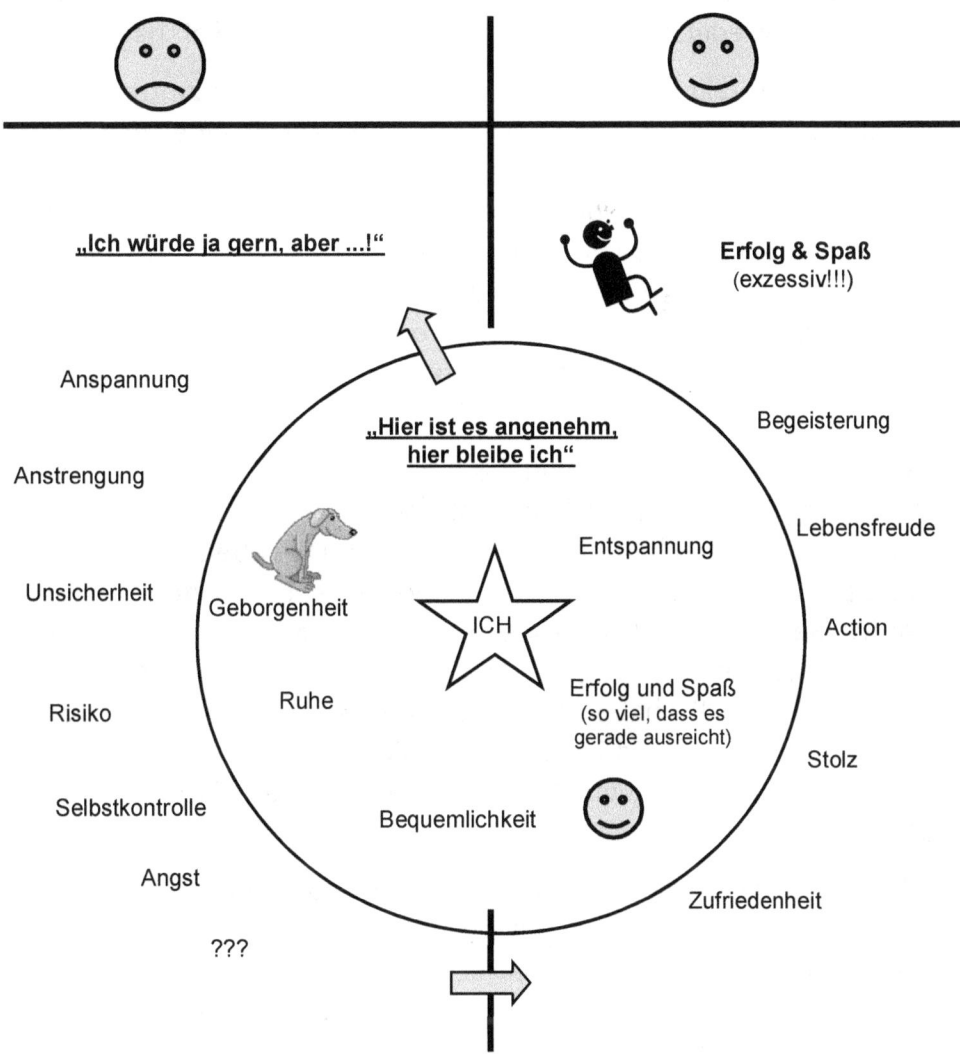

Wenn wir dann einmal den exzessiven Erfolg und Spaß haben genießen dürfen, bedeutet das dann, dass wir beim nächsten Mal, nicht mehr mit dem „inneren Schweinehund" kämpfen müssen? Was glauben Sie?

Ich glaube nein. Denn wenn wir am nächsten Morgen wieder „sporteln" wollen, dann ist er wieder da, lockt mit der süßen Komfortzone und der Kampf geht von vorne los. Vielleicht fällt es uns etwas leichter, da wir wissen, dass wir den Kampf schon einmal gewonnen und somit unsere Komfortzone erweitert haben, aber das Grundsatzproblem bleibt meines Erachtens nach bestehen. Wenn wir also Erfolge in unserem Leben verbuchen wollen, müssen wir lernen, unseren „inneren Schweinehund" zu bezwingen, die Grenze der Komfortzone zu überschreiten, uns zunächst den unangenehmen Anforderungen stellen, um tolle Erfolgserlebnisse zu haben. Und wenn wir es dann geschafft haben, tauchen wir wieder in die Komfortzone ein und das „Spiel" beginnt von vorn!

Bei manchen Dingen fällt es uns leicht aus der Komfortzone zu treten. Dass sind die Dinge im Leben, die uns interessieren bzw. an deren Auseinandersetzung wir Spaß haben. Sprich, die Motivation stimmt, Kopf und Bauch sind im Einklang! Doch was ist, wenn der Kopf, die Vernunft, sagt: „Du müsstest das jetzt tun!" und der Bauch meint: „Ach ne, nicht heute, kannst du doch auch morgen machen!" Dies ist meines Erachtens die Stelle, an der der „innere Schweinehund" ansetzt und versucht, der Anstrengung, dem unangenehm Empfundenen, aus dem Weg zu gehen. Sehr schön lässt sich das an den kleinen Dingen in unserem Alltag beschreiben. Wann fahren Sie mit dem Auto zum Tanken?

Einige Menschen antworten mir, wenn das Benzin günstig ist, bedeutet, wenn die Motivation stimmt und Einigkeit zwischen Kopf und Bauch herrscht, bin ich gerne bereit, mein Handeln zu unterbrechen, Zeit zu investieren und „eben" an der Tankstelle vorbeizufahren. Die meisten Menschen sagen: „Wenn die Tanknadel im roten Bereich ist, kurz bevor ich Gefahr laufe, dass das Auto liegen bleibt!". Bedeutet, Kopf („Du musst jetzt Tanken, sonst bleibst du liegen!") und Bauch („Ach ne, jetzt habe ich keine Lust, das passt noch irgendwie!") haben einen Kompromiss geschlossen, der „innere Schweinehund" wird überwunden und ich investiere die drei Minuten meiner kostbaren Zeit, weil ich die drohende Konsequenz (das Auto schieben zu müssen!) nicht in Kauf nehmen möchte.

Dieses gilt für viele der kleinen und großen Herausforderungen in unserem Alltag. Dinge wie: Einkaufen gehen, Wohnung putzen, aufräumen, Wäsche waschen, Bügeln usw. Oft müssen wir hierzu unseren „inneren Schweinehund" überwinden und wenn wir es dann erledigt haben, sind wir stolz, dass es erledigt ist, was jedoch nicht bedeutet, dass es uns beim nächsten Mal nicht wieder schwerfällt, damit zu beginnen. Als Erwachsene sehen wir dies bei den „kleinen" Herausforderungen oft als selbstverständlich, als „vernünftig" an. Dabei vergessen wir allzu oft, wie wir es gelernt haben, unseren „inneren Schweinehund" an diesen Stellen zu kontrollieren. Wir kontrollieren unseren „inneren Schweinehund" an diesen Stellen, weil wir in der Vergangenheit unangenehme Erfahrungen gemacht bzw. Konsequenzen erlebt haben. Dadurch wissen wir,

- wenn wir nicht rechtzeitig tanken, bleibt das Auto liegen!
- wenn wir die Kleinigkeiten nicht wegräumen, entsteht ein großes Chaos!
- wenn wir die Steuererklärung nicht abgeben, macht das Finanzamt Ärger!
- wenn wir nicht in kleinen „Portionen" bügeln, wird das Problem immer größer!
- …!

Dies ist sicherlich eine sehr vereinfachte Darstellung des Komfortzonenmodells und seiner Bedeutung für unseren Alltag. Ich möchte es auch bei dieser eher oberflächlichen Darstellung belassen. Sollten Sie neugierig darauf geworden sein, wie Sie zukünftig selbst besser mit Ihrem „inneren Schweinehund" umgehen können oder wissen möchten, wie Sie Ihre eigene Komfortzone erweitern können, dann gibt es hierzu Interessante Literatur und Seminare. Empfehlenswert finde ich die „Günter" Serie von Dr. Stefan Frädrich (unter anderem "Das Günter-Prinzip") und "Raus aus deiner Komfortzone" von Andreas Brede und Sascha Ballach.

Was bedeutet das für den Umgang mit unseren Kindern?

Auch für unsere Kinder gilt das gleiche Prinzip. Der große Unterschied ist jedoch, dass ihnen im Vergleich zu uns die Erfahrungen und Trainingswerte fehlen. Je jünger die Kinder sind, desto eher sind sie darauf bedacht, sich ihrem „inneren Schweinehund" zu ergeben, der darauf aufpasst, dass sie sich nicht überfordern (welches ja auch durchaus aus entwicklungspsychologischer Sicht Sinn macht). Stimmt die innere Motivation, sprich, sind Kopf und Bauch im Einklang (vgl. Kapitel 5.9), dann sind sie sehr wohl bereit ihre Komfortzone zu verlassen, sich den Anstrengungen auszusetzen, um ihre Ziele zu erreichen. Hierzu benötigen sie in der Regel keine wirklich Anleitung.

Ich bin immer wieder erstaunt, zu welchen Leistungen unsere Kinder fähig sind, wenn sie einen Nutzen (vgl. auch Kapitel 10.1 und 10.2) für sich erkennen. So stehen sie immer wieder auf, wenn sie Fahrrad oder Inliner fahren lernen wollen, verkraften stundenlang, dass sie immer wieder beim Videospiel verlieren, bis sie dann doch das nächste Level erreicht haben und stellen sich freiwillig den damit verbundenen Anstrengungen, Schmerzen und Frustrationen. Diesen Enthusiasmus entwickeln sie leider nicht beim Lernen für die Schule, dem Zimmer aufräumen, dem Tisch abräumen, dem Spülen, Zähne putzen usw. Bei diesen, für sie als unangenehm empfundenen Aufgaben, funktioniert der „innere Schweinhund" (sehr zum Ärger von uns Eltern) sehr gut. Hier benötigen sie uns Erwachsene, die ihnen helfen, den „inneren Schweinehund" zu bezwingen und sich auf die als unangenehm empfundene Seite der Komfortzone herauszuwagen. Das kann jedoch nur dann klappen, wenn wir Erwachsene um die Komfortzone wissen und die Verweigerung unserer Kinder nicht persönlich nehmen, sprich, die Beziehung nicht infrage stellen oder sie in ihrer Persönlichkeit herabsetzen mit Aussagen wie: „Du bist nur zu faul! Stell dich nicht so blöd an! Du machst das nur nicht, weil du mich ärgern willst!" ...

Wie oft haben Sie Ihrem Kind schon gesagt: „Sei doch vernünftig! Das musst du doch einsehen! Du willst das doch auch! Du willst doch später einen guten Beruf lernen! Du möchtest doch, dass der Zahnarzt nicht bohrt! ... Diesen Überblick haben unsere Kinder nicht. Je jünger sie sind, desto weniger sind sie in der Lage, die langfristigen Folgen ihres Verhaltens sowie deren Bedeutung für ihre Zukunft zu überblicken. Aus diesem Grund fehlt ihnen hier die Möglichkeit, den „inneren Schweinhund" zu bezwingen bzw. zu kontrollieren (vgl. Kapitel 10.4 "Was ist Vernunft?!" Seite 182).

Ein weiterer großer Unterschied zwischen uns Erwachsenen und unseren Kindern ist, dass sie über 20 / 30 Jahre weniger Lebenserfahrung verfügen und somit weit weniger Erfahrungen mit den sich ergebenden Konsequenzen des Lebens haben, die helfen, ein Bewusstsein dafür zu entwickeln, dass es jetzt wichtig ist, sich dem „inneren Schweinehund" nicht zu ergeben, sondern sich über ihn hinwegzusetzen (vgl. auch Kapitel 7.6 "Die Bedeutung von aktiven und passiven Konsequenzen" Seite 130). Immer dann, wenn der „innere Schweinhund" unseren Kindern im Wege steht, benötigen sie uns Erwachsene. Eltern und Pädagogen, die für ihre Situation Verständnis aufbringen: „Ich kann mir vorstellen, dass dir das jetzt schwerfällt, du dazu keine Lust hast, doch trotzdem muss ich es jetzt von dir fordern, weil ich weiß, dass es für dich gut ist!" Es gilt, sie zu motivieren: „Ich helfe dir! Du schaffst das! Gib jetzt nicht auf!", sie jedoch auch durch liebvolles, aber konsequentes Handeln zu zwingen, ihr Potenzial abzurufen, damit sie eigene Erfahrungen machen können, die für das spätere Leben wichtig sind. Jedoch darf ich als Elternteil nicht davon ausgehen, dass mein Kind hierzu die gewünschte Einsicht hat, im Sinne von: „Mama / Papa ich hab dich ganz doll lieb, wenn du dich jetzt durchsetzt, mir hilfst, meinen „inneren Schweinehund" zu besiegen, weil ich weiß, dass du es nur gut mit mir meinst und ich die Erfahrung, die ich jetzt mache, für mein späteres Leben brauche!"

Auf der Grundlage einer liebevollen Beziehung, müssen wir sie immer wieder zu ihrem Glück zwingen. Ein einfaches Beispiel, das sie vielleicht auch kennen: Oft habe ich meine Kinder zu einem gemeinsamen Spaziergang genötigt. Die Reaktion: „Och nö, das ist langweilig, dazu habe ich keine Lust!" „Ich möchte aber, dass wir gehen, los anziehen!" Die ersten zehn Minuten waren von Gejammer geprägt, dann lag auf dem Weg der Spielplatz, wir haben zusammen gespielt, und als wir wieder zu Hause waren sagten meine Kinder: „Das war klasse, können wir morgen wieder gehen!?"

Richten wir uns immer nur nach den Wünschen und Bedürfnissen unserer Kinder, hat das den Nachteil, dass der „innere Schweinhund" des Kindes grundsätzlich gewinnt. Damit nehmen wir unseren Kindern die Möglichkeit, wichtige Erlebnisse, Erfahrungen, Erfolge, Eindrücke zu sammeln, die ihnen helfen, „vernünftig" zu werden bzw. sich angemessen entwickeln zu können (vgl. 5.1 "Liebe und Harmonie versus Konflikt und Ärger" sowie Kapitel 10.3 "Die Sache mit der Vernunft").

6 Was ist Erziehung?!

In meinen Seminaren werde ich immer wieder gefragt, was denn Erziehung sei beziehungsweise was sie ausmacht. Um dies zu verdeutlichen, nutze ich ein einfaches Bild, das meiner Meinung nach die wichtigsten fünf Komponenten der Erziehung beschreibt.

6.1 Erziehung ist Beziehung

> **Erziehung ist Beziehung!**

Die amerikanische Familientherapeutin Virgina Satir beschrieb es einmal so:

„Ich glaube daran, dass das größte Geschenk, das ich von jemandem empfangen kann, ist, gesehen, gehört, verstanden und berührt zu werden. Das größte Geschenk, das ich geben kann, ist, den anderen zu sehen, zu hören, zu verstehen und zu berühren. Wenn dies geschieht, entsteht Beziehung" (http://de.wikipedia.org/wiki/Virginia_Satir)

Ihre Grundhaltung drückte sie in den "Fünf Freiheiten" aus, zu denen sie ihren Patienten verhelfen wollte:

- Die Freiheit zu sehen und zu hören, was im Moment wirklich da ist, anstatt das, was sein sollte, gewesen ist oder erst sein wird.
- Die Freiheit, das auszusprechen, was ich wirklich fühle und denke, und nicht das, was von mir erwartet wird.
- Die Freiheit, zu meinen Gefühlen zu stehen, und nicht etwas anderes vorzutäuschen.
- Die Freiheit, um das zu bitten, was ich brauche, anstatt immer erst auf Erlaubnis zu warten.
- Die Freiheit, in eigener Verantwortung Risiken einzugehen, anstatt immer nur auf "Nummer sicher zu gehen" und nichts Neues zu wagen.

Umfassender kann man das meiner Meinung nach bedeutungsvollste Kapitel meines Buches nicht umschreiben. Wir können so viel erfahren, lernen, üben und umsetzen wie wir wollen, es wird nicht besser, wenn die Beziehung zwischen uns und unseren Kindern nicht stimmt! Wenn wir:

- keine Freude am gemeinsamen Tun und Handeln haben!
- kein Interesse an den Sorgen und Nöten unserer Kinder haben!
- sie materiell gut versorgen, jedoch emotional froh sind, wenn sie uns in Ruhe lassen!
- unsere Bedürfnisse und Interessen bedingungslos über die unserer Kinder stellen!

- ihnen lieber eine DVD oder ein Playstationspiel kaufen, als mit ihnen ein Gesellschaftsspiel zu spielen.
- sie lieber in Vereinen versorgen lassen, als uns selbst mit ihnen zu beschäftigen.
- ...?!

Nur dann, wenn ich Zeit, Interesse und Energie investiere, dann wird mein Gegenüber auch Zeit, Interesse und Energie aufwenden, um meine Wünsche, Bedürfnisse und Vorstellungen zu beachten! Das ist ein sehr vielschichtiges Thema, über das schon viele Bücher geschrieben worden sind und sicherlich auch noch geschrieben werden. Ich habe in diesem Kapitel nicht den Anspruch, mich dem Thema umfassend oder besser noch abschließend zu widmen. Ich denke, dies würde ein weiteres Buch füllen und den Rahmen sprengen. Ich möchte hier ein paar grundsätzliche Denkanstöße geben, von denen ich der Meinung bin, dass sie für das Gelingen einer angemessenen Eltern-Kind-Beziehung und der Gestaltung des erzieherischen Alltags wichtig sind. Der ein oder andere wird jetzt denken: „Nicht schon wieder so ein pädagogischer Moralapostel! So ein therapeutischer Traumtänzer, der nicht weiß, wie das Leben wirklich spielt!"

Kann man so sehen, muss man (frau) aber nicht! Als berufstätiger Vater, mit einem Arbeitspensum von 60 – 70 Wochenstunden, als Ehemann, Freund, Bruder, Onkel, Chef und Mensch mit persönlichen Wünschen, Bedürfnissen und Ansprüchen kämpfe ich täglich mit den verschiedenen Rollen und den an sie geknüpften Erwartungen. Ok, jetzt zähle ich zu den Menschen, die sich bewusst dazu entschieden haben, Kinder zu haben und sage: „Die sich daraus ergebenden Konsequenzen muss ich nun tragen, was jedoch nicht bedeutet, dass ich mich ihnen bedingungslos ergeben muss!"

Meine Kinder sind mir wichtig. Aus diesem Grund muss ich oft meinen „inneren Schweinehund" bekämpfen, der sagt: „Du bist jetzt von der Arbeit kaputt und hast überhaupt keine Lust, ein Spiel zu spielen oder eine Geschichte vorzulesen! Die Couch oder das Hobby rufen! Die Hecke will geschnitten, das Auto gewaschen werden und außerdem musst du dich noch dringend um deine Steuererklärung kümmern! Es gibt zehn Dinge, die du lieber machen würdest und hundert Dinge, die wichtiger zu erledigen wären, als mit deiner Tochter zu spielen oder ihr vorzulesen! Hinzu kommt, dass du ihr Lieblingsspiel „Lotti Karotti", was sie mit einer echten Begeisterung spielt, als stinklangweilig empfindest, da es dich nicht fordert!" „Willkommen im Club, liebe Freunde!"

Meines Erachtens ist es wichtig, hier den inneren Schweinehund zu überwinden, indem ich mir deutlich mache, dass ein wichtiger Bestandteil der Erziehung die Qualität der Beziehung zu meinen Kindern ist. Hier kann auch weniger mehr sein! Heißt, es kommt meines Erachtens nicht auf die Menge der Zeit (Quantität) an, die ich investiere, sondern auf die Freude und die Lust (Qualität), die ich bei der gemeinsamen Beschäftigung habe. Ich sollte es nicht nur tun, weil die Vernunft es mir sagt (das merken meine Kinder sofort!), sondern weil es mir auch Spaß macht, mich daran zu erfreuen, wenn meine Tochter sich freut (dafür nehme ich gerne „Lotti Karotti" in Kauf!). Der Spaß, den wir dann haben, die Erfahrungen, die wir dann machen, helfen uns in kritischen und konfliktgeladenen Situationen über manche Hürde hinweg, da es meiner Tochter auch wichtig ist, die schönen, spaßorientierten Zeiten mit mir zu erleben.

In meinem beruflichen wie familiären Alltag erlebe ich oft sehr einseitige Extreme. So begegnen mir auf der einen Seite Erwachsene, die keine Zeit und / oder Interesse haben, sich mit einem solchen Kinderquatsch zu beschäftigen beziehungsweise ihre Prioritäten anders setzen. Und auf der anderen Seite sind Menschen, die das Handeln mit dem Kind derart in den Mittelpunkt stellen, dass die Kinder nicht lernen, dass im Leben auch einmal Verzicht geübt werden muss! Beides ist im Extrem nicht wirklich zielführend, wenn wir uns über eine gelungene Kindererziehung Gedanken machen. Die einen werden verhaltensauffällig, weil negative Zuwendung (Ärger, Streit etc.) immer noch besser ist, als gar keine und die anderen werden verhaltensauffällig, weil sie immer der Nabel der Welt waren, sich alles nach ihnen ausgerichtet hat, sie nie gelernt haben zu warten, zu verzichten oder Kompromisse zu schließen und plötzlich verwundert sind, weil das der Rest der Welt nicht auch so handhabt. Eine dritte Gruppe sind Erwachse, die vordergründig Zeit investieren, jedoch trotzdem nicht in die Beziehung beziehungsweise ins gemeinsame Handeln gehen. Sie gehen zwar einen ganzen Tag ins Schwimmbad, erwarten jedoch von ihrem Kind, dass es sich hier allein beschäftigen soll (es gibt ja genügend mögliche Spielkameraden), damit sie sich sonnen, unterhalten und erholen können.

Man kann das nun sehr vielschichtig diskutieren und der Volksmund sagt: „Die Wahrheit liegt immer im Auge des Betrachters!" Ich denke, dass alle die Sicht- und Vorgehensweisen der benannten Gruppen ihre Berechtigung haben. Es kann hier nicht darum gehen, sich darüber zu streiten, welche die bessere Gruppe, welche die schlechtere Gruppe oder die Gruppe ist, für die man das meiste Verständnis aufbringt. Eine asiatische Weisheit sagt:

„Jedes Ding hat drei Seiten: Eine, die du siehst, eine, die ich sehe und eine, die wir beide nicht sehen. Es gibt also drei Wahrheiten: Meine Wahrheit, deine Wahrheit und die Wahrheit!"

Für mich liegt die Wahrheit in der Quintessenz aus allen Gruppen. Dabei kann es nicht darum gehen, das Optimale zu erreichen, weil es das aus meiner Sicht nicht gibt. Sowohl für Sie, lieber Leser / liebe Leserin, als auch für die Menschen, die mit mir in Kontakt stehen gilt: „Sollten Sie aufgrund meiner Ausführungen, Ansichten und Sichtweisen ein Patentrezept für die Erziehung Ihrer Kinder entdecken, teilen Sie es mir bitte mit, treten die Rechte dafür an mich ab und ich melde es zum Patent an. Ich bin davon überzeugt, dass ich danach innerhalb von 6 – 12 Monaten in der Einkommensliste der 10 reichsten Männer der Welt aufgenommen werde!"

Ein Patentrezept gibt es nicht, aber ich kann für mich in der Abwägung von Theorie und Praxis schauen, was das für mich und die Gestaltung des Alltags bedeutet und womit ich zufrieden leben kann. Bleibe ich bei dem Schwimmbadbeispiel, bedeutet das für mich: „Ja, ich will mich erholen, unterhalten und sonnen! Ja, ich will mit meiner Tochter im Wasser toben und Spaß haben, und wenn mir das Wasser zu kalt ist, kann ich immer noch Karten spielen!"

Das bedeutet nicht, ich muss jetzt sechs Stunden ein Freizeitbespaßungsprogramm für meine Tochter gestalten (auch wenn sie das gerne hätte). Es bedeutet jedoch auch, dass ich gegen meinen „inneren Schweinehund" ankämpfen muss, um dem sehr verführerischen Gedanken des sechsstündigen „Nichtstuns" entgegenzuwirken. Ich muss mir hier also Gedanken zu einem inneren Kompromiss machen, der da heißen könnte: „Wir gehen eine halbe Stunde im Wasser toben, dann möchte ich aber auch eine halbe Stunde Ruhe haben, und dann schauen wir weiter!"

6.2 Grundlagen der Erziehung

> **Erziehung ist Beziehung!**

> **Grundlagen der Erziehung sind Liebe, gegenseitige Anerkennung und Respekt!**

Erziehung sollte meines Erachtens auf der Grundlage von Liebe, Anerkennung und Respekt (Wertschätzung der positiven Absicht vgl. Kapitel 4) der jeweiligen Person / Persönlichkeit geschehen.

In meinem beruflichen wie privaten Alltag erlebe ich, dass viele Eltern versuchen, mit ihren Kindern anerkennend und respektvoll umzugehen. Geliebt, respektiert und anerkannt zu werden sind ja auch, wie vorab beschrieben, grundlegend wichtige Voraussetzungen für eine „gesunde" Entwicklung. Die Kinder nehmen es auch dankbar an und setzen es oft als selbstverständlich voraus (was ja auch grundsätzlich gut und wichtig ist). In meinem Alltag erlebe ich, dass dies im Laufe der kommenden Jahre eine eigene Dynamik entwickelt und sich, anfangs schleichend, später offensichtlich, kleine Tyrannen herauskristallisieren, die ihre Eltern zu Bedürfnisbefriedigungsmaschinen degradieren. Von Wertschätzung, Anerkennung und Respekt ihren Eltern gegenüber ist nur wenig oder nichts zu merken. Hier erlebe ich dann oft Hilf- und Ratlosigkeit auf der Erwachsenenebene, Desorientierung auf der Kinderebene und Aussagen der Eltern wie:

- „Wir haben es doch nur gut gemeint!"
- „Dieses undankbare Rotzblag!"
- „So hätte ich mich meinen Eltern gegenüber nicht verhalten dürfen!"
- „...!"

Wie konnte das passieren?! Meiner Meinung nach verhält es sich mit der Anerkennung und dem Respekt wie mit dem Neid! Vielleicht haben Sie den Spruch schon einmal gehört: **„Mitleid bekommst du geschenkt! Neid musst du dir erarbeiten!"**
Das Gleiche gilt meines Erachtens auch für Anerkennung und Respekt!
„Missachtung bekommst du von deinen Kindern geschenkt! Anerkennung und Respekt musst du dir erarbeiten!"
Das bedeutet, dass wir Eltern anerkennend und respektvoll mit unseren Kindern umgehen sollen. Dies jedoch im Umkehrschluss auch von ihnen überzeugend einfordern sollten, da wir uns sonst selbst zu bedingungslosen, Kinderbedürfnisbefriedigungsmaschinen degradieren!

Denken Sie an den guten Chef oder den guten Kapitän. Unsere Kinder nutzen hier nur die Freiräume, die wir ihnen bieten. Ich kann es vielen Kindern und Jugendlichen nicht verdenken, dass sie diese Haltung entwickeln, da sie es sich offensichtlich leisten können und die Eltern hier nicht eindeutig und auf sich selbst bezogen Stellung beziehen. Den Jugendlichen, mit denen ich in solchen Situationen arbeite, versuche ich dies mit einem einfachen physikalischen Beispiel näherzubringen.

Ich frage sie: „Kennt ihr ein Echo?!"
In der Regel antworten sie: „Ja klar!" und ich entgegne: „Ok, was passiert, wenn ihr ‚Scheiße' in den Wald ruft?"
„Dann kommt ‚Scheiße' zurück!"
„Richtig, und das ist das, was ich von euren Eltern zukünftig erwarte, wenn ihr euch in ihren Augen unangemessen verhaltet. Daran werden wir gemeinsam arbeiten!"

Jetzt wird der ein oder andere Leser denken: „Und was ist, wenn der ein oder andere Jugendliche sich weigert?!" Das passiert im Alltag oft. Er wird dann herzlich zur Zusammenarbeit eingeladen, kommt er nicht, kann er sich nicht einbringen und seine Meinung mitteilen, dann wird er zunächst mit dem leben lernen müssen, was auf der Erwachsenenebene besprochen, erarbeitet und beschlossen wurde. Dies ist dann die logische Konsequenz, die aus seinem Verhalten resultiert. Wenn er das als ungerecht empfindet, kann er es sich jederzeit überlegen, sich in die Arbeit einzubringen. Dann können auch seine Wünsche, Bedürfnisse und Meinungen im familiären Zusammenleben berücksichtigt werden. Somit hat er eine klare Position der Erwachsenen und die Handlungsverantwortung für seine Entscheidung. Er entscheidet durch sein Verhalten wie und wodurch das weitere Handeln bestimmt wird.

Viele Eltern sagen: „Wir haben es doch nur gut gemeint und jetzt wird uns unsere Gutmütigkeit so gedankt." Anerkennung und Respekt müssen wir von unseren Kindern einfordern. Hierzu benötigen sie starke Eltern, die von dem, was sie tun, überzeugt sind. „Du kannst nur das in einem anderen entzünden, was selber in dir brennt!" Das bedeutet, sich selbst zu überzeugen, den Mut zu haben, in den Konflikt hineinzugehen (vgl. Kapitel 5.1), sich zu positionieren und den Kindern zu verdeutlichen, dass wir so nicht mit uns umgehen lassen, da wir sonst unsere Bemühungen auf ein Mindestmaß zurückfahren, was mit entsprechenden Konsequenzen auf ihr Verhalten verbunden ist.

Hierbei ist es wichtig, die Sichtweise der Kinder, ihre positive Absicht wertzuschätzen, sie nicht infrage zu stellen und sie nicht in ihrer Person herabzusetzen. Es gilt, ihre Haltung, ihre Meinung ernst zu nehmen, was jedoch nicht bedeutet, ihr zu entsprechen, sondern die eigene Meinung dagegenzustellen.

Das ist wie mit dem Glas Wasser!

Ist dieses Glas halb voll oder halb leer?!

Die einen werden sagen halb voll, die anderen halb leer! Wer hat Recht?!

Beide Parteien haben Recht! Jeder aus seiner eigenen Sichtweise. Es kann also nicht darum gehen, sich so lange zu streiten, bis eine Partei verloren hat, sondern es gilt, die Wahrheit meines Gegenübers zu akzeptieren, was jedoch nicht bedeutet, dass ich sie tolerieren muss. Dies ist eine der gefährlichen Stellen, an denen es oft einen Machtkampf gibt, der in der Regel nicht gewonnen werden kann.

Der Volksmund sagt: „Die Wahrheit liegt immer im Auge des Betrachters!" Letztlich sollen unser Kinder lernen, die Meinungen und Haltungen anderer wertzuschätzen und zu respektieren. Dieses ist besonders im späteren Berufsleben eine wichtige Eigenschaft. Die Meinung des Chefs zu respektieren, auch wenn man selbst anderer Meinung ist und das dann auch noch angemessen transportieren zu können, ist eine gute Eigenschaft, die im späteren Berufsleben helfen kann so manche Hürde nehmen zu können. Dies können unsere Kinder jedoch nur lernen, wenn wir es ihnen vorleben und im Rahmen unserer Erziehung mit ihnen trainieren. Mit uns kön-

nen sich die Kinder „gefahrlos" reiben und diese Eigenschaft trainieren (vgl. Kapitel 5.1). Mit dem Chef so umzugehen, endet häufig in einer Kündigung.

6.3 Stützen der Erziehung

Auf der beschriebenen Basis ruht die Erziehung für mich auf zwei sie stützenden Säulen.

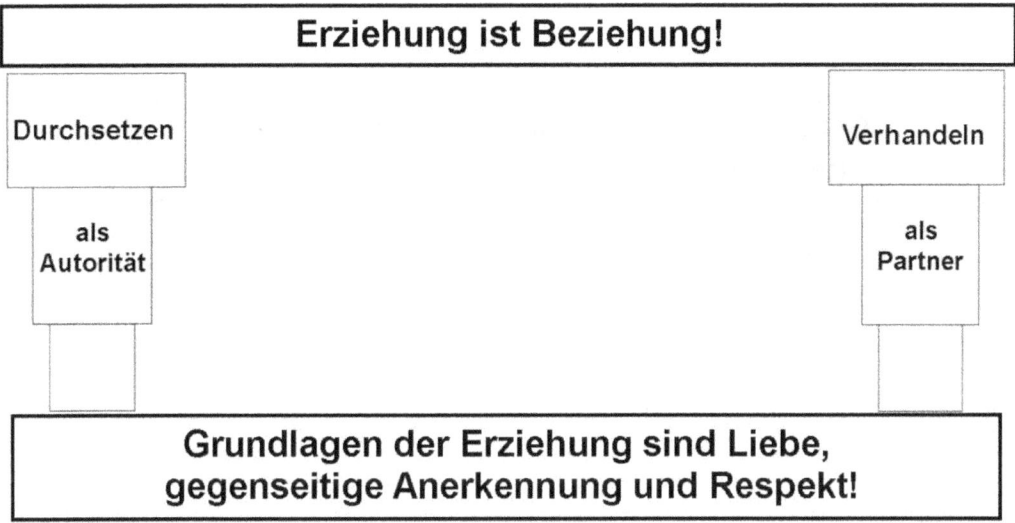

Die linke Säule ist die Säule der Autorität. Dies ist die Säule, auf der es um das Durchsetzen geht. Eltern haben hier keinen Verhandlungsspielraum und müssen sich als Autoritätsperson durchsetzen. Dies ist die Seite, auf der die Kinder meines Erachtens lernen müssen, dass es im Leben auch Dinge gibt, die ich entgegen meinen spontanen Wünschen und Bedürfnissen erfüllen muss und dass es Menschen gibt, die mir dies auftragen beziehungsweise dies von mir erwarten. Schließlich wird dies auch im späteren Leben von Lehrern, Ausbildern, Chefs etc. erwartet.

Die rechte Säule ist die Säule der Partnerschaft, nämlich des partnerschaftlichen Verhandelns. Dies ist die Säule, auf der wir uns ebenbürtig und partnerschaftlich mit unseren Kindern verständigen und versuchen, eine gemeinsam getragene Lösung zu finden. In dem Bild habe ich beide Säulen dreigeteilt. Sie sollen eine Art hydraulische Stützen darstellen, die dynamisch auf die jeweiligen Bedingungen des Alltags reagieren können. So gibt es Zeiten, da müssen wir Eltern uns weniger autoritär durchsetzen und können mehr verhandeln.

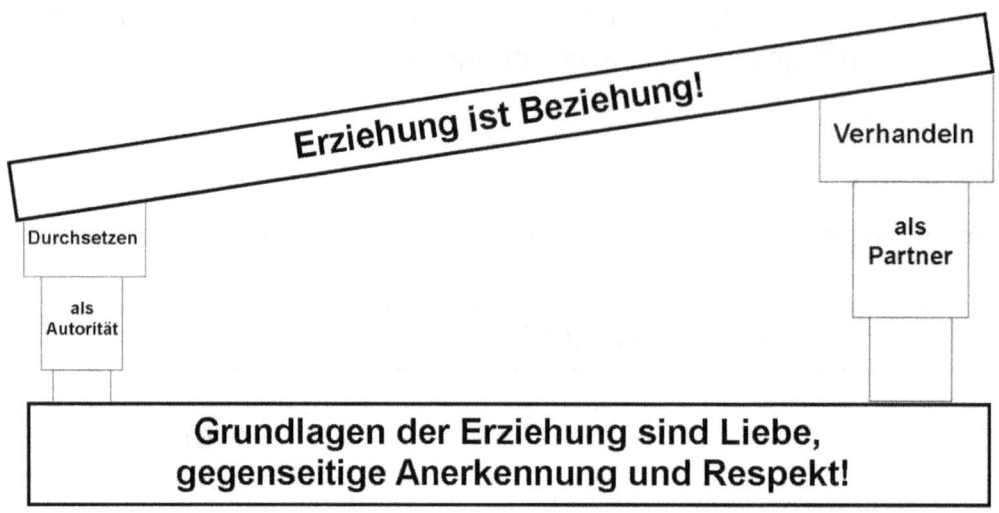

Aber es gibt auch Tage, an denen wir uns mehr durchsetzen müssen und weniger verhandeln können.

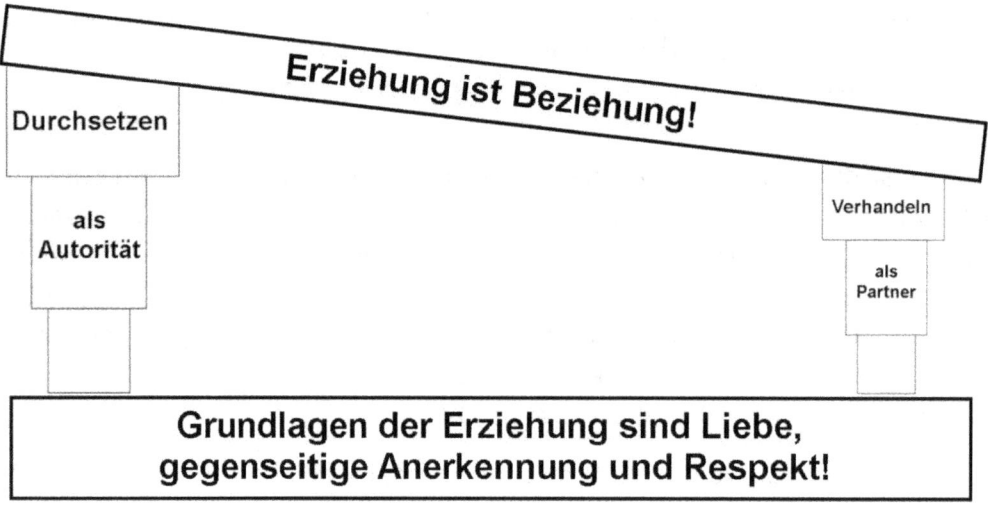

Letztlich sollte sich das Verhältnis im Laufe der Zeit angemessen auspendeln, sodass oben ein ausgewogenes Verhältnis herrscht.

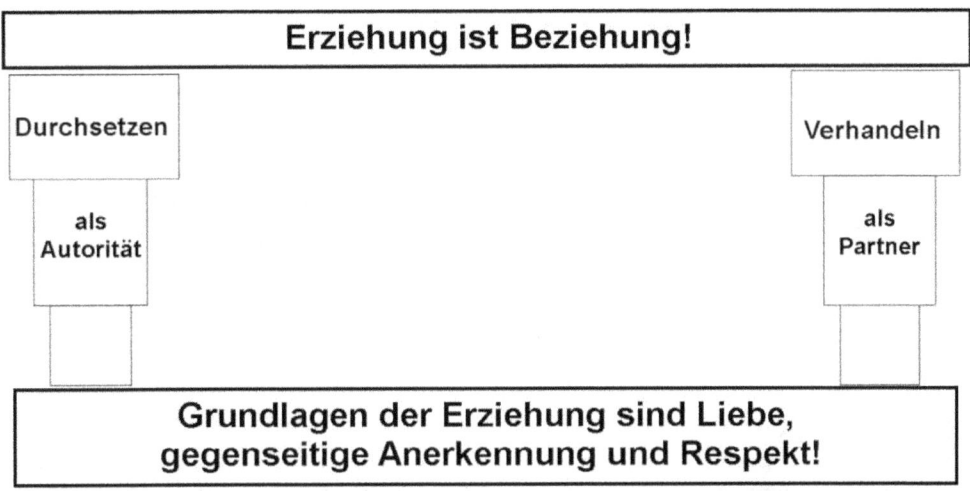

In meinem Alltag erlebe ich, dass viele Eltern und Pädagogen beim Aufzeigen der linken Säule Protest einlegen. Schließlich wollen wir unsere Kinder doch partnerschaftlich erziehen! Ich denke, dass hier ein großer Denkfehler vorherrscht, der durch die Liberalisierung der Pädagogik (antiautoritäre, laisser-faire oder ausschließliche partnerschaftliche Erziehung) in den vergangenen dreißig Jahren verursacht wurde. Dies hat zur Folge, dass immer mehr Eltern ein schlechtes Gewissen haben, wenn sie versuchen, sich bei ihren Kindern durchzusetzen. Autoritär zu sein gilt in der Kindererziehung eher als verboten und wird nach wie vor sehr kritisch betrachtet. Ich bin der Meinung, dass dies jedoch ein wichtiger Bestandteil der kindlichen Erziehung ist. Was passiert denn mit der Erziehung in diesem Bild, wenn die Säule der Autorität wegbricht?

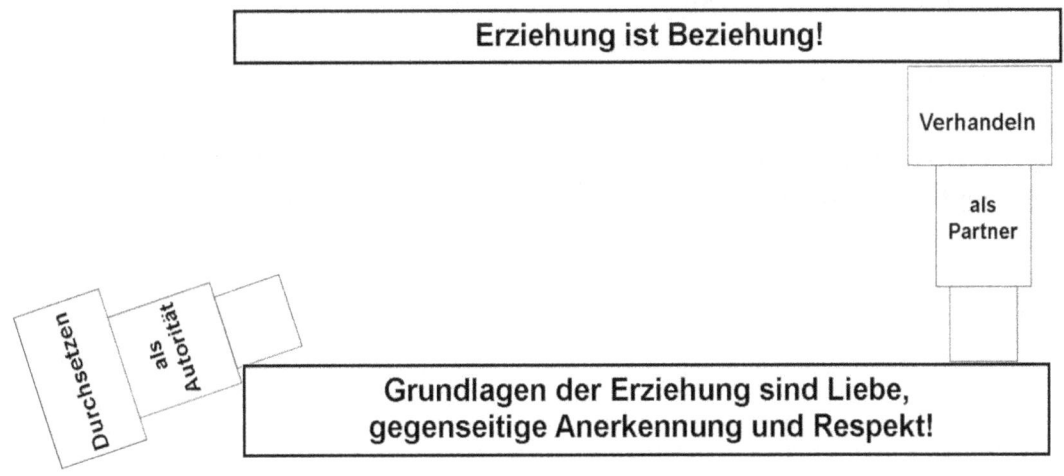

Richtig, die Erziehung kippt, das Erziehungsgerüst bricht zusammen und gerät in eine Schieflage!

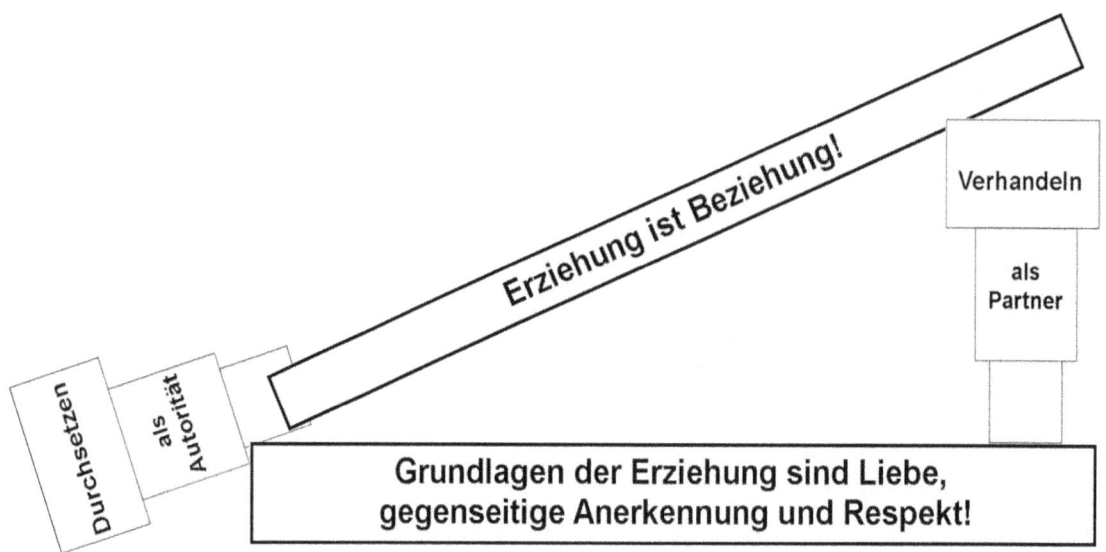

Ich habe mir einmal die Mühe gemacht, über die Jahrtausende der soziologischen Menschheitsentwicklung nachzudenken. Es ist mir bisher kein soziales System bekannt, das nach den reinen Grundsätzen der Partnerschaftlichkeit („Wir sind gleichberechtigte Partner und werden eine einvernehmliche Lösung finden!") dauerhaft existenzfähig geblieben ist. Sämtliche mir bekannten Systeme sind letztendlich an diesem partnerschaftlichen Gleichheitsgrundsatz gescheitert.

Diktaturen gibt es noch heute, was für mich bedeutet, dass die autoritäre Säule noch eher alleine lebensfähig ist als die partnerschaftliche. Oft ernte ich an dieser Stelle Kritik. Jedoch sage ich weder, dass die Diktatur den Menschen in seinem Leben zufrieden macht, noch sage ich, dass dieses System gut funktioniert. Letztlich haben sich jene gesellschaftlichen Systeme dauerhaft halten können, die beide Anteile in ihrem Gesellschaftskonzept berücksichtigen. Ich denke, dass beide Säulen in einer angemessenen Erziehung vorhanden sein müssen, damit unsere Kinder sich in unserer Gesellschaftsform angemessen bewegen können.

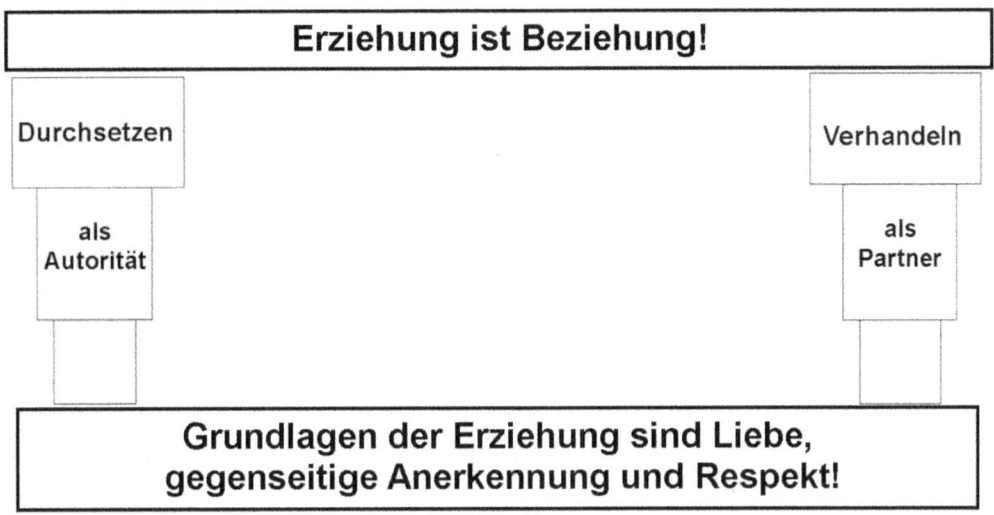

Es sollte ein möglichst ausgewogenes Verhältnis zwischen beiden Ansätzen herrschen. Im Kontakt zu meinem Kind muss ich mir in kürzester Zeit darüber klar werden: „Ist das jetzt ein Thema, bei dem ich mich als Autorität durchsetzen muss, oder habe ich einen Spielraum zum Verhandeln als Partner?!"

Erziehung ist also ein ständiger Prozess, der von Eltern in Millisekunden eine Entscheidung erwartet, ob sie autoritär oder partnerschaftlich handeln sollen! Habe ich einen Verhandlungsspielraum in meiner erzieherischen Erwartung, dann kann ich partnerschaftlich verhandeln! Habe ich keinen Verhandlungsspielraum, dann sollte ich mich wie beim Autofahren durchsetzen, denn Anschnallen kann und darf nicht diskutiert werden, hier muss ich mich durchsetzen! Das gilt für viele Lebensbereiche. Beide Säulen können sich ergänzen und oft sind im Alltag beide zu berücksichtigen, wenn es um den Umgang mit unseren Kindern geht. Gut verdeutlichen lässt sich das an den oftmals „verhassten" Hausaufgaben. Dass die Hausaufgaben gemacht werden, erwarte ich von meinen Kindern und hier bin ich strikt autoritär. Daran gibt es nichts zu diskutieren, oder zu verhandeln. Wann sie wo wie gemacht werden, darüber bin ich gerne bereit mit meinen Kindern partnerschaftlich zu verhandeln.

6.4 Die Eigenverantwortung des Kindes

Neben den beiden beschriebenen Säulen der Autorität und der Partnerschaft gibt es noch eine dritte Säule. Nämlich die Säule der Eigenverantwortung des Kindes. Unsere Kinder sollten auch für ihr Handeln, dem jeweiligen Alter entsprechend, die Verantwortung tragen. Das bedeutet: Je jünger unsere Kinder sind, desto geringer ist selbstverständlich ihre Eigenverantwortung. Je älter unsere Kinder werden, desto mehr sollten sie auch die Verantwortung für ihr Handeln tragen, damit sie aus den sich ergebenden Konsequenzen lernen können. Das macht sie im ersten Moment in der Regel nicht glücklich, aber unsere Kinder würden sagen: „Bewahre mich nicht immer vor den Folgen meines Tuns. Ich muss auch mal peinliche Erfahrungen sammeln." (in Anlehnung an Lucia Feider, 12 Forderungen eines Kindes an seine Eltern)

Denn diese Erfahrungen sind es, die uns und auch unseren Kindern helfen, uns im Alltag zurechtzufinden und unsere spontanen Wünsche und Bedürfnisse zu kontrollieren.

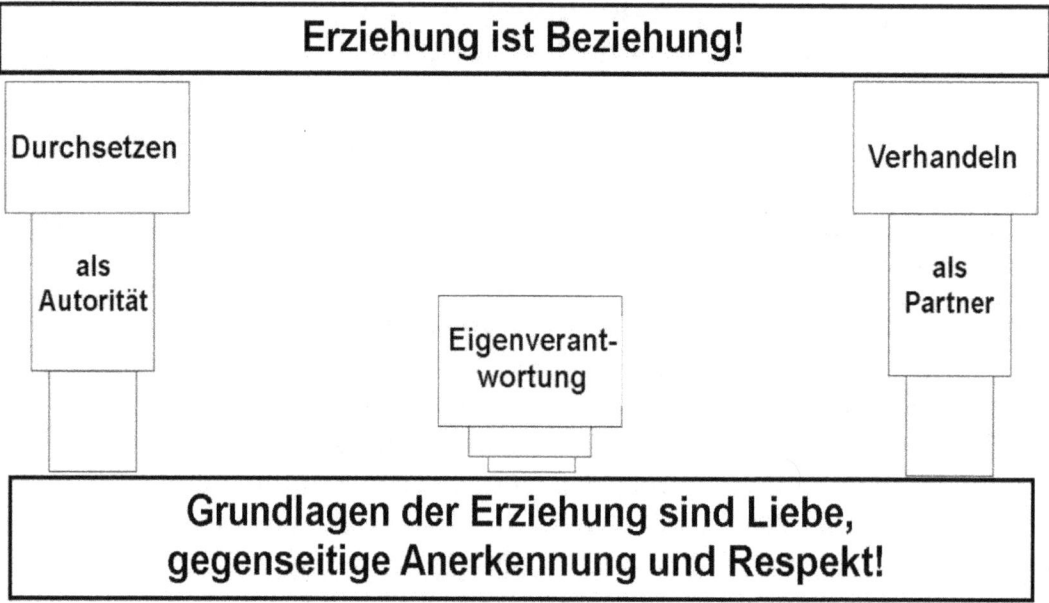

Mit zunehmendem Alter unserer Kinder sollte diese Säule wachsen. Das bedeutet, dass unsere Kinder je älter sie werden, immer mehr die Verantwortung für ihr Handeln und somit auch die sich hieraus ergebenden Konsequenzen tragen sollten. Mit 18 Jahren sollte die Eigenverantwortung genauso groß sein wie die beiden, die Erziehung stützenden, Säulen.

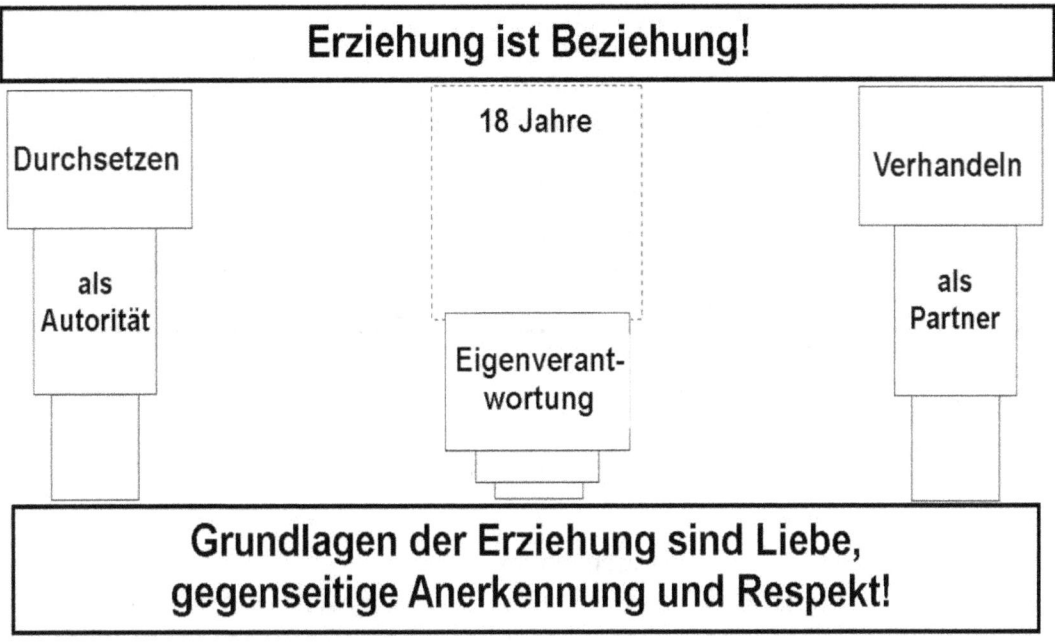

Wenn die Eigenverantwortung mit 18 Jahren die Höhe der stützenden Säulen erreicht hat und beide Säulen wegfallen, was passiert dann mit der Erziehung?

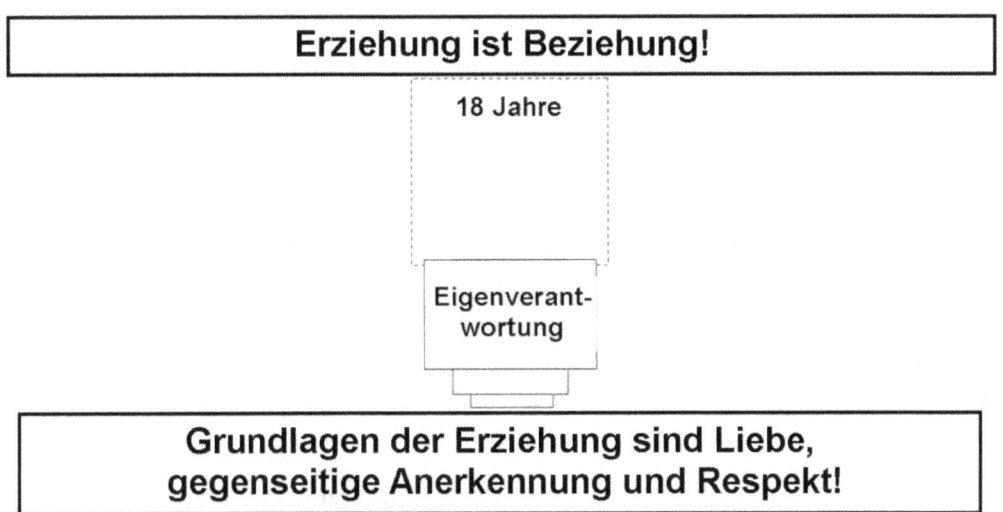

Sie bleibt stehen! Sie steht zwar unsicher und wackelig, aber sie steht. Das bedeutet, dass unsere Kinder dann in ihr eigenes Leben starten können!

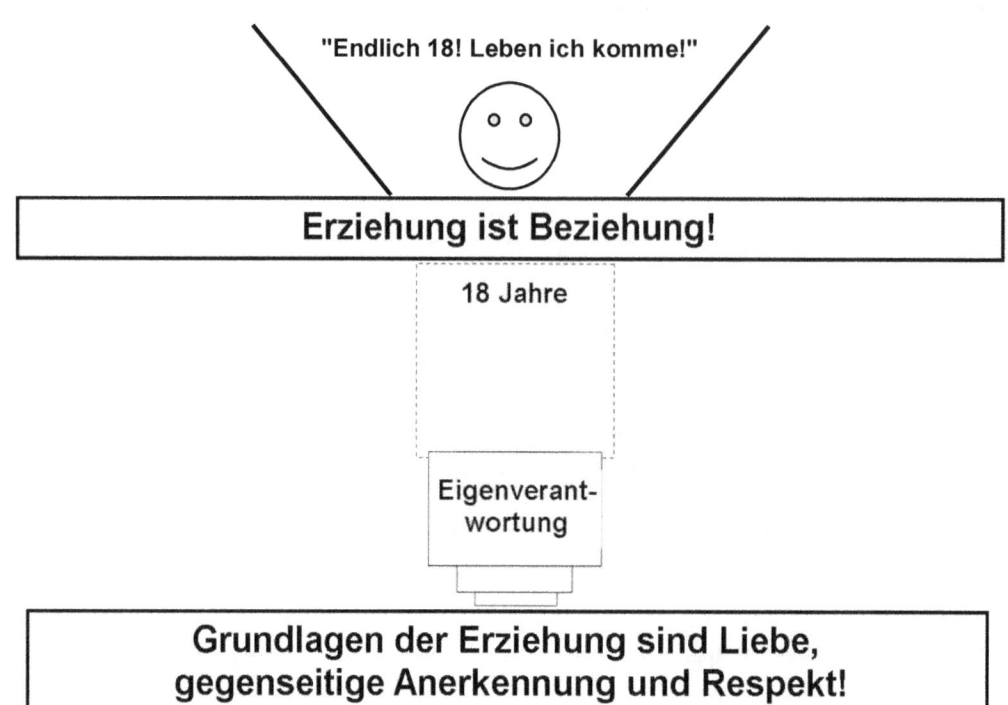

Das ist wie mit dem Autofahren, bei dem wir ja schon fast unbewusst unseren Kindern ein guter Chef sind. Solange wie die Kinder noch keine 18 Jahre sind und sich im Rahmen der Führerscheinprüfung bewährt haben, dürfen sie nicht nach vorne links, sprich ans Steuer, um vermeintlich unabhängig (eingeschränkt durch die Straßenverkehrsordnung) ihren eigenen Weg zu bestimmen. Auf dem Weg dorthin können sie ihrem jeweiligen Alter entsprechend, in ihrem Freiraum eigenständig bestimmen, welche Ziele sie wie ansteuern. Für die weiten, lebenswichtigen Ziele, die es anzusteuern gilt (Schulabschluss, Ausbildungsabschluss, eigene Wohnung etc.), benötigen sie bis zum 18. Lebensjahr einen Erwachsenen, der vorne links sitzt und somit für die Zielerreichung als guter Kapitän (vgl. Kapitel 3.1 Das Schiffsmodel Seite 28) unabdingbar ist.

Mancher Leser wird jetzt vielleicht denken: „Das ist ja alles viel zu theoretisch! Wie soll ich das denn in meinem Alltag umsetzen? Was bedeutet das praktisch für mich und meine Kinder?" Sie setzen es in der Regel schon um! Es scheint Ihnen nur nicht bewusst zu sein! In der Mobilitätsentwicklung unserer Kinder beachten wir Eltern dies in der Regel fast automatisch!

Mobilitätsentwicklung?! Mit Mobilitätsentwicklung meine ich die Entwicklung vom Krabbeln zum Laufen, zum Dreirad fahren, zum Roller fahren, zum Fahrrad fahren, zum

Motorroller fahren bis hin zum Auto fahren. An ihr lässt sich der sich erweiternde Handlungsspielraum unserer Kinder, die damit verbundene Eigenverantwortung sowie das Aushalten der sich hieraus ergebenden Konsequenzen gut verdeutlichen.

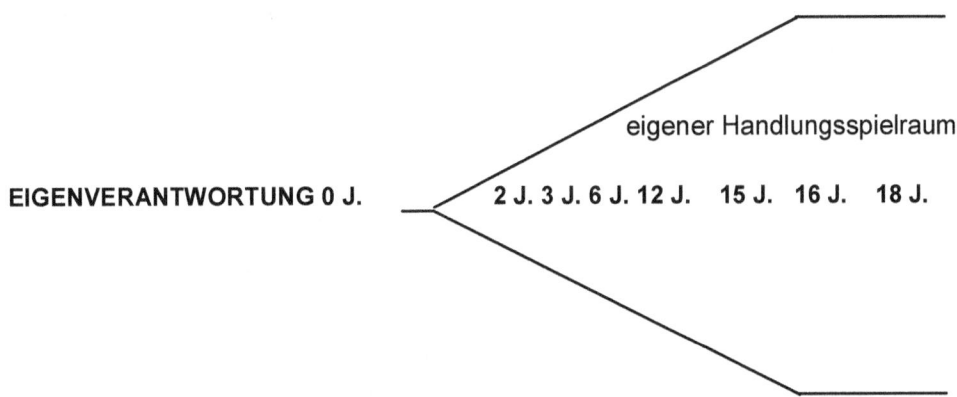

Je jünger unsere Kinder sind, desto klarer und eindeutiger schränken wir sie im Rahmen ihrer Mobilität und ihrer Eigenständigkeit, ob der Gefahren des Alltags, ein. Beim Autofahren geschieht das automatisch. Je jünger unser Kind, desto komplizierter der Gurt, desto klarer die Sitzposition und desto eindeutiger wer bestimmt, wohin gefahren wird. Je eigenständiger die Kinder werden, desto größer wird ihr Handlungsspielraum, in dem sie auch die Verantwortung für ihr Handeln tragen müssen. Dies ist in der Mobilitätsentwicklung für uns Erwachsene oftmals so selbstverständlich, dass wir hierüber nicht nachdenken.

Beginnt unser Kind zu krabbeln, so schränken wir seinen Handlungsspielraum stark ein. Wir lassen es in einem 0,5 – 2 Meter-Radius frei entscheiden, wohin es krabbelt, achten jedoch auf größere Gefahren und greifen sofort, ungeachtet der einsetzenden Proteste, ein, wenn Gefahr für Leib und Leben besteht. Stößt es sich einmal den Kopf ist es nicht so schlimm, wir trösten es und sagen: „Wenn du unter den Tisch krabbelst, kann das passieren! Bis du verheiratest bist, ist das lange wieder gut!"

Beginnt unser Kind zu laufen, so vergrößert sich sein Aktionsradius auf 2 – 3 Meter. Das bedeutet, sein Handlungsspielraum, in dem es sich frei entscheiden und seine Erfahrungen machen kann, erweitert sich. Verlässt es den Raum, so schränken wir es sofort ein. Oft bauen wir noch ein Gitter in die Tür, das verhindern soll, dass unser Kind uns in einem unbedachten Moment entwischt und Gefahr läuft, aus der Haustür zu laufen und die Treppe herunter zu fallen. Eigentlich grenzt so etwas ja an Freiheitsberaubung, oder?!

Je älter unsere Kinder werden, desto größer wird ihre Mobilität und desto mehr Raum haben sie, eigenständig ihre kleinen Ziele zu erreichen. So beginnen sie mit etwa zwei Jahren Dreirad zu fahren. Mit dem Dreirad werden der Aktionsradius und der Handlungsspielraum wieder größer. Jetzt können unsere Kinder bestimmen wie schnell und wohin sie fahren. Jedoch grenzen wir in der Regel den zur Verfügung stehenden Raum deutlich ein: „Du fährst nur auf dem Schulhof, Parkplatz, Hof etc.!" In diesem abgesteckten Raum lassen wir unseren Kindern freien Raum zur Entscheidung, setzen jedoch die klare Grenze für welchen Radius dies gilt. Das bedeutet: „Innerhalb dieser Grenze kannst du dein Tun und Handeln eigenständig bestimmen! Willst du weiter fahren, so gilt das als verboten und du hast dich daran zu halten!"

Was passiert, wenn das Kind plötzlich vom Schulhof in Richtung befahrene Straße fährt?! Richtig, wir springen auf und „fangen" unser Kind ein. Dabei achten wir nicht auf seinen Protest, da wir wissen, dass es von seinem Alter her noch nicht in der Lage ist, die Gefahren zu erkennen und damit angemessen umzugehen. Wenn es in diese Richtung will, hat es dies erst mit uns zu vereinbaren und wir werden dafür sorgen, dass ihm nichts passiert. Im Rahmen der Erziehung fällt es uns nicht schwer dieses Prinzip umzusetzen. Wir bestimmen innerhalb weniger Sekunden, ob wir in Anbetracht der drohenden Gefahren, autoritär handeln müssen oder ob es einen partnerschaftlichen Verhandlungsspielraum gibt. Je älter die Kinder werden, desto größer wird der Handlungsfreiraum und die hiermit verbundene Eigenverantwortung. Jedoch gilt auch der feste Grundsatz: „Wenn es um die weiter entfernten Ziele geht, bestimmt der, der vorne links sitzt. Der, der den Führerschein / das Kapitäns-patent besitzt!"

Mit drei Jahren fahren die Kinder in der Regel sicher Dreirad oder Roller und die ersten Versuche auf dem Fahrrad stehen an. Mit dem Fahrrad erweitern sich der Handlungsspielraum und die Freiheit unserer Kinder deutlich. Sie sind schneller und zügiger unterwegs und beginnen gewagte Experimente auf dem Fahrzeug zu gestalten. Ihr Aktionsradius erweitert sich und wir achten noch immer stark darauf, dass sie unter unserer Beobachtung mit dem Fahrzeug unterwegs sind. Zunehmend versuchen unsere Kinder nun, ihren Radius zu erweitern. So entstehen die ersten Diskussionen darüber, ob sie nicht schon allein mit dem Fahrrad zum Kindergarten fahren oder einen benachbarten Freund besuchen dürfen. Da unsere Kinder noch nicht den Weit- beziehungsweise Überblick haben, sich eigenständig im Straßenverkehr zu bewegen, werden wir dies, sehr zum Ärger unserer Kinder verneinen.

Mit sechs bis elf Jahren können sie schon relativ sicher Fahrrad fahren. Das heißt, dass sich ihr Aktionsradius in Absprache mit uns weiterhin erweitert. So dürfen sie unter unserer Begleitung eigenständig in den Kindergarten oder später ganz allein in die Schule (am besten, wenn sie die Fahrradprüfung bestanden haben) mit dem Rad fahren. Das bedeutet, sie bekommen von uns einen Handlungsspielraum zugesprochen, der es ihnen ermöglicht, ihre Ziele auch ohne Aufsicht anzusteuern und zu bestimmen. Das bedeutet jedoch auch, dass wir ihnen die Handlungsverantwortung zugesprochen haben, sich auf einem geschützten / gesicherten Weg frei zu bewegen. Wir müssen uns auf unserer Kinder verlassen können, das haben wir ihnen vorher deutlich gemacht, sonst dürfen sie es in Zukunft nicht wieder. Somit haben wir die Spielregeln klar benannt und lassen uns wegen der Gefahren nicht auf Diskussionen ein.

Genauso klar wie es noch nicht ans Lenkrad des Autos darf, weil es noch nicht alt genug ist den Führerschein machen zu dürfen, muss auch klar sein, dass es die weiten Ziele seines jungen Lebens noch nicht eigenständig bestimmen kann und darf. Es ist noch nicht reif, die Tragweite seines Handelns zu überblicken. Hier bestimmt klar derjenige, der den Führerschein, sprich die Lebenserfahrung hat, dass die Schule besucht wird, die Hausaufgaben gemacht werden und das Zimmer aufgeräumt wird. Unseren Kindern gefällt das nicht wirklich, aber so ist nun mal das Leben. Meine jüngste Tochter sitzt auch schon gern einmal am Lenkrad und spielt für ihr Leben gern Autofahren. Aber es ist ihr klar, dass sie den Schlüssel nicht bekommt, da dies ihre Verantwortungsreife bei weitem übersteigt.

Mit zwölf Jahren hat sich der Aktionsradius unserer Kinder immens erweitert. Sie dürfen jetzt mit dem Fahrrad in die Stadt, ihren Freund oder die Oma besuchen. Sie dürfen eigenständig mit dem Bus fahren und können im Rahmen ihrer Möglichkeiten viele Dinge selbst entscheiden. In den Momenten wo sie sich frei bewegen, werden unsere Einflussmöglichkeiten immer geringer. Jedoch bestimmen wir den Rahmen, in dem sie sich bewegen dürfen. Ob sie nun beim Busfahrer wirklich den Fahrschein bezahlen, oder überlegen, dass sie schwarzfahren, damit sie das Geld für „Sinnvolleres" nutzen können, liegt nur noch bedingt in unserer Kontrolle. Wir können sie auffordern, nicht bei Rot über die Ampel zu gehen, wir können sie darauf hinweisen, dass sie sich nicht in die Nachbarstadt begeben dürfen, letztendlich müssen wir ihnen zunächst vertrauen und ihnen Handlungsverantwortung zusprechen. Wir können sicherlich im Nachhinein noch eine Menge bestimmen, jedoch ist es auch wichtig, dass unsere Kinder jetzt zunehmend eigene Erfahrungen machen, vor denen wir sie nicht beziehungsweise nur sehr schlecht schützen können.

Auch hier ist es im Grundsatz wie beim Autofahren. Auf den kurzen Entfernungen, die unsere Kinder eigenständig bewältigen und überschauen, können, dürfen und sollen sie eigenständig und verantwortlich ihren Weg gehen. Steuern sie Ziele an, die in weiterer Entfernung liegen und die nur mit dem Auto zu erreichen sind, ist eindeutig und klar, wer den Weg bestimmt. Nämlich derjenigen, der vorne links am Steuer sitzt. Für den Alltag bedeutet das, dass wir den Zeitpunkt, wann Hausaufgaben gemacht werden sicherlich diskutieren können, dass sie gemacht werden, ist jedoch nicht verhandelbar.

Mit diesem Alter bekommen unsere Kinder zunehmend ein Mitspracherecht, wenn es um Entscheidungen geht. „Kommst du mit zur Oma und zum Einkaufen; oder bleibst du zu Hause?!" Unsere Kinder wechseln in der Regel auch ihre Sitzposition im Auto. Sie fahren nicht mehr hinten mit, sondern ihr Platz wechselt nach vorne rechts. Hier ist dann auch die Kindersicherung nicht mehr vorhanden und wir können davon ausgehen, dass unser Kind während der Fahrt nicht ins Lenkrad greift. Sollte es das dann doch tun, wird es recht schnell und unmissverständlich wieder auf der hinteren Sitzbank Platz nehmen dürfen.

Mit 15 Jahren machen Selbstständigkeit und Eigenverantwortlichkeit unseres Jugendlichen durch den Gesetzgeber einen entscheidenden Sprung. Er kann jetzt aufgrund seiner vorliegenden Reife selbst ein motorisiertes Fahrzeug fahren. Voraussetzung hierfür ist, dass er im Rahmen einer theoretischen Prüfung seine Kenntnis der Straßenverkehrsordnung beweist und sich somit mindestens theoretisch sicher in ihr bewegen kann. In dieser Zeit sterben wir Eltern alle einen „Heldentod". Und zwar spätestens dann, wenn unser Kind seine Prüfung bestanden hat und die ersten Fahrversuche im Straßenverkehr wagt. Hier lässt es sich schön deutlich machen, wie es mit dem Üben und den Erfahrungen machen wirklich ist. Dies ist in der Regel der erste Zeitpunkt, zu dem uns Eltern deutlich wird, dass wir unsere Kinder nicht mehr schützen können, auch wenn wir es so gerne wollen. Auf einer Mofa können wir, so gerne wie wir möchten, nicht mitfahren. Wir können unserem Kind alle möglichen gut gemeinten Ratschläge mit auf den Weg geben. Letztendlich muss es für sich selbst schauen, dass es sich jetzt an alles hält, was von ihm erwartet wird. Es muss für sich selbst üben, das Fahrzeug zu beherrschen und gleichzeitig dabei die Spielregeln der StVo, aber auch der Physik (Fahrverhalten, Straßeneigenschaften, Geschwindigkeit etc.) im Auge behalten. Als mein Sohn zum ersten Mal mit seiner Mofa unterwegs war, habe ich drei Kreuze gemacht, als er abends wohlbehalten wieder nach Hause kam.

Darüber hinaus erweitert sich der Aktionsradius unserer Kinder erneut. Der Rahmen, in dem sie sich jetzt bewegen, liegt bei ca. 15 – 25 Kilometern. Ein Radius, in dem sie eigenverantwortlich ihre Strecken und ihr Handeln bestimmen. Hier sind unsere Einflussmöglichkeiten recht gering. Wir können „nur" noch vereinbaren, was passiert, wenn sich unser Kind nicht an unsere Vorgaben oder die Straßenverkehrsordnung hält, vorausgesetzt wir bekommen es mit („Frisierst du das Mofa oder fährst zu zweit, nehme ich es dir weg!"). Ziele, die über diesen Radius hinausgehen, müssen jedoch nach wie vor mit dem Auto bewältigt werden und das bedeutet wieder, dass der, der vorne links am Steuer sitzt, bestimmt. Natürlich nach Absprache, wohin und wie gefahren wird. Für den Alltag bedeutet das: „Auf welchem Weg du wie zur Schule fährst, ist deine Sache! Dass du zur Schule fährst, steht außer Diskussion!"

Mit 16 Jahren hat unser Kind dann die Möglichkeit einen weiteren Führerschein zumachen. Es darf sich, nach bestandener Prüfung, mit zwei Personen und bis zu 80 km / h im Straßenverkehr bewegen. Sein Aktionsradius erweitert sich noch einmal und seine Handlungsverantwortung nimmt weiter zu. Unsere Kontroll- und Einflussmöglichkeiten werden noch geringer, jedoch ist unser Kind immer noch nicht in der Lage weite Strecken mit einem Pkw zurückzulegen. Das bedeutet, dass auf den langfristigen Strecken auf dem Weg ins Leben immer noch wir entscheiden, was wie auf welchem Wege passiert. Dass wir hierbei unser Kind immer mehr in die Verantwortung nehmen, ist klar. Würden Sie ihm jedoch auch mit 16 Jahren Ihren Autoschlüssel und Ihr Auto geben, damit es damit fahren kann?! Nein, denn hierzu ist es noch nicht in der Lage, was bedeutet, dass für die zu erreichenden weiten Ziele im Leben (Berufsausbildung / Studium etc.), immer noch der bestimmen sollte, der im Besitz der Fahrerlaubnis beziehungsweise der entsprechenden Lebenserfahrung ist.

Mit 18 Jahren ist es dann klar: Unser Kind kann den Autoführerschein machen und darf sich nach bestandener Prüfung selbstständig im Straßenverkehr bewegen.

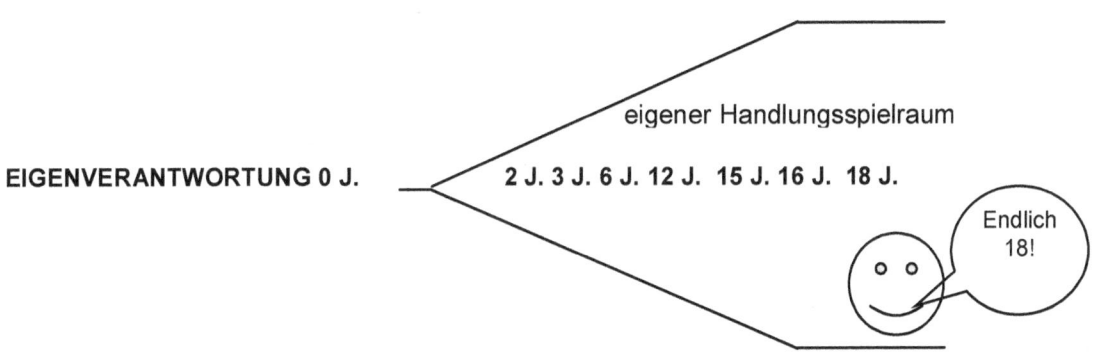

Jetzt hat es zumindest die Legitimation, dass es auch seine weiten Ziele eigenständig ansteuern darf. Ob es das kann, steht auf einem anderen Blatt.

Unserem Kind wird es ähnlich ergehen wie uns selbst, als wir den Führerschein gemacht haben. Mit Abschluss der Prüfung konnten wir theoretisch Auto fahren. Das richtige Fahren lernten wir jedoch erst mit ausreichender Übung. Wir mussten uns im Straßenverkehr eigenverantwortlich bewegen, unsere Erfahrungen machen, um festzustellen was wir können und was nicht. Wir mussten unsere Grenzen und Möglichkeiten selber kennenlernen. Hiervor konnte uns niemand schützen, denn nur die Erfahrungen und Fehler, die wir selber machen, sind die, die wir im späteren Leben vermeiden werden. Das gleiche gilt auch für unsere Kinder.

6.5 Was bedeutet das für uns Eltern?

Anhand des vorangegangenen Beispiels wird klar, dass unsere Kinder mit zunehmendem Alter Freiräume brauchen, um ihre Erfahrungen machen zu können. Die grundsätzlichen Regeln hierzu werden von uns Eltern bestimmt, damit die Kinder sich zunehmend frei und eigenständig entwickeln beziehungsweise bewegen können. Das Regelgerüst sollte klar und eindeutig sein, jedoch genügend Spielraum lassen, um seine eigenen Erfahrungen machen zu können. Dieser Spielraum sollte altersangemessen sein und unsere Kinder nicht überfordern (vgl. Kapitel 3.1 Das Schiffsmodel Seite 28).

Wie oft haben Sie zu Ihrem Kind schon gesagt: „Du willst doch auch einen guten Beruf, mit dem du viel Geld verdienen kannst, um dir deine Wünsche zu erfüllen, oder?!" Fast alle Kinder sagen an dieser Stelle: „Ja klar will ich das!", jedoch haben sie noch nicht den Überblick all das zu ermessen, was hierzu notwendig ist. Die Eigenverantwortung und die Frage nach der hiermit verbundenen Vernunft überfordern sie, da sie dieses Gesamte erst erfassen können, wenn sie ein entsprechendes Alter haben, sprich selbst erwachsen sind. Das heißt, unsere Kinder benötigen Erwachsene,

- die sie lieben!
- die ihnen anerkennend und respektvoll begegnen!
- die das Steuer fest in der Hand halten!
- die sich durchsetzen, wenn es keinen Spielraum gibt!
- die Freiräume lassen, wenn es Verhandlungsspielraum gibt!
- die ihnen Handlungsverantwortung altersangemessen zusprechen können!
- die sie die Folgen ihres Handelns auch tragen lassen können!
- die sicher in ihrer Entscheidung sind und wissen welche Stütze gerade verfolgt wird!

Erziehung ist somit oft ein Interessenkonflikt, in dem sich Eltern innerhalb von kurzer Zeit entscheiden müssen: „Muss ich mich jetzt durchsetzen oder kann ich partnerschaftlich verhandeln!?" Erschwert wird dies durch den Umgang mit Regeln und Grenzen (doch dazu mehr im nächsten Kapitel).
Das Prinzip der Mobilitätsentwicklung kann auf viele Lebensbereiche umgesetzt werden. So wie Sie beim Autofahren und der Entwicklung der Mobilität Ihres Kindes reagieren, so können Sie auch beim Zimmer aufräumen, beim Hausaufgaben machen, beim Schulbesuch, beim Zähneputzen, beim Haare waschen etc. reagieren. Wenn Sie von der Notwendigkeit des Zähneputzens überzeugt sind, dann können und dürfen Sie es durchsetzen. Schnallt sich das Kind bei der Autofahrt ab, bleiben Sie stehen und setzen sich durch. Dabei haben Sie auch kein schlechtes Gewissen. Will es die Zähne nicht putzen, so hat es noch kein Verständnis dafür, dass die Zahnarztkosten im Erwachsenenalter der reinste Horror sind. Dies kann es noch nicht überblicken und es ist ihm je nach

Alter hier und jetzt auch egal. Hier ist es dann wichtig, sich wie beim Autofahren durchzusetzen und ihm im Laufe der Zeit mehr Eigenverantwortung zum Üben zuzusprechen. Die Grundlage hierfür sollte selbstverständlich das wechselseitige Anerkennen und Respektieren auf der Grundlage einer liebevollen, wertschätzenden Beziehung sein, denn: **Erziehung ist Beziehung!**

Ohne eine liebevolle Beziehung ist eine gute Erziehung nicht zu gestalten (vgl. Kapitel 5.4 Wie sollte einen gute Mutter, ein guter Vater sein?!) .

Doch Erziehung bedeutet auch, dass wir unsere Kinder darauf vorbereiten müssen, dass das Leben oft Frustrationen mit sich bringt und viel zu oft die Kontrolle unserer spontanen Wünsche und Bedürfnisse verlangt.

Unsere Kinder würden sagen:

- Sei nicht fassungslos, wenn ich dir sage, ich hasse dich!. Ich hasse nicht dich, sondern deine Macht meine Pläne zu durchkreuzen!
- Verwöhne mich nicht! Ich weiß sehr wohl, dass ich nicht alles bekommen kann, wonach ich frage. Ich will dich nur auf die Probe stellen!
- Bewahre mich nicht immer vor den Folgen meines Tuns. Ich muss auch mal peinliche Erfahrungen sammeln.

(in Anlehnung an Lucia Feider, 12 Forderungen eines Kindes an seine Eltern)

7 Vom Umgang mit Regeln und Grenzen

Ein immer wiederkehrendes Thema in der Diskussion mit Eltern, ist der Umgang unserer Kinder mit Regeln und Grenzen. Als Eltern erwarten wir, dass unsere Kinder sich an die Dinge, die wir von ihnen erwarten, halten und die aufgestellten Regeln und Grenzen akzeptieren bzw. respektieren. Doch wie oft werden wir von unseren Kindern im Erziehungsalltag enttäuscht! Es erscheint, dass diese „kleinen Anarchisten" unsere so gut überlegten Regeln immer wieder umgehen oder sie teilweise gar nicht wahrnehmen wollen. Immer wieder werden die Grenzen übertreten oder auf ihre Gültigkeit überprüft.

Der Ärger im Alltag ist somit vorprogrammiert und führt uns oft an unsere Grenzen! Um zu verstehen:

- warum unsere Kinder in der Regel wenig Lust und Vernunft im Umgang mit Regeln und Grenzen zeigen,
- warum es ihnen so schwerfällt, sie einzuhalten,
- warum manche Konsequenzen sie nicht erreichen,
  sollten wir zunächst einmal schauen:
- wie wir selbst im Alltag mit unseren Regeln und Grenzen umgehen.
- nach welchen Kriterien wir in unserem Alltag unser Handeln ausrichten.

Erst dann können wir meines Erachtens ein Verständnis für das Verhalten unserer Kinder entwickeln und ein Gefühl dafür bekommen, was „normal" ist und notwendig erscheint.

7.1 Der Regel-und-Grenzen-Test

Der folgende Test richtet sich an die Autofahrer unter uns. Diejenigen, die keinen Führerschein haben, haben sicherlich die Möglichkeit, sich in das Folgende hineinzudenken / einzufühlen. Bitte beantworten Sie die folgenden Fragen:

Haben Sie einen Führerschein?!

Fahren Sie regelmäßig Auto?!

Fahren Sie immer 50 Km / h, wo 50 Km / h vorgeschrieben sind?!

Wenn ja, heißt das, Sie fahren eher 49 Km / h als 51 Km / h, richtig?!

Wenn ja: Herzlichen Glückwunsch! Sie halten sich uneingeschränkt an die Regel, fahren eher 49 Km/h als 51 Km/h und gehören somit in die „Kategorie A"!

Wenn nein, Hand aufs Herz, wie schnell fahren Sie?!

- Zwischen 52 Km / h und 56 Km / h?! (Kategorie B)
- Zwischen 60 Km / h und 70 Km / h?! (Kategorie C)
- Über 70 Km / h!? (Kategorie D)

Sie werden sich jetzt vielleicht fragen: „Was hat das denn mit der Erziehung unserer Kinder zu tun?" Ich finde dieses Beispiel hervorragend geeignet, um zu verdeutlichen, was „normales" menschliches Verhalten im Umgang mit Regeln und Grenzen ist. Denn so wie wir uns im Straßenverkehr verhalten, so verhalten sich auch unsere Kinder jeden Tag. Das erscheint mir „normal", wenn es um den Umgang mit Regeln und Grenzen geht! Von 100 Menschen, mit denen ich den Regel-Test mache, ordnen sich im Durchschnitt:

- 5 Personen der Kategorie A
- 90 Personen der Kategorie C
- 5 Personen der Kategorie D zu.

Die Kategorie B taucht in der Regel erst beim Nachfragen auf, was ich besonders spannend finde. Doch dazu im Folgenden mehr.

7.2 Kategorie A – „Der Angepasste"

Bei der Frage: „Wer fährt 50 Km / h, wo 50 Km / h vorgeschrieben sind?" zeigen in der Regel 5 von 100 Personen auf. Bei dem Hinweis: „Ihnen ist klar, dass das bedeutet, dass Sie eher 49 Km / h als 51 Km / h fahren müssen!?" ziehen in der Regel 4 ihre Meldung zurück und es bleibt eine Person über, die wirklich die vorgeschriebene Geschwindigkeit oder eher noch darunter fährt.

Wie geht es Ihnen, lieber Leser / liebe Leserin, wenn Sie ausgerechnet diese Person bei der nächsten Autofahrt vor sich haben und Sie kommen die nächsten zehn Kilometer nicht an ihr vorbei? Zu 99 % höre ich: „Ich ärger mich schwarz! Das muss nicht sein, wer so fährt, hält den Verkehr auf!" Das bedeutet: Derjenige, der sich im Straßenverkehr bedingungslos an die vorgeschriebenen Regeln hält, bremst also den Verkehrsfluss und wird somit als Verkehrshindernis wahrgenommen. Er hält sich jedoch an die Regel! Gehässig könnte man behaupten: Wer sich bedingungslos an die Regeln hält, fällt auf und wird oft auch noch bedrängt!

Was bedeutet das für uns Eltern!?

Für unseren Erziehungsalltag bedeutet das, dass es eher unnatürlich ist, wenn sich unsere Kinder bedingungslos an all das halten, was ihnen die Erwachsenen sagen. Das sollten wir uns immer wieder vor Augen halten. Nur sehr wenige Menschen halten sich immer und zu jeder Zeit an die vorgegebenen Regeln und Grenzen. Das sind die Menschen, die wir in unserem Alltag oft als Spießer, Streber oder Langweiler bezeichnen. Diese Menschen fallen oft durch ihre absolute Anpassung auf und machen sich hierdurch gesellschaftlich eher zum Außenseiter. Wollen wir Eltern wirklich Kinder, die sich bedingungslos an alles halten, was wir ihnen sagen?! Ich persönlich kann diese Frage mit einem klaren NEIN beantworten.

7.3 Kategorie B – „Der Vernünftige"

Die vier Personen, die bei der genauen Nachfrage ihre Meldung zurückgezogen haben, fahren zwischen 53 Km / h und 56 Km / h! Das bedeutet: Sie halten sich nicht an die Regel! Warum ist das so? Oft kommt die Ausrede: „Ich passe mich dem Verkehrsfluss an!" Ist das tatsächlich so? Und selbst wenn, handelt es sich hier um regelwidriges Verhalten, denn 50 Km / h sind vorgeschrieben!

Letztlich möchte jeder, der sich in sein Auto setzt möglichst zügig von A nach B gelangen. Das bedeutet, dass wir zugunsten unserer Motivation (positive Absicht vgl. Kapitel 3) hier die Regel schon einmal aussetzen, wenn auch in einem kleinen Rahmen, da wir wissen, dass uns im Fall einer Radarkontrolle nichts passiert. Dies ist der Toleranzrahmen, den wir ohne Konsequenzen fürchten zu müssen ausschöpfen! Wenn ich mir die fünf Personen als Ganzes vorstelle, also 100 %, so komme ich zu dem Schluss, dass eine (20 %) sich an die Regel hält und vier (80 %) den ihnen zur Verfügung stehenden Toleranzrahmen hemmungslos ausschöpfen. Ich glaube, dass sich dieses Verhältnis auf die Menschheit im Allgemeinen übertragen lässt.

Ich behaupte: 80 % der Menschen nutzen den ihnen zur Verfügung stehenden Toleranzrahmen zugunsten ihrer eigenen Motivation aus!

Was bedeutet das für uns Eltern!?

So wie wir im Straßenverkehr unseren Toleranzrahmen in der Regel hemmungslos ausschöpfen, tun es auch unsere Kinder in ihrem Alltag.

Wie oft haben Sie schon den Satz gesagt: „Das habe ich dir doch schon 10-mal / 100-mal / 1000-mal gesagt?! Aus welchem Grund sollen unsere Kinder bei der sechsten Aufforderung reagieren, wenn sie genau wissen, dass es noch die 7. / 8. / 9. Warnung gibt, bevor es ernst wird und Konsequenzen drohen! Das heißt, auch unsere Kinder schöpfen den ihnen zugestandenen Toleranzrahmen aus und wir Erwachsene ärgern uns, dass wir alles 10-mal sagen müssen, bevor etwas passiert! Das ist völlig „normal"! Es liegt an uns, uns Gedanken über die Größe unseres Spielraums zu machen. Wir müssen darüber nachdenken und sind verantwortlich für die Durchsetzung dessen. Die logische Folgerung hieraus ist? Wir sollten im Alltag unseren Toleranzrahmen überprüfen und ihn verkürzen, wenn es uns notwendig erscheint. Sehr wirkungsvoll ist hier oft die alte Regel:

                    1. Verwarnung
                    2. Verwarnung
                    3. Konsequenz

Dies ist für die Kinder überschaubar und lässt ihnen einerseits genügend Spielraum zum eigenverantwortlichen Handeln, andererseits zum Akzeptieren möglicher Konsequenzen, welche dann auch nicht willkürlich erscheinen und für sie kalkulierbar sind. Das bedeutet jedoch auch, dass wir Eltern die angedrohten Konsequenzen auch umsetzen, wenn die Kinder den Toleranzrahmen verlassen. Die alte Regel erste Verwarnung, zweite Verwarnung, dann Konsequenz hilft auch, den Alltag etwas zu erleichtern, da sie mehr Sicherheit und Orientierung in den Stimmungsschwankungen des Alltags bietet.

Stimmungsschwankungen des Alltags?! Wir Eltern können nicht immer gleich gut drauf sein. Es gibt Tage, da haben wir starke und gute Nerven und Tage, da liegen die Nerven blank und wir könnten schon bei dem kleinsten Regelverstoß aus der Haut fahren. Das bedeutet, dass uns ein undefinierter Toleranzrahmen zusätzlich das Leben erschwert. Warum?!

Unsere Kinder können nicht erahnen, ob wir besonders gut oder besonders schlecht gelaunt sind. Sind wir gut gelaunt, dann verwarnen wir oft 10-mal, bevor etwas passiert. Sind wir schlecht gelaunt, dann gibt es oft viel früher Konsequenzen auf das Verhalten der Kinder. Unsere Kinder fühlen sich dann ungerecht behandelt, reagieren wütend, sind enttäuscht und es gibt in der Regel eine Menge Ärger. Das Schlimme ist, unsere Kinder haben in der Regel auch Recht! Denn: Woher sollen sie wissen, welcher Toleranzrahmen heute gilt?! „Sind es zehn Verwarnungen, die ich habe, oder nur fünf, oder vielleicht habe ich ja gar keinen Spielraum?!"

Das schafft einerseits Unsicherheit und andererseits das Gefühl der Ungerechtigkeit. Konsequenzen, die aus einer solch unklaren Situation heraus erfolgen, werden oft als willkürlich empfunden und fördern die Stimmung zum Streit. Die 1. / 2. / 3. Regel kann hier helfen, Sicherheit und Orientierung im Erziehungsalltag für alle zu bieten. Sie ist für die Kinder kalkulierbar und für uns Erwachsene kontrollierbar. Stellen Sie sich einmal vor, welches Gefühl Sie hätten, wenn Sie in einer 50 Km / h Zone mit 53 Km / h geblitzt würden und der Beamte Ihnen den Führerschein entziehen will, da er gerade aufgrund seiner schlechten Laune den Toleranzrahmen willkürlich außer Kraft gesetzt oder besser noch die Regel geändert (von 50 Km / h auf 30 Km / h) hat.

7.4 Kategorie C – „Der Unvernünftige"

Bisher haben wir uns nur die fünf Personen der Kategorien A und B angeschaut. 90 Personen sagen in der Regel, sie fahren zwischen 60 Km / h und 70 k Km / h! Auch hier stellt sich mir die Frage: „Warum ist das so!?"

Wenn Sie, lieber Leser, liebe Leserin in diese Gruppe gehören, ist es spannend, dies einmal zu hinterfragen, da wir uns im Alltag hierzu oft keine Gedanken machen. Oft wird an dieser Stelle in den Seminaren auch gesagt: „Ich passe mich eigentlich nur dem fließenden Verkehr an!" Es ist jedoch zu betonen, dass Ihnen das nicht das Recht gibt, bestehende Verkehrsvorschriften auszuhebeln. Es gilt 50 Km / h, wo 50 Km / h sind! Die Polizei und das Ordnungsamt überprüfen dies beständig im Rahmen von Radar- und

Verkehrskontrollen. Und falls Sie „geblitzt" werden, drohen unangenehme Konsequenzen in Form von Geldbußen. Trotz allem oder gerade deswegen (!?) fahren über 90 % zwischen 60 Km / h und 70 Km / h und dies gilt es meiner Meinung nach zu hinterfragen. Hand auf Herz: Wenn Sie selbst zu der Kategorie C zählen (wenn nicht, versuchen Sie, sich einmal hineinzudenken / einzufühlen), aus welchem Grund fahren Sie zwischen 60 Km / h und 70 Km / h, wo 50 Km / h angesagt sind?

Meine Erfahrung ist, dass wir in dem Moment, wo wir uns ins Auto setzen, nicht wirklich an die Regel denken. Wir checken unbewusst innerhalb von Millisekunden die Rahmenbedingungen ab:

- Was habe ich für ein Auto?!
- Wie ist die Wettersituation?!
- Wie ist die Straßensituation?!

Und über all dem steht das Hinterfragen der eigenen Motivation (positive Absicht vgl. Kapitel 3): Wie schnell will ich / muss ich von A nach B gelangen!?

Das Straßenschild mit der 50 (also die Regel) spielt hierbei keine oder nur eine sehr untergeordnete Rolle. Wir setzen uns ins Auto, fahren so, wie wir es für uns richtig halten und wie wir uns sicher fühlen. Und was ist mit der Polizei / dem Ordnungsamt?! Wir glauben, dass wir ja wissen, wo in der Regel geblitzt wird und gehen davon aus, dass wir schon nicht erwischt werden. Denn: „Wir passen ja auf!"

Gehässig kann man drei Behauptungen aufstellen:
1. Im Sinne unserer eigenen Motivation (möglichst zügig von A nach B zu kommen!), ignorieren wir die Regel!
2. Wir gehen davon aus, dass wir schon nicht erwischt werden!
3. Für den Fall, dass wir erwischt werden, nehmen wir die schlimmstmögliche Konsequenz (Geldbuße) billigend mit in Kauf!

Spannend wird es bei der Frage: „Und was ist, wenn wir geblitzt / erwischt werden?!" Dann freuen wir uns ganz doll, geben dem Kontrolleur noch fünf Euro Trinkgeld, weil er so wunderbar aufpasst, dass sich im deutschen Straßenverkehr jeder an die Regeln hält! Oder?! Nein!

Wir ärgern uns und reagieren auf unterschiedlichste Weise, um unseren Unmut kundzutun. In der Regel fahren wir dann eine gewisse Zeit (manche fünf Minuten / andere einen Tag / weitere eine Woche / etc.) vorsichtiger. Jetzt mal ehrlich: „Wie lange hält es bei Ihnen an?!" Nach einer gewissen Zeit geht das ganze Spiel wieder von vorne los, da uns die Geldstrafe von 20 – 25 € nicht wirklich erreicht und wir erneut davon ausgehen, dass wir schon nicht erwischt werden!

Was bedeutet das für uns Eltern!?

Im alltäglichen Umgang mit Regeln und Grenzen handeln die Kinder nach den gleichen Grundsätzen wie wir auch! Die Konsequenz, die mit einer Verzichtsleistung (20 – 35 €) verbunden ist, hält uns nicht wirklich davon ab, den Prozess zu unterbrechen und unsere Motivation zu kontrollieren! Zumal sie nur dann eintritt, wenn wir erwischt werden. Das gleiche gilt natürlich auch für unsere Kinder. In der Regel entscheiden sie sich zugunsten ihrer eigenen Motivation („länger draußen oder wach bleiben zu wollen, länger spielen zu wollen, etc.) und nehmen, falls sie erwischt werden, den schlimmstenfalls aufkommenden Ärger mit den Erwachsenen zunächst billigend in Kauf. Wenn wir sie dann bei der Regelüberschreitung erwischen, sind sie natürlich nicht begeistert und reagieren ähnlich wie wir auch, ärgerlich und wütend. Das ist also auch wieder völlig normal! Und wenn der Ärger verraucht ist?! Dann beginnt auch bei unseren Kindern das Spiel wieder von vorne! Denn: Sie gehen davon aus, dass sie beim nächsten Mal schon nicht erwischt werden!

7.5 Kategorie D – „Der Spieler!"

Interessant ist die Frage nach der Kategorie D: „Warum fahren 95 Personen nicht schneller als 70 Km / h, wo 50 Km / h ist?!" Die Standardantwort darauf ist: „Dann wird es richtig teuer und der Führerschein ist je nach Geschwindigkeitsüberschreitung für längere Zeit weg! Das ist mir zu unangenehm und zu teuer!"

Was bedeutet das? Bei 95 % der befragten Personen beginnt ein Prozess, der ab ca. 70 Km / h, fast wie von allein, den Fuß vom Gas nehmen lässt. Es fällt uns fast gar nicht auf, dass wir unsere Motivation (zügig von A nach B) bremsen, da wir im Falle des erwischt werden, die sich hieraus ergebende Konsequenz nicht zu tragen gewillt sind. Die Konsequenz, die sich hieraus ergibt (Führerscheinverlust), würde uns massiv stören und unsere Alltaggestaltung erheblich einschränken / behindern. Die 5 % der befragten Personen, die diese Grenze nicht einhalten, äußern unterschiedliche Motivationen sie zu übertreten oder achten schlicht und einfach nicht auf die Vorgabe. Doch selbst beim Vergessen gilt: „Unachtsamkeit schützt vor Schaden nicht!" Das, was uns unsere Motivation unbewusst kontrollieren lässt, ist die Auswirkung der möglichen Konsequenz, mit der wir uns auseinandersetzen müssten, sollten wir tatsächlich erwischt werden.

Im Falle des Führerscheinverlusts müssten wir aktiv sehr viel mehr tun, um unseren Alltag zu bestreiten. Somit wäre der Verlust des Führerscheins eine aktive Konsequenz, die wir zugunsten unserer positiven Absicht / Motivation nicht hinzunehmen bereit sind. Dies wird verstärkt / wach gehalten durch das Wissen, dass bei Unachtsamkeit die Konsequenz trotzdem erfolgen würde und sie niemand, mit Blick auf die Anteilnahme beim emotionalen / wirtschaftlichen Leiden, aussetzen würde. In diesem Fall gibt es nur selten eine Ausnahme und auch diese ist nur mit erheblichem Mehraufwand an Zeit und Geld verbunden (dies gilt natürlich auch für die Kategorie B, zeigt hier jedoch weniger Wirkung, was im Folgenden noch näher erläutert wird).

7.6 Die Bedeutung von aktiven und passiven Konsequenzen

Anhand des eigenen Verhaltens beim Autofahren wird deutlich, welche Rolle passive und aktive Konsequenzen in unserem Leben spielen und wie sie bewusst / unbewusst, einen Einfluss auf unser alltägliches Handeln haben. Welche Rolle dabei Gesetzgebung / Polizei / Gesellschaft / etc. einnehmen und welche Anforderungen / Rollenerwartungen an uns Eltern gestellt werden, lassen sich hieraus ableiten. Bei genauer Betrachtung dieses Beispiels können Sie erkennen, dass es selten die passiven Konsequenzen sind, die uns nachhaltig erreichen. Eine passive Konsequenz ist die Geldbuße, die uns droht, wenn wir uns in der Kategorie C bewegen. Es ist zwar ärgerlich, wenn wir erwischt werden, jedoch können wir den Geldverlust in der Regel verschmerzen, sprich, auf das, was wir uns davon hätten kaufen können, verzichten. Da ja nicht klar ist, dass wir erwischt werden, gehen wir das Risiko ein und setzen die Priorität auf unsere Motivation.

Passive Konsequenzen erreichen auch unsere Kinder nur bedingt. Eine passive Konsequenz ist beispielsweise das Computerverbot oder der Hausarrest. Unsere Kinder nehmen das, im Falle des erwischt werden, unbewusst billigend in Kauf, sie könnten denken: „Ist ja nicht so schlimm, dann spiele ich halt etwas anderes!" oder „Wenn ich heute länger draußen blieben kann, dann bleib ich halt morgen drin, meine Freunde sind morgen eh alle weg!" oder „Das ist schon ok und wenn ich dann wieder lieb bin, halten sie das sowieso nicht lange aus!" etc.

Dies sieht im Falle eines feststehenden Starenkastens schon ganz anders aus. Hier, wo wir wissen, dass wir erwischt werden, kontrollieren wir unsere Motivation, drosseln unsere Geschwindigkeit kurzfristig, um danach wieder „Gas" zu geben. Für unsere Kinder bedeutet dies, dass dort, wo sie genau wissen, dass die Kontrolle erfolgt, sie schon eher gewillt sind, die Regel einzuhalten, genauso wie wir Erwachsene auch, oder würden Sie bewusst zu schnell an dem Blitzer vorbeifahren? Das, was uns in der Regel darüber hinaus erreicht und uns unsere Motivation oft unbewusst kontrollieren lässt, ist die drohende aktive Konsequenz und deren Auswirkung, die auf unser Fehlverhalten folgt. Den Führerschein zeitweise oder ganz zu verlieren erreicht uns nachhaltig, weil wir wissen, dass das, was dann folgt, nur mit erheblichem Mehraufwand zu bewerkstelligen ist, und wir in unserem Handeln deutlich eingeschränkt werden. Wir müssten aktiv mehr tun, um unseren Alltag zu gestalten. Da uns dieses Risiko zu hoch ist, kontrollieren wir unbewusst unseren Impuls schneller fahren zu wollen und gehen vom Gas.

Dies lässt sich auch in anderen Bereichen beobachten. Auf die Frage: „Wann fahren Sie tanken?" erklären viele Teilnehmer: „Dann, wenn die Tanknadel im roten Bereich ist!" Das bedeutet, wir haben in der Regel keine Lust, die Zeit zu investieren oder warten darauf, dass das Benzin billiger wird. Wir warten, bis die persönliche Schmerzgrenze erreicht ist und wir Gefahr laufen, das Auto schieben zu müssen. Das Schieben ist dann somit die drohende, aktive Konsequenz, die uns dazu bringt, unsere Motivation / Lust zu kontrollieren und dann doch die Zeit und das Geld zu investieren, damit wir weiterfahren können. Dies ist meiner Meinung nach ein grundlegendes „normales" menschliches Verhalten, was sich auf viele weitere Bereiche des alltäglichen Lebens ausweiten lässt. So sollten Sie sich einmal fragen: „Wann gehe ich einkaufen!?" „Wann bügle ich!?" „Wann wasche ich Wäsche!?" Wann mache ich meine Steuererklärung!?" Die Beantwortung dieser Fragen fällt vor dem jeweiligen individuellen Hintergrund der Teilnehmer sehr unterschiedlich aus, verdeutlicht jedoch sehr schön die unterschiedlichen Denk- und Handlungsweisen / Motivationen. Im Grunde ist die Antwort jedoch klar und eindeutig: „Immer dann, wenn es nicht mehr anders geht (also aktive Konsequenzen drohen), erledige ich die Dinge, die mir unangenehm sind oder auf die ich keine Lust habe!". Dieses Grundprinzip müssen auch unsere Kinder im Kontakt mit uns lernen (vgl. auch Kapitel 5.10 "Die Bedeutung der Komfortzone" Seite 93).

Eine aktive Konsequenz ist somit mit einem persönlichen Mehraufwand verbunden und erfolgt logisch im Zusammenhang mit dem eigenen Handeln.

- Kaufe ich nicht ein, muss ich hungern!
- Tanke ich nicht, muss ich das Auto schieben!
- Spare ich nicht, muss ich auf Besonderes verzichten!

Für den Umgang mit unseren Kindern bedeutet das:
- Halte ich keine Ordnung, muss ich aufräumen!
- Komme ich zu spät, muss ich die Zeit nachholen!
- Räume ich meine dreckige Wäsche nicht weg, muss ich selber waschen!

Es gibt jedoch einen großen Unterschied zwischen uns und unseren Kindern. Haben Sie eine Ahnung, was diesen Unterschied ausmacht?! Es ist die Lebenserfahrung! Wir Erwachsene haben über 20 / 30 Jahre mehr Lebenserfahrung, als unsere Kinder. Jahrzehnte, in denen wir schon oft die Erfahrung machen mussten, dass vieles im Leben erledigt werden muss bzw. wir uns an Vorgaben zu halten haben, auch wenn wir keine Lust dazu haben. Wir haben mehr oder weniger gelernt, dass sich bestimmte Dinge nicht verändern lassen und wir bei Nichtbeachtung mit den sich hieraus ergebenden Konsequenzen leben müssen. Dies haben wir im Kontakt mit unseren Eltern, später durch Dritte wie Polizei, Ausbilder, Chef, Sparkassenangestellte etc. lernen müssen (Erfahrungen mit Handlung & Folge / Versuch & Irrtum / Aktion & Reaktion / etc.) und es hat uns in der Regel keinen wirklichen Spaß bereitet.

Wir Erwachsene haben unseren Kindern gegenüber einen langjährigen Erfahrungsvorsprung, der uns hilft, im Alltag entsprechende Anpassungsleistungen zu erbringen. Dies vergessen wir jedoch gern im Kontakt mit unseren Kindern bzw. ist es uns selten bewusst. Hierauf begründen sich dann Aussagen wie: „Das muss dir doch klar sein! Du musst doch verstehen, dass! Sei doch mal vernünftig!" Die Rolle, die uns Erwachsenen hierbei zukommt, besteht darin, dass wir im Bewusstsein um diese Prozesse versuchen müssen, einen liebevollen, wertschätzenden, jedoch auch konsequenten Rahmen zu schaffen, der unseren Kindern die Möglichkeit zur altersgemäßen Entwicklung und zum angemessenen Erfahrungslernen bietet. Zurückkommend auf das Beispiel des eigenen Fahrverhaltens bedeutet dies: „Eltern sind anerkennende Gesetzgebung / wertschätzende Polizei / liebevolle Gesellschaft in Personalunion und die ersten Ansprechpartner / Vorbilder für ihre Kinder!" Hierbei gilt: „Je jünger das Kind, desto geringer die Lebenserfahrung, desto wichtiger die Rolle der Eltern und Pädagogen!"

Für uns Eltern gilt es somit zu erkennen, dass zuallererst wir diese wichtige Rolle im Leben unserer Kinder einnehmen und uns über den Umgang mit Regeln und Grenzsetzung im Klaren sein müssen. Wir müssen erkennen, dass zunächst wir die Regeln aufstellen und für deren Überprüfung, Umsetzung und das Finden angemessener Konsequenzen zuständig sind. Hierbei ist es wichtig zu erkennen, dass dann, wenn die Kinder die aufgestellten Regeln und Grenzen nicht beachten, sich dies nicht persönlich gegen uns richtet, sondern dass es ein ganz normaler Prozess in der Erziehung ist.
Unsere Kinder würden sagen: „Sei nicht fassungslos, wenn ich dir sage, ich hasse dich! Ich hasse nicht dich, sondern deine Macht, meine Pläne zu durchkreuzen."
(In Anlehnung an Lucia Feider, 12 Forderungen eines Kindes an seine Eltern)

Wenn wir Eltern dies erkennen, können wir die Beziehung zu unseren Kindern entspannter gestalten und Konflikte angemessener und überzeugender bestehen. Hierbei ist es für uns Eltern wichtig zu erkennen, dass sich Liebe und Konflikte nicht gegenseitig ausschließen (vgl. Kapitel 4.1).

7.7 Die Bedeutung von Regeln und Grenzen für unseren Alltag

Auch hier zur Einstimmung wieder ein Beispiel aus unserem Alltag: Wenn Sie sich im Straßenverkehr bewegen, haben Sie dann das Gefühl, dass Sie relativ entspannt von A nach B kommen können?! Das bedeutet:

- wenn Sie grün haben, halten die anderen bei rot!?
- wenn Sie Vorfahrt haben, bleiben die anderen stehen!?

Die meisten Menschen sagen: „Ja, das habe ich! Ich muss aber immer auch noch aufpassen, da ein Restrisiko besteht!"

Das bedeutet, dass wir uns schon relativ entspannt in unserem Alltag im Straßenverkehr bewegen können, jedoch aufmerksam sein müssen, da es immer wieder Menschen gibt, die es mit Vorgaben nicht so genau nehmen. Im Allgemeinen ist es jedoch so, dass wir uns schon darauf verlassen können, dass die anderen bei rot stehen bleiben, wenn wir grün haben!

Stellen Sie sich jetzt einmal vor, ich könnte zaubern! Ich klatsche nun in die Hand und auf einmal ist die Straßenverkehrsordnung außer Kraft gesetzt und es gibt keine Polizei mehr, die zukünftig die Abläufe im Straßenverkehr kontrolliert! Lassen Sie dies einmal auf sich wirken und stellen sich vor, was dann auf deutschen Straßen los wäre:

- Jeder könnte machen, was er wollte!
- Jeder fährt, wie er es für richtig hält!
- Alle Ampeln sind außer Betrieb!
- Kein Verkehrsschild hat mehr Gültigkeit!
- Jeder Verkehrsteilnehmer verhält sich so, wie er es für sich als richtig empfindet!
- Sie können sich auf nichts mehr verlassen, außer auf sich selbst!

Wie ist diese Vorstellung für Sie? Im ersten Moment sagen viele Menschen, das wäre doch toll! Alles würde viel freier und angenehmer laufen! Doch ist das wirklich so? Stellen Sie sich einmal vor, jeder könnte fahren, wie er will und Sie müssen gleich von Hamburg nach München fahren. Sie setzen sich in Ihr Auto, wissen, dass Sie mindestens acht Stunden Fahrzeit haben und an jeder Kreuzung, über die Sie fahren müssen gilt das Recht des Stärkeren, Mutigeren oder Schnelleren. Sie können sich nur noch auf sich selbst verlassen und müssen beständig darauf aufpassen, dass Ihnen nichts passiert! Wie ist dann Ihr Gefühl? Sind Sie jetzt immer noch so entspannt und gelassen, wie zu Beginn dieses Kapitels?

Die meisten Menschen sagen dann: „Ups, eigentlich nicht! Ich werde dann eher unruhig, nervös und unsicher!" Die einen sagen, dann fahre ich mit der Bahn, vergessen jedoch, dass sie als Fußgänger ja auch über die Straße zum Bahnhof müssen. Andere wiederum wollen ihr Auto aus Angst stehen lassen oder reagieren aggressiv, nach dem Motto: „Bevor du mir eine Beule in mein Auto machst ...!" Sicherlich lassen sich hier noch viele andere Reaktionen und Verhaltensmuster beschreiben. Wichtig ist mir jedoch zu verdeutlichen, dass Regeln und Grenzen in unserem Alltag uns auch Sicherheit und Orientierung bieten. Durch ihre Existenz und die Institutionen, die sie überprüfen entsteht eine Atmosphäre, in der wir uns relativ entspannt bewegen können, obwohl uns die Einschränkungen im Alltag auch immer wieder ärgern (vgl. "Positive Absicht" in den Kapiteln 3 und 6.6).

Hier kommt uns Eltern eine besondere Bedeutung zu! Im Rahmen der modernen Pädagogik werden Regeln, Grenzen, Verbote und die hiermit verbundene Autorität oft mit der Einschränkung der persönlichen Entfaltung und der Behinderung der freiheitlichen, individuellen Entwicklung in Verbindung gebracht. Das wirft für mich folgende Frage auf:

7.8 Regeln / Grenzen und freiheitliche Entwicklung – ein Widerspruch?!

Schließen sich Regeln und Grenzen und freiheitliche / eigenständige Entwicklung gegenseitig aus?! Auch hier wieder der Bezug zum Straßenverkehr: Wenn Sie sich im Straßenverkehr bewegen, haben Sie dann das Gefühl, dass Sie frei entscheiden können, wohin Sie Ihr Weg führt?! Das bedeutet, vorausgesetzt es gibt keine materiellen Einschränkungen, dass Sie:

- Heute beschließen können, nach Hamburg oder München zu fahren!?
- Jetzt in den nächsten Ort fahren können, wenn Sie es wollen?!

Im Prinzip können Sie Ihren Weg eigenständig bestimmen und individuell gestalten, wenn Sie sich an die Vorgaben der Straßenverkehrsordnung halten! Von den beruflichen Zwängen und materiellen Einschränkungen einmal abgesehen, könnten wir unseren Weg eigenständig bestimmen und uns freiheitlich, bezogen auf unsere Ziele, unsere Wünsche und Vorstellungen, bewegen. Das bedeutet, dass sich Regeln und Grenzen im Zusammenhang mit freiheitlicher und eigenständiger Entwicklung nicht gegenseitig ausschließen. Die Regeln und Grenzen sorgen dafür, dass wir dies mit einer gewissen Entspannung begehen können, da wir etwas haben, worauf wir uns verlassen können!

Gleiches gilt auch für unsere Kinder. Ebenso wie auch wir Regeln und Grenzen, sprich, Strukturen benötigen, um eine gewisse Sicherheit und Orientierung, sprich, Entspannung in unserem Alltag zu erleben, benötigen auch unsere Kinder diese, um sich angemessen entwickeln zu können. Unsere Kinder brauchen uns als selbstbewusste und sichere Partner, die klare Strukturen bieten, an denen sie sich orientieren und auf die sie sich verlassen können. Strukturen dürfen laut Winterhoff jedoch nicht mit Konsequenzen verwechselt werden. „Struktur hat mit Abläufen zu tun, die dem Kind Sicherheit und Halt geben (Konsequenz wäre also höchstens ein Thema innerhalb von Struktur)." Michael Winterhoff, Tyrannen müssen nicht sein, Seite 148

Somit schließen sich meines Erachtens Regel und Grenzsetzung sowie freiheitliche und individuelle Entwicklung nicht gegenseitig aus, sondern bedingen sich auch gegenseitig. Unsere Kinder würden sagen: „Sei nicht inkonsequent! Das macht mich völlig unsicher und lässt mich mein Vertrauen zu dir verlieren. (In Anlehnung an Lucia Feider, 12 Forderungen eines Kindes an seine Eltern)

Ich würde diesen Satz noch ergänzen durch: „Und wenn ich kein Vertrauen zu dir habe, entwickle ich Ängste, werde unsicher, unruhig und reagiere durch Rückzug und / oder Aggressivität! Das bedeutet, dass wir Eltern uns in unserem Alltag Gedanken darüber machen müssen, welche Regeln und Grenzen uns im Kontakt zu unseren Kindern wichtig sind. Wir müssen uns selbst davon überzeugen, dass diese notwendig sind, um uns dann entschließen zu können, was wir wie, wann und in welchem Zusammenhang aufstellen. Hier muss jeder für sich seine eigene Lösung, seine eigene Haltung entwickeln. Letztlich gilt hier, wie in vielen anderen Bereichen auch: „Sie können nur das in Ihrem Kind entzünden, was selber in Ihnen brennt!"

Überzeugen Sie sich selbst, dass Ihre Regeln und Grenzen wichtig sind und dass Ihr Kind Sie hier als wichtigen, unerschütterlichen Partner braucht. Einen Partner, der ihnen deutlich die Richtung weist, ihnen jedoch den Spielraum lässt, sich eigenständig zu entwickeln / zu entscheiden, sie wiederum jedoch nicht entlässt, wenn es darum geht, sie mit den Konsequenzen ihres Verhaltens zu konfrontieren. Eltern sollten der Kompass, der Orientierungspunkt ihrer Kinder sein. Ein Kompass zeigt unbeirrbar nach Norden. Wenn ich die Orientierung verloren habe, benötige ich etwas, an dem ich mich festhalten und orientieren kann.

Stellen Sie sich einmal vor, Sie haben sich in der Wüste verirrt und um Sie herum ist nichts als Sand. Sie haben keinen Punkt, an dem Sie sich orientieren können. Sie wissen jedoch, Sie müssen laufen, sonst werden Sie verdursten. Was passiert in einer solchen Situation automatisch? In der Regel laufen wir in solchen Situationen im Kreis, da wir unbewusst versuchen, uns an der Sonne zu orientieren. Da die Sonne wandert, läuft der Mensch automatisch im Kreis. Um aus einer solch misslichen Lage herauszufinden, benötigen wir dann einen Orientierungspunkt, einen Kompass. Dieser zeigt deutlich und unmissverständlich nach Norden. Mit dieser Orientierungshilfe müssen wir uns dann entscheiden, in welche Himmelsrichtung wir laufen. Und hier beginnt dann das Schicksal zu wirken und Einfluss zu nehmen. Da wir nicht wissen, in welcher Richtung sich die nächste Oase befindet, müssen wir uns hier auf unser Glück verlassen. Entweder wir gehen zufällig in die richtige Richtung und erreichen nach einigen Kilometern die rettende Oase oder wir wandern in die falsche Richtung und verdursten.

Mancher Leser wir jetzt denken: „Wie, und solch ein Beispiel bringt er in einem Buch, was sich mit der Kindererziehung beschäftigt? Ich will doch nicht den Tod meiner Kinder verschulden! Das ist jawohl mehr als makaber!" Wenn Sie so denken, lieber Leser, liebe Leserin, dann gebe ich Ihnen durchaus Recht. Ich habe lange überlegt, ob ich dieses Beispiel in meinem Buch beschreiben soll. Letztlich habe ich mich doch dazu entschieden, da ich denke, dass dieses Beispiel sehr schön verdeutlicht, dass ich als Vater oder Mutter eigentlich keine andere Wahl habe, wenn es darum geht, meinen Kindern eine Richtung zu weisen. Denn wenn ich es nicht tue und ich stehen bleibe (weil ich mich nicht entscheiden kann, was verbindlich ist), dann ist die Situation genauso aussichtslos, wie wenn ich keinen Kompass habe. In meinem Alltag erlebe ich immer wieder Eltern, die sich unsicher sind und die heute sagen, Norden ist verbindlich, dann morgen den Westen besser finden, um dann übermorgen Südwest als verbindlich festzulegen. Unsere Kinder sind in solchen Situationen völlig verunsichert und reagieren mit den bekannten Verhaltensauffälligkeiten und Mustern.

Das Beispiel hinkt sicherlich an einer Stelle. Als Menschen können wir uns auch umentscheiden, wenn es um die Verbindlichkeit der Richtung geht. Dies ist beim Kompass rein physikalisch nicht gegeben. Aber, wenn wir uns für eine Richtung entschieden haben, dann sollten wir sie auch sicher und souverän verfolgen, damit uns unsere Kinder als verlässliche Partner erleben.

Wenn ich dann im Alltag die Richtung wechsle, habe ich die Möglichkeit, dies den Kindern zu verdeutlichen und ihnen zu erklären. Aber auch diese Richtung sollte ich dann überzeugt verfolgen und den Kindern die entsprechende Zeit geben, sich auf die Richtungsänderung einlassen zu können.

Dies wirft natürlich die Frage nach der „richtigen" Sichtweise auf.

- Was ist denn richtig?
- Wer sagt mir, was richtig ist?
- Woher soll ich denn wissen, was gut ist?

Hinter diesen Fragen steht zum einen die Angst, Fehler zu begehen (vgl. hierzu Kapitel 5.3) und zum anderen die Frage nach der Patentlösung, nach dem Kompass für die Erziehung, nach demjenigen, der uns Eltern sagt, was richtig und was falsch ist. Hierzu haben sich schon viele schlaue Leute Unmengen an Gedanken gemacht und hervorragende Abhandlungen geschrieben. Ich persönlich denke, dass das so ähnlich ist, wie die Frage nach dem „Sinn des Lebens" oder der Beantwortung der Frage: „Was war zuerst da, das Ei oder das Huhn!?"

Ich glaube, dass hier ein alter Spruch, die Komplexität der Frage gut erfasst:

„Die Wahrheit liegt immer im Auge des Betrachters!" Eine alte asiatische Weisheit drückt es so aus: „Jedes Ding hat drei Seiten: Eine, die du siehst, eine, die ich sehe und eine, die wir beide nicht sehen. Es gibt also drei Wahrheiten: Meine Wahrheit, deine Wahrheit und die Wahrheit."

In meinen Seminaren frage ich die Teilnehmer an dieser Stelle immer: „Wie isst man mit seinen Kindern Spaghetti?" Die einen sagen: „Kleinkinder dürfen sie mit den Händen essen! Es ist für ihre Entwicklung wichtig, damit ordentlich matschen zu dürfen!" Andere behaupten: „Wenn, dann nur nach Knigge, mit Servierte auf dem Schoß, Gabel und Löffel in der Hand!"

Wer hat denn jetzt Recht?! Sie werden jetzt vielleicht sagen: „Keiner, weil ich beides nicht richtig finde!" Und genau das kann die richtige Aussage sein! In Kapitel 4 habe ich beschrieben, dass der Mensch als ein in sich geschlossenes System auf die Dinge reagiert, die von außen auf ihn einströmen. Unter anderem reagieren wir aufgrund unserer individuellen Prägung und Erfahrung, sprich, aufgrund der Ereignisse, die wir in unserem bisherigen Leben erlebt haben bzw. aufgrund dessen, was wir „vererbt" mitbringen. Jeder von uns hat seine eigene Vorstellung von dem, was richtig und gut ist, da wir alle über höchst individuelle Erfahrungen verfügen.

Das bedeutet, dass hier jeder seinen eigenen Weg (seine eigene Lösung) finden und diese dann auch überzeugend vertreten muss. Es gibt also kein Patentrezept, jedoch viele individuelle Lösungen, sodass die alte Volksweisheit: „Alle Wege führen nach Rom!" sich auch im Rahmen der Kindererziehung bewahrheitet.

„Auf dem Weg nach Rom" ist es gut, wenn ich bestimmte Grundsätze beachte, da sie es mir erleichtern, einen geeigneten Weg zu finden, sodass auch hier mein Grundsatz: „Sie können den Wind nicht ändern, jedoch versuchen, die Segel richtig zu setzen!" wieder seine Berechtigung findet.

Dabei gilt: „Günstige Winde kann nur der nutzen, der weiß, wohin er will!"

Was bedeutet, dass wir Eltern uns zuallererst selbst davon überzeugen müssen, was wir bezogen auf die Erziehung unserer Kinder, wollen.

Dieses Buch kann Ihr Kompass sein, der Ihnen hilft, Ihren Kurs zu bestimmen, damit Sie ein guter Kompass für Ihre Kinder sein können!

8 Was tun, wenn mein Kind anderer Meinung ist als ich?!

Wie schon zu Beginn des Buches erwähnt, träumen wir immer von der beständigen Harmonie zwischen uns und unserem Kind. Diesem Traumschloss kommen wir sehr nahe, wenn wir mit unserem Kind einer Meinung sind. Das bedeutet, dass die positive Absicht des Kindes, mit der der Mutter übereinstimmt (vgl. Kapitel 4). Das Kind möchte ein Eis, die Mutter ist der Meinung, dass es eines haben darf und alles ist in schönster, harmonischer Ordnung! Kind und Mutter sind glücklich!

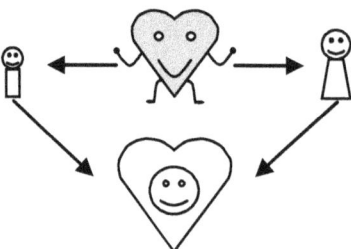

Doch was passiert, wenn das Kind beim Mittagessen ein Eis möchte und die Mutter ist der Meinung, dass es erst die Kartoffeln aufessen soll?!

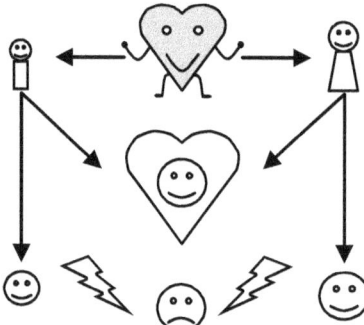

Es kommt zu einem Interessenkonflikt und der Ärger ist vorprogrammiert. Dies ist die Stelle, die uns den Alltag immer wieder erschwert, denn: „Was ist wie zu tun, wenn das Kind anderer Meinung ist als ich?!" Ich hoffe, dass die vorhergegangenen Inhalte Ihnen verdeutlicht haben, warum das so ist und mit welcher Haltung wir Eltern auf diesen Interessenkonflikt reagieren sollten. Der Interessenkonflikt ist die Herausforderung, die den erzieherischen Alltag erschwert. Er ist die Stelle der immer wiederkehrenden Entscheidungsverantwortung für uns Eltern.

Wie in Kapitel 6 beschrieben, ist Erziehung für mich ein Prozess, in dem ich mich bei Interessenkonflikten innerhalb von Millisekunden entscheiden muss, ob ich mich autoritär durchsetze, oder ob ich partnerschaftlich verhandle.

Ich persönlich behaupte, dass ich von 100 Situationen am Tag, 98 mal etwas von meinen Kindern erwarten muss, das ihren spontanen Wünschen und Bedürfnissen, sprich, ihrer positiven Absicht widerspricht. Somit habe ich im Kontakt zu meinen Kindern auch 98 mal den Interessenkonflikt und muss mich genauso oft entscheiden zwischen „Setze ich mich jetzt autoritär durch oder will ich partnerschaftlich verhandeln?!" Das ist die Stelle, an der der Kampf zwischen Kopf und Bauch (vgl. Kapitel 5.9) so richtig Fahrt aufnehmen kann. Dieses „Wechselbad" der Gefühle ist für mich der ganz „normale" tägliche Wahnsinn im Kontakt zu meinen Kindern.

Dass es für die Bewältigung dieses „normalen Wahnsinns" keine Patentrezepte gibt und jeder hier seinen eigenen Weg finden muss, habe ich mehrfach erwähnt. Ich finde es für mich in meinem Alltag immer wieder hilfreich, mir dieses, vor dem Hintergrund des bisher Beschriebenen, vor Augen zu halten. Ich kann die Inhalte dieses Buches nutzen, um das Verhalten meiner Kinder zu hinterfragen, kann versuchen, sie in ihrem Handeln zu verstehen, um sie in ihrer Person wertzuschätzen und meinen persönlichen „Erziehungskurs" zu finden. Einen Kurs, den ich dann auch sicherer und souveräner halten kann, denn: „Sie können nur das in Ihrem Kind entzünden, was selber in Ihnen brennt!"

Sprich, Sie können im Kontakt zu Ihren Kindern nur das erreichen, wovon Sie selber überzeugt sind (oder sich überzeugt haben). Und manchmal geht es ja auch scheinbar von ganz allein, ohne ersichtliche Probleme. Das Geheimnis liegt meines Erachtens darin, dass immer dann, wenn es angemessen zwischen uns und unseren Kindern klappt (auch wenn wir unterschiedlicher Meinung sind), wir Erwachsene von dem, was wir tun überzeugt sind, sprich: Kopf (Ratio) und Bauch (Emotio) sind im Einklang (vgl. Kapitel 5.9).

Bahnt sich der Interessenkonflikt an, so muss ich mich als Erwachsener aktiv entscheiden, ob ich einen Verhandlungsspielraum habe (dann kann ich verhandeln) oder nicht (dann muss ich mich durchsetzen).

Patentrezepte gibt es nicht, aber Grundsätze, die ich beachten kann. Es gibt Methoden und Strategien, die helfen können den jeweiligen Weg angemessener gehen beziehungsweise, mich meinem Kind angemessener mitteilen zu können. Die dazu notwendige innere Haltung vermittelt Ihnen die Übung zum guten Chef (Kapitän) in Kapitel 5.4. Dabei ist es wichtig zu beachten, dass der gute Kapitän seine „Mannschaft" wertschätzt, ihre positive Absicht (vgl. Kapitel 4) versucht zu erkennen, was jedoch nicht bedeutet, ihr bedingungslos zustimmen zu müssen! Doch bevor ich mich auf den Weg machen kann, muss ich mich erst einmal entscheiden, welchen Kurs ich nehmen will. Erst dann kann ich meinem Kind gegenüber sicher und souverän gegenübertreten. Um in dem Beispiel zu bleiben:

Autoritärer Weg (kein Verhandlungsspielraum):
- „Ich möchte, dass du die Kartoffeln aufisst, vorher gebe ich dir kein Eis!"

Partnerschaftlicher Weg (Verhandlungsspielraum):
- „Lass uns drüber reden und wir versuchen eine Lösung für den Konflikt zu finden!"

Sie müssen sich also entscheiden. Es geht meines Erachtens um ein „entweder oder", nicht um ein „und"! Die Mischung beider Wege, also: „Lass uns drüber reden, ein Eis bekommst du aber trotzdem nicht!" führt in der Regel zu keinem konstruktiven Ergebnis. An dieser Stelle sehe ich ein großes Problem unserer heutigen Zeit. In Kapitel 6 habe ich beschrieben, dass wir in einer Zeit leben, in der wir den partnerschaftlichen Ansatz favorisieren und in der es verpönt ist, sich Kindern gegenüber autoritär durchzusetzen. Die Auswirkung dessen beobachte ich immer wieder in meinem beruflichen Alltag.

Gehen wir einmal davon aus, Sie favorisieren den partnerschaftlichen Weg und sitzen mit ihrem Kind beim Mittagessen. Ihr Kind möchte sofort ein Eis, ohne die restlichen Kartoffeln aufzuessen. Sie möchten jedoch, dass es erst die Kartoffeln aufisst. Der Interessenkonflikt ist jetzt da! Wie geht es nun weiter?!

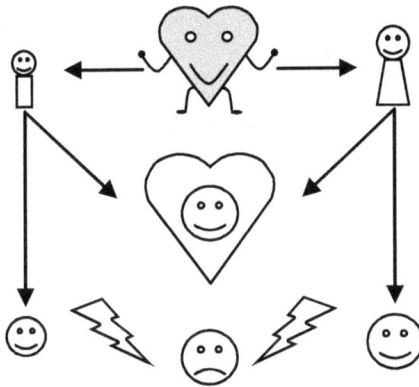

Oft erlebe ich, dass Eltern dann sagen: „Ist doch klar, wir reden drüber, aber ein Eis bekommt er trotzdem erst, wenn die Kartoffeln aufgegessen sind!"

Und ich antworte: "Wenn Ihr Kind jetzt wütend wird und es Ihnen den Teller aufgebracht vor die Füße wirft, bekommt es von mir Recht!" Haben Sie eine Idee warum?

Ihr Kind fühlt sich an dieser Stelle nicht ernst genommen, besser noch gesagt „veräppelt"! Sie setzen sich mit ihm partnerschaftlich zusammen, aber am Ende zählt doch nur das, was Sie wollen. Dies ist der autoritäre Weg! Das ist so ähnlich, wie wenn Sie Ihr Chef fragt, ob Sie morgen arbeiten kommen können, obwohl Sie frei haben und Sie wissen genau, wenn Sie Nein sagen, haben Sie die erste Abmahnung oder stehen kurz vor der Kündigung. Da hätte er besser sagen können, dass es ihm leid tut, er dieses jedoch von Ihnen erwarten muss. Das wäre sicherlich immer noch nicht nett gewesen, hätte Ihnen aber nicht vorgegaukelt, dass Sie ein Mitspracherecht haben. Sprich, er wäre ehrlich zu Ihnen gewesen.

In meinem Alltag erlebe ich, dass wir bei Interessenkonflikten unseren Kindern ein Mitspracherecht vorgaukeln, in dem wir unsere autoritäre Seite unter dem partnerschaftlichen Ansatz verstecken. Wir wundern uns dann, wenn sie sich nicht ernst genommen fühlen. Intuitiv scheinen wir Eltern also zu spüren, dass es wichtig ist, sich an bestimmten Stellen autoritär durchzusetzen, trauen uns aber nicht, es wirklich zu tun und verstecken dies unter einem falsch verstandenen partnerschaftlichen Ansatz, was dann wiederum zu Konflikten führt. Ein Teufelskreis, aus dem wir nur dann herauskommen, wenn wir erkennen, dass:

• der autoritäre Weg bedingt, dass das Kind das macht, was wir von ihm erwarten.
Hier gibt es also **keinen** Verhandlungsspielraum.
• der partnerschaftliche Weg auf eine gemeinsame Lösungsfindung ausgelegt ist.
Hier müssen Mutter und Kind einen Verhandlungsspielraum haben, um sich aufeinander zu bewegen zu können.

Wie würde es denn im partnerschaftlichen Sinne angemessen weitergehen beziehungsweise, was müssten Sie tun, um sich aufeinander zu zu bewegen?

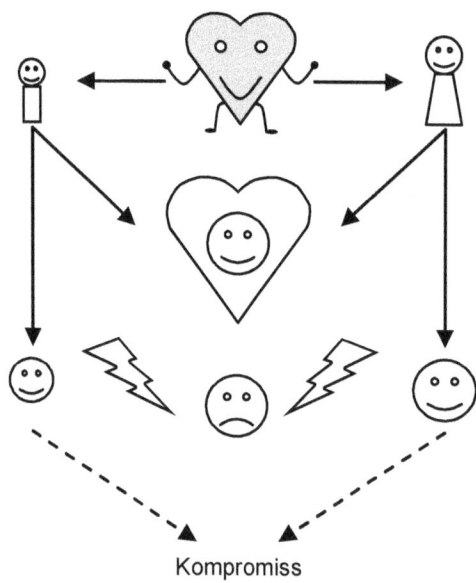

Kompromiss

Richtig, Sie müssten im Gespräch mit Ihrem Kind versuchen, einen Kompromiss zu finden. So etwas wie: „Iss noch zwei Kartoffeln, dann kannst du ein Eis bekommen!" Diese Lösungs- beziehungsweise Kompromissfindung bedeutet: Mutter und Kind haben sich über ihre jeweilige positive Absicht wertschätzend ausgetauscht, haben Lösungsvorschläge gemacht und sich auf einen Kompromiss geeinigt. Das Kind wollte zu Beginn keine Kartoffeln mehr essen und isst jetzt noch zwei. Die Mutter wollte, dass erst alle

Kartoffeln aufgegessen werden und ist damit zufrieden, wenn das Kind noch zwei Kartoffeln isst. Sind zwei Kartoffeln gegessen, bekommt das Kind sein Eis.

Häufiger werde ich an dieser Stelle mit den Sätzen konfrontiert: „Aber dann hat das Kind ja doch am Ende seinen Willen durchgesetzt. Das passt doch überhaupt nicht dazu, dass ich als Elternteil der Kapitän sein soll, der alles bestimmt. Wenn das Kind letztendlich doch seinen Willen durchsetzt, dann habe ich doch den Kampf verloren!" „Nein, Sie haben den Kampf nicht verloren!" Das ist die Stelle, an der die aktive Entscheidung „autoritär durchsetzen oder partnerschaftlich verhandeln" eine immense Bedeutung bekommt.

Habe ich mich bewusst zum partnerschaftlichen Verhandeln entschlossen, dann habe ich gleichzeitig meinen Verhandlungsspielraum überprüft und mich auf eine Kompromissfindung eingelassen. Das hat mit Machtkampf oder Verlieren nichts zu tun. Andererseits hätte ich mich bewusst für die autoritäre Säule entscheiden und mich für die Durchsetzung meiner positiven Absicht (erst Kartoffeln, dann Eis) einsetzen müssen. Eine weitere Frage, die oft auftaucht, ist: „Kann ich nicht beide Säulen miteinander verbinden?" Wie ich weiter oben schon sagte, nein! Aber, es gibt im Alltag viele Situationen, in denen ich die Säulen hintereinander „schalten" kann oder besser gesagt auch muss. Verdeutlichen lässt sich dies gut am Beispiel Hausaufgaben machen. Dass die Hausaufgaben gemacht werden, ist für mich im Kontakt zu meinen Kindern nicht diskutabel. Hier setze ich mich strikt durch. Hier bin ich sehr autoritär. Jedoch, wann sie gemacht werden, kann ich partnerschaftlich mit ihnen aushandeln und dabei ihre Wünsche und Bedürfnisse berücksichtigen. Letztlich darf man hierbei aber nicht aus den

Augen verlieren, dass es sich um zwei verschiedene Situationen handelt. Das eine ist für mich eine Grundsatzfrage, für die ich keinen Verhandlungsspielraum haben will (Hausaufgaben werden gemacht) und das andere ist der zeitliche Bereich (wann sie angefertigt werden), den ich gerne mit meinen Kindern diskutieren kann.

Dies lässt sich auf viele Bereiche des Alltags anwenden, wie zum Beispiel „Dass du den Müll rausbringst, erwarte ich von dir, wann du das tust, darüber können wir reden." oder:

- „Dass du den Meerschweinchenkäfig säuberst, erwarte ich von dir, wann ...!"
- „Dass du die Spülmaschine ausräumst, erwarte ich von dir, wann ...!"
- „Dass du dein Zimmer aufräumst, erwarte ich von dir, wann ...!"
- „Dass du ...!"

Der eine oder andere Leser wird sich jetzt vielleicht fragen: „Das hört sich ja alles ganz gut an, verstanden habe ich es auch, aber wie setze ich das jetzt konkret in meinem Alltag um beziehungsweise, was muss ich auf dem jeweiligen Weg beachten?! In den folgenden beiden Kapiteln werde ich darauf genauer eingehen. Beim Lesen dieser Kapitel werden Sie wahrscheinlich feststellen, dass Sie vieles schon kennen. Die Ausführungen sind ähnlich, wenn nicht gleich im Vergleich zu anderen pädagogischen Ratgebern. Mancher Leser wird vielleicht denken: „Das kenne ich doch schon alles! Gibt es nicht was Neues? Etwas, das ich schnell einsetzen kann und dann läuft's?!"

„Es ist wichtig, Dinge neu zu sehen, anstatt ständig Neues sehen zu wollen." (Nadeshda Brennicke) Ich denke, dass es nicht viele neue „Weisheiten" bezüglich zwischenmenschlicher Kommunikation und der Gestaltung dieser gibt. Aber es gibt bestimmte Grundlagen / Standards / Gesetzmäßigkeiten etc., die meines Erachtens immer gleich beziehungsweise ähnlich sind. Es kommt jedoch darauf an, wie ich sie wann mit welcher Haltung einsetze. Ich hoffe, meine bisherigen Ausführungen waren für Sie so hilfreich, dass es Ihnen gelingt, „Dinge" neu zu sehen, dass es Ihnen hierdurch leichter fällt, mit den folgenden Inhalten umzugehen und Ihren erzieherischen Alltag überzeugter gestalten zu können.

8.1 Durchsetzen – ja gerne, aber wie?!

Durchsetzen sollten Sie sich immer dann, wenn es um Inhalte geht, die Ihnen wichtig sind und deren Einhaltung / Umsetzung für Sie nicht zu diskutieren ist. Oft sind das Inhalte, die im persönlichen Werte- und Normenbereich und / oder Regel- und Grenzbereich liegen. Also Grundsätze, die für Sie nicht verhandelbar sind.

Das größte Problem am Durchsetzen ist, dass das, was wir von unseren Kindern wollen zu 99,9 % deren spontanen Wünschen und Bedürfnissen widerspricht! Hinzukommt, dass ihre positive Absicht („ich will weiter spielen, ich will weiter fernsehen, ich will ...") oft so stark ist, dass sie ihre „Ohren auf Durchzug stellen", zumindest für Inhalte, die sie als unangenehm oder störend empfinden. Umgangssprachlich nennen wir das auch: „Schlecht hören kannst du gut!" Oft erscheint es, dass sie so unangenehme Dinge wie „Räum dein Spielzeug weg."/ „Wasch dir die Hände." / „Häng deine Jacke auf!" / „Komm zum Essen!" etc. gerne überhören. Wohingegen sie angenehme Dinge, auch wenn sie recht leise gesagt werden, sehr wohl wahrnehmen können. Warum das so ist, habe ich in den vorangegangenen Kapiteln erklärt.

Wichtig ist es mir, Sie an dieser Stelle noch einmal daran zu erinnern, dass je jünger die Kinder sind, desto intensiver neigen sie dazu ihren spontanen Wünschen und Bedürfnissen nachzugehen, und umso weniger haben sie gelernt, diese zu kontrollieren und entgegen ihrer spontanen Befindlichkeit zu handeln. Das bedeutet, dass wir Eltern uns umso intensiver bemühen müssen, dass das, was wir wollen auch bei den Kindern ankommt und sie zum Handeln bewegt. Wie können wir das erreichen?!

Eigene Sicherheit entwickeln

Dies ist der meiner Meinung nach wichtigste Aspekt auf dem Weg zum Ziel. Dazu müssen wir Eltern zunächst akzeptieren, dass:

- es das Traumschloss nicht gibt.
- Harmonie immer dann da ist, wenn die Kinder mit uns einer Meinung sind.
- der Interessenkonflikt etwas völlig natürliches / normales ist.

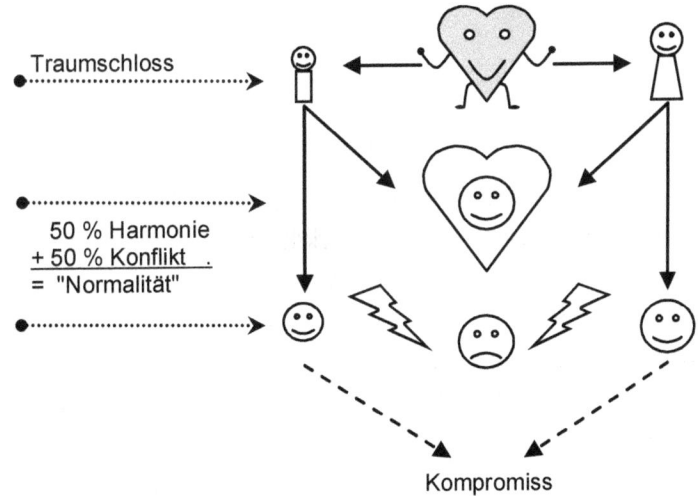

Es gilt also zu verstehen, wenn es uns im Alltag gelingt ein durchschnittliches Verhältnis von 50 % Harmonie und 50 % Interessenkonflikt zu erreichen, dann ist dies aus meiner Sicht „normal"! Dabei ist zu beachten, dass die Prozentzahlen nicht starr zu betrachten sind. Es gibt mal Tage, da haben Sie 90 % Harmonie und 10 % Konflikte. Und dann gibt es Zeiten, in denen sich das Verhältnis umkehrt.

„Sie können nur das in Ihrem Kind entzünden, was selber in Ihnen brennt!"

Sie müssen sich also danach selbst davon überzeugen, dass das, was Sie von Ihrem Kind erwarten, richtig ist.

Hierzu können Sie die Inhalte des 5. Kapitels nutzen, um sich zu überlegen: „Was will ich wie und wodurch erreichen!" Sind Sie Ihrem Kind ein guter Kapitän, dem bewusst ist, dass der Interessenkonflikt „normal" ist, dass Reibung Wärme erzeugt und Wärme auch mit Liebe und Harmonie umschrieben wird? Dann verliert der Interessenkonflikt seinen Schrecken und verunsichert weniger.

Ihr Kind könnte sagen:

- Sei nicht fassungslos, wenn ich dir sage, ich hasse dich! Ich hasse nicht dich, sondern deine Macht, meine Pläne zu durchkreuzen!
  (in Anlehnung an Lucia Feider, 12 Forderungen eines Kindes an seine Eltern)
- Verwöhne mich nicht! Ich weiß sehr wohl, dass ich nicht alles bekommen kann, wonach ich frage. Ich will dich nur auf die Probe stellen.
  (in Anlehnung an Lucia Feider, 12 Forderungen eines Kindes an seine Eltern)
- Sei nicht ängstlich mit mir und schenke meinen kleinen Unpässlichkeiten nicht zu viel Aufmerksamkeit. Sie verschaffen mir manchmal die Zuwendung, die ich benötige.
  (in Anlehnung an Lucia Feider, 12 Forderungen eines Kindes an seine Eltern)

Augenkontakt

„Die Augen reden mächtiger als die Lippen." (Gerhart Hauptmann)

Wenn Sie von Ihrem Kind etwas möchten, nehmen Sie Augenkontakt auf. Augenkontakt schafft Verbindlichkeit und sichert die Aufmerksamkeit des Kindes. Der positive Nebeneffekt des Augenkontakts ist, dass Sie persönlich in Erscheinung treten. Hierdurch steht nicht nur Ihr Wort im Raum, sondern auch Ihre körperliche Präsenz, welche deutlich macht, dass Ihnen das, was Sie jetzt erwarten, wichtig ist. Hierdurch werden Sie für Ihr Kind auch als Person mit Ihren Wünschen und Bedürfnissen erleb- und fühlbar. Man könnte auch sagen: „Wer nicht hören will, muss fühlen!" Durch Ihr persönliches Erscheinen fühlt / spürt Ihr Kind, dass das, was Sie wollen, wichtiger ist, als das, womit sich das Kind gerade beschäftigt.

Stimme und Körpersprache

„Wer stark ist, kann sich erlauben, leise zu sprechen."(Theodore Roosevelt)

„Ein freundlicher Blick, eine Geste der Zuneigung, gilt mehr als viele Worte." (Anna Strafinger)

Ich finde diese beiden Zitate bringen es gut auf den Punkt. Achten Sie auf Ihre Stimme und Ihre Körpersprache. Sie sollten freundlich zugewandt, jedoch auch selbstbewusst auftreten und dabei in einen freundlichen, jedoch bestimmten Tonfall sprechen. Nutzen Sie die Kraft Ihrer Stimme, Ihrer Mimik, Gestik und Körperhaltung. Damit unterstützen Sie die Wirkung Ihrer Worte und Ihr Kind kann es angemessen aufnehmen. Ein weiterer Weg um die Aufmerksamkeit des Kindes zu erhöhen, ist der Körperkontakt. Legen Sie Ihrem Kind liebevoll die Hand auf die Schulter und es wird Ihrem Anliegen viel mehr Beachtung schenken.

Einfache und klare Sätze

„Wer in seinen Worten nicht maßvoll ist, von dem ist kaum zu erwarten, dass er handelt, wie er spricht." (Konfuzius)

„Was du sagst, verweht im Wind. Nur was du tust, schlägt Wurzeln." (Karl Heinrich Waggerl)

Nutzen Sie einfache sowie klare Sätze und einen ruhigen Tonfall, um sich Ihrem Kind mitzuteilen. „Ich möchte, dass du dein Zimmer aufräumst!" ist besser als hunderttausend Worte zu benutzen, um seine Erwartung zu erklären. Solange wir als Eltern reden, sind wir vom Handeln weit entfernt. Unsere Kinder wissen das! Sie sollten langwierige Monologe, Appelle an die Vernunft und komplizierte Erklärungen vermeiden, da Sie damit das, was Sie eigentlich aussagen wollten, verschleiern, ja, es teilweise bis zur Unkenntlichkeit verstümmeln. Dabei vergessen wir auch oft, je jünger unsere Kinder sind, desto weniger verfügen sie über die geistige Fähigkeit, unseren sprachlichen „Ergüssen" zu folgen, geschweige denn diese zu verstehen.

„Max, du weißt doch, dass es wichtig ist, das Zimmer aufzuräumen, damit du deine Spielzeuge besser wiederfindest. Außerdem kommt gleich Lukas zum Spielen und der freut sich bestimmt darüber, wenn er mit dir in einem aufgeräumten Zimmer spielen kann, dann habt ihr beide doch viel mehr Spaß, wenn alles Spielzeug da ist, wo es hingehört. Du willst dich doch bestimmt nicht vor Lukas schämen müssen, weil du so ein Chaos in deinem Zimmer hast. Du fühlst dich doch auch selbst viel wohler, wenn eine gewisse Ordnung herrscht. Und was meinst du, was sich die Oma freut, wenn sie heute

Nachmittag zum Kaffeetrinken kommt und sieht, dass du toll mit Lukas in einem schönen Zimmer spielst. Das musst du …!"

- Was soll das Kind jetzt warum und bis wann machen?!
- Haben Sie die Aufforderung verstanden?!

Kritik an der Sache darf nicht zur Kritik an der Person werden

„Ich mag dich, doch das, was du getan / nicht getan hast, ist für mich nicht in Ordnung." Ebenso wie wir wollen Kinder sich in ihrer Person angenommen und wertgeschätzt fühlen, auch wenn sie unsere Erwartungen nicht erfüllen. Das bedeutet, dass wir die Beziehung zu ihnen nicht infrage stellen, jedoch deutlich machen, dass es ihr Verhalten ist, was uns stört. In diesem Zusammenhang sollten wir Du-Botschaften vermeiden. „Du bist faul… / Du bist zu langsam, um … / Du machst das nur, um … / etc. sind Formulierungen, die die Person angreifen und dem Kind das Gefühl vermitteln, schlecht zu sein. Hiermit wird das Kind in seiner Person angegriffen und nicht sein Handeln beurteilt. Nutzen Sie stattdessen Ich-Botschaften, da diese das Kind nicht in seiner Persönlichkeit treffen und es erkennen kann, dass es sein Verhalten ist, was sie ablehnen.

Ich-Botschaft

Nutzen Sie Ich-Botschaften. „Ich möchte … / Ich wünsche … / Ich fühle mich … / etc.

Mit Ich-Botschaften beschreiben Sie Ihr persönliches Erleben und stellen eine Beziehung zu sich selbst her. Hierdurch hat Ihr Kind die Möglichkeit etwas über Ihre Befindlichkeit, Ihre Wünsche, Sorgen, Ängste und Nöte zu erfahren. Sie lassen es somit Einblick in Ihre Gefühlswelt nehmen und teilen ihm mit, was sein Verhalten bei Ihnen auslöst. Dies kann von Ihrem Kind deutlich besser angenommen werden, da es sich in seiner Person nicht abgewertet fühlt, jedoch merkt, dass es sein Verhalten ist, was Sie stört. Sie beschreiben hiermit Ihre persönlichen Anliegen und Grenzen. Das Kind kann Ihre Vorstellungen somit wertfrei von seiner Person annehmen. Vermeiden Sie Aussagen wie „Man macht das nicht …". Man stellt keine Beziehung zu Ihnen selbst her. Wer ist man? Was hat man mir zu sagen? Immer dann, wenn Sie „Dritte" in Ihre Aussagen einbinden, verwässern Sie die Aussagekraft und schwächen Ihre Position. Vermeiden Sie in der Auseinandersetzung mit Ihrem Kind Du-Botschaften! Du-Botschaften geben Ihrem Kind das Gefühl als Person schlecht zu sein. Nicht das Handeln des Kindes wird verurteilt, sondern das Kind selbst. Du-Botschaften sind sehr verletzend, die Kinder fühlen sich angegriffen, herabgesetzt und ungeliebt. Sprechen Sie besser über sich, das macht es Ihrem Kind leichter sein Verhalten zu verändern.

Nein ist Nein!

„Wer nein sagen will, soll sich kein ja abringen lassen." (unbekannt)

Wenn Sie nein meinen, sollten Sie das auch durchsetzen und nicht mit sich diskutieren lassen. Ein nein sollte ein nein bleiben, egal wie Ihr Kind darauf reagiert. Lassen Sie sich nicht in Diskussionen verwickeln, in deren Verlauf aus dem nein, ein jein und später ein ja wird. Je öfter dies Ihrem Kind gelingt, desto öfter wird es beim nächsten nein versuchen dies wieder zu erreichen. Das bedeutet, es nimmt Ihr nächstes nein weniger ernst und wird alles Erdenkliche daran setzen, Sie doch noch umzustimmen. Damit verliert jedes zukünftige nein immer mehr an Bedeutung und somit seine Akzeptanz.

Nein sollten Sie also nur sagen, wenn Sie davon überzeugt sind und es dann auch ohne Wiederholungen durchhalten.

Fragen vermeiden

Immer dann, wenn Sie sich durchsetzen müssen oder wollen, sollten Sie auf Fragen verzichten. Fragen schaffen Wahlmöglichkeiten! Das bedeutet, dass ich auf eine Frage immer mehrere Antwortmöglichkeiten habe. Die Höflichkeit gebietet uns, dass wir unsere Kinder fragen, wenn wir etwas von ihnen wollen. Hier liegt jedoch der Teufel im Detail! Denn, was ist, wenn das Kind kein Interesse daran hat, uns unseren Wunsch zu erfüllen?! Akzeptieren wir dann seine Antwort?

Ein Beispiel:
„Könntest du bitte den Müll raus bringen?"
„Nein, dazu habe ich keine Lust!"

Hier reagieren wir dann enttäuscht, da wir erwarten, dass es unserer Aufforderung nachkommt. Oft artet dies in Streit aus, da das Kind vermutet, dass Sie nur eine Antwort akzeptieren, es fühlt sich nicht ernst genommen und opponiert. Diese emotionale Falle können Sie vermeiden, wenn Sie eine Aufforderung entsprechend Ihres Wunsches formulieren. „Ich möchte, dass du den Müll rausbringst!"

Konsequentes Handeln

Im Rahmen von Sicherheit und Orientierung erwarten unsere Kinder konsequentes Handeln von uns. Sie könnten sagen:

- Sei nicht inkonsequent! Das macht mich völlig unsicher und lässt mich mein Vertrauen zu dir verlieren. (in Anlehnung an Lucia Feider, 12 Forderungen eines Kindes an seine Eltern)

Wie schon in Kapitel 7 beschrieben, sollten Sie eher aktive als passive Konsequenzen nutzen, um sich Ihren Kindern gegenüber durchzusetzen. Diese sollten im besten Fall logisch mit dem jeweiligen Missverhalten Ihres Kindes verbunden sein. Hierbei sollten Sie beachten, dass jede Grenze, die Sie aufstellen auch von Ihren Kindern auf Beständigkeit überprüft wird. Sprich, sie werden Sie testen. Das erfordert, dass Sie nur Konsequenzen einsetzen, die Sie auch selber ein- und auszuhalten in der Lage sind. Sie müssen Ihre Einhaltung selbst nachvollziehen und kontrollieren können. Sonst verpufft jede Konsequenz in der Inkonsequenz und Ihre Kinder werden Sie nicht ernst nehmen.

Regeln und Grenzen sollten nur bedingt starr sein und sich dem jeweiligen Alter des Kindes anpassen. Hier können die Kinder auch im Rahmen von Mitsprache eingebunden werden. Denn wenn Kinder Ihre Regeln und Grenzen als übertrieben, überzogen und Ihre Konsequenzen als unangemessen empfinden, werden sie gegen diese opponieren. Somit werden sie Sie weniger akzeptieren und umso eher werden sie sie überschreiten oder versuchen sie durch Heimlichkeiten zu umgehen.

„Das soll ich alles beachten?! Das schaffe ich doch nie!"
Doch, Sie schaffen es, es ist Ihnen nur oftmals nicht bewusst: Erinnern Sie sich noch an Kapitel 5.4 Wie soll eine gute Mutter ein guter Vater sein?! Auf Seite 65 finden Sie das Autobeispiel! Beim Autofahren setzen Sie sich von der ersten Stunde an mit einem guten Gewissen durch. Sie sind sicher und souverän, entscheiden klar und diskutieren nicht, ob das Kind auch mal ans Steuer darf! Ihnen ist bewusst, dass Sie das Kind in bestimmten Situationen zwingen müssen und haben kein schlechtes Gewissen, wenn Sie es mit Wenn – Dann-Argumenten „erpressen". Hier sind Sie Ihrem Kind ein guter Kapitän. Jetzt gilt es „nur" noch dies auf Ihre alltäglichen Situationen zu übertragen! Trauen Sie sich, es zu versuchen! Sie schaffen das überall genauso gut wie beim Autofahren, davon bin ich überzeugt.

8.2 Partnerschaftlich verhandeln, (wie) geht das?!

Betrachte ich den partnerschaftlichen Ansatz genau, geht es hier um ein Verhandlungsmodell. Einfach formuliert: „Ich möchte etwas, du möchtest etwas! Lass uns zusammen an den Tisch setzen und versuchen eine Lösung für unser Problem zu finden. Wir gleichen unsere Meinungen ab, legen unsere Vorstellungen zur Problemlösung auf den Tisch und bewegen es so lange hin und her, bis wir eine gemeinsam getragene Kompromisslösung gefunden haben, an die wir uns beide halten."

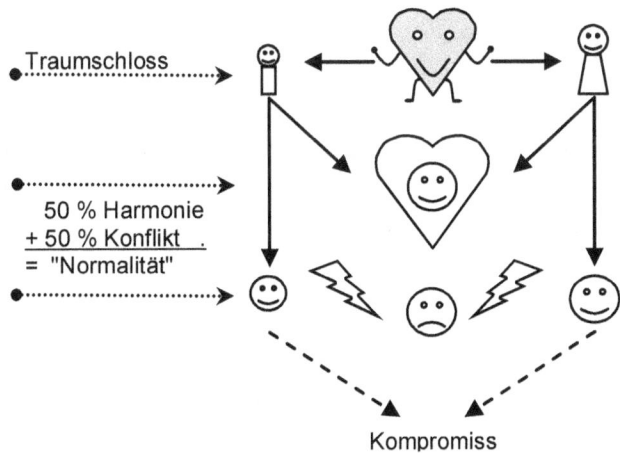

Dass dies im Alltag klappen kann, zeigt ja das Eis-Kartoffel-Beispiel in der Einleitung zu diesem Kapitel. Ich denke jeder von uns hat schon mehrfach solche Situationen erlebt. Aber irgendwie hört sich das doch zu schön an, um wahr zu sein, oder?! Vielleicht haben Sie sich auch schon gefragt, ob der Herr Winterscheid nicht doch ein „Traumtänzer" ist, weil sich das auf dem Papier so einfach gestaltet, aber im Leben oftmals sehr kompliziert ist. Wenn Sie das Gefühl haben, dass da irgendwas nicht wirklich stimmen kann, haben Sie Recht! Das Ganze hat nämlich aus meiner Sicht drei Haken!

1. Haken:
Nur, wenn das Kind bereit ist, sich auf eine Verhandlung einzulassen, klappt die Kompromissfindung fast wie von allein.

2. Haken:
Je jünger das Kind ist, desto weniger sieht es einen Sinn oder einen Nutzen für sich darin, einen Kompromiss einzugehen. Je älter es ist, desto besser ist es in der Lage seine positive Absicht zu vertreten.

3. Haken:
Wenn das Kind nicht verhandeln will, dann will es nicht! Eltern stehen dann erst einmal ohnmächtig „im Regen"!

Um mit unseren Kindern angemessen verhandeln zu können, müssen wir uns erst einmal Gedanken dazu machen, was denn so ein Verhandlungsprozess in seinen Grundsätzen ausmacht. Ich finde, dass hierzu der Arbeitskampf zwischen Arbeitgebern und Arbeitnehmern gut geeignet ist (die vereinfachte Darstellung mögen mir aktive Gewerkschafter verzeihen).

Das Arbeitskampfmodel

Gehen wir einmal gedanklich in den Arbeitskampf. Die Arbeitnehmer treten an die Arbeitgeber heran und verlangen 6 % mehr Lohn. Wie reagieren die Arbeitgeber? In der Regel verneinen sie die Lohnerhöhung und finden jede Menge Argumente, warum Lohnsteigerungen unmöglich sind. Sie verweigern sich und sind nicht bereit, sich an den Verhandlungstisch zu setzen.

Wie reagieren die Arbeitnehmer? Sie beziehungsweise ihre gewerkschaftlichen Vertreter setzen sich zur Beratung zusammen und überlegen, wie sie mit der Haltung der Arbeitgeber umgehen wollen. Haben sie einen Weg gefunden, stellen sie diesen ihren Mitgliedern vor und fragen deren Meinung zum weiteren Vorgehen im Rahmen einer Urabstimmung ab. Die Urabstimmung ergibt: „Wir wollen 6 % mehr Lohn, sonst legen wir die Arbeit nieder!". Die Forderung wird an die Arbeitgeber erneut herangetragen.

Wie reagieren die Arbeitgeber? In der Regel verneinen sie die Aufnahme von Verhandlungen. Sie finden auch hier wieder viele Argumente, warum Lohnverhandlungen nicht möglich sind und verweigern das Gespräch.

Wie reagieren die Arbeitnehmer? Sie geben den Arbeitgebern noch eine Chance, ihre Verweigerungshaltung aufzugeben, beharren jedoch unbeirrt auf ihrer Forderung. Unter Androhung der Arbeitsniederlegung setzen sie eine Frist. Die Arbeitgeber verweigern sich weiterhin und versuchen das Thema „auszusitzen! Ist die Frist abgelaufen, gehen die Arbeitnehmer wie angekündigt in den Streik!

Was ist Sinn und Zweck des Streiks? Durch den Streik wird der Arbeitgeber solange unter Druck gesetzt, bis er weiterreichende Konsequenzen für sich und seinen Betrieb fürchtet. Erst, wenn die Probleme drohen zu groß zu werden, zeigt er Bereitschaft, sich doch an den Verhandlungstisch setzen zu wollen. Das heißt, bis hierher wurde nicht verhandelt, sondern es sind die Voraussetzungen zu einer Verhandlung geschaffen worden. In dem der Arbeitgeber „zähneknirschend" Bereitschaft zur Verhandlung zeigt, beginnt der eigentliche Verhandlungsprozess. Was jedoch nicht bedeutet, dass er den Forderungen der Arbeitnehmer entspricht und 6 % zahlt.

Bekommen Sie eine Idee, was ich Ihnen bezogen auf das Verhandeln mit Ihren Kindern sagen möchte?! Betrachten wir noch einmal die drei Haken.

1. Haken

Nur, wenn das Kind bereit ist, sich auf eine Verhandlung einzulassen, klappt die Kompromissfindung fast wie von allein.

So funktioniert es auch im beruflichen Kontext. Wenn Sie eine Lohnerhöhung wünschen und Ihr Chef ist der Meinung, Sie haben sie sich verdient, können Sie sich auch ohne Streit schnell einig werden.

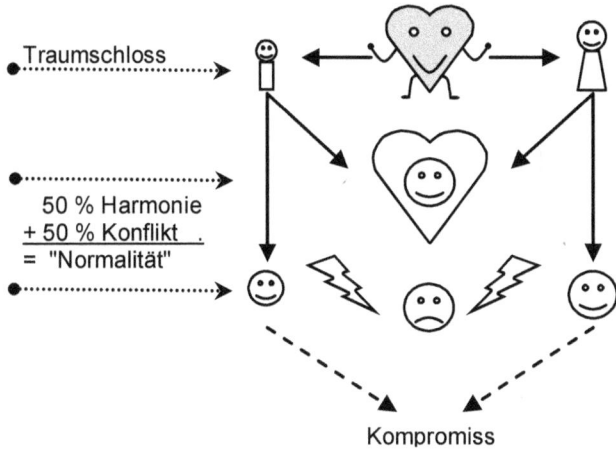

Wichtig finde ich, dass wir uns Gedanken dazu machen, mit welchem Gefühl wir bei einer gefunden Kompromisslösung konfrontiert werden.

Gehen wir noch einmal in das Arbeitskampfmodell. Stellen Sie sich einmal vor, Sie hätten gerne eine Lohnerhöhung von 200 Euro. Ihr Arbeitgeber ist zur Verhandlung bereit und Sie beginnen zu verhandeln. Er bietet 20 Euro an, Sie gehen auf 180 Euro runter und am Ende einigen Sie sich auf 90 Euro im Monat. Sind Sie dann genauso glücklich, als wenn Sie sich sofort einig gewesen wären?!

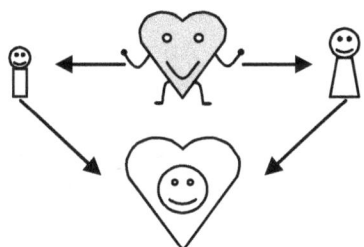

Wie ist das Gefühl am Ende der Verhandlung?! Viele Menschen sagen „Ja, dann bin ich genauso glücklich!" Ich behaupte, dass das nicht richtig ist. Jede Verhandlung bedingt immer einen Abstrich.

Ich glaube, dass das Gefühl am Ende einer Verhandlung am besten mit diesem Smiley zu beschreiben ist: ☺

Das bedeutet: „Es ist ok, ich kann zufrieden sein!"

Zufrieden sein bedeutet jedoch nicht, glückliche Harmonie / Einigkeit zu erleben! Ich muss mir also verdeutlichen, dass mein Kind und ich „nur" Teilziele erreicht haben.

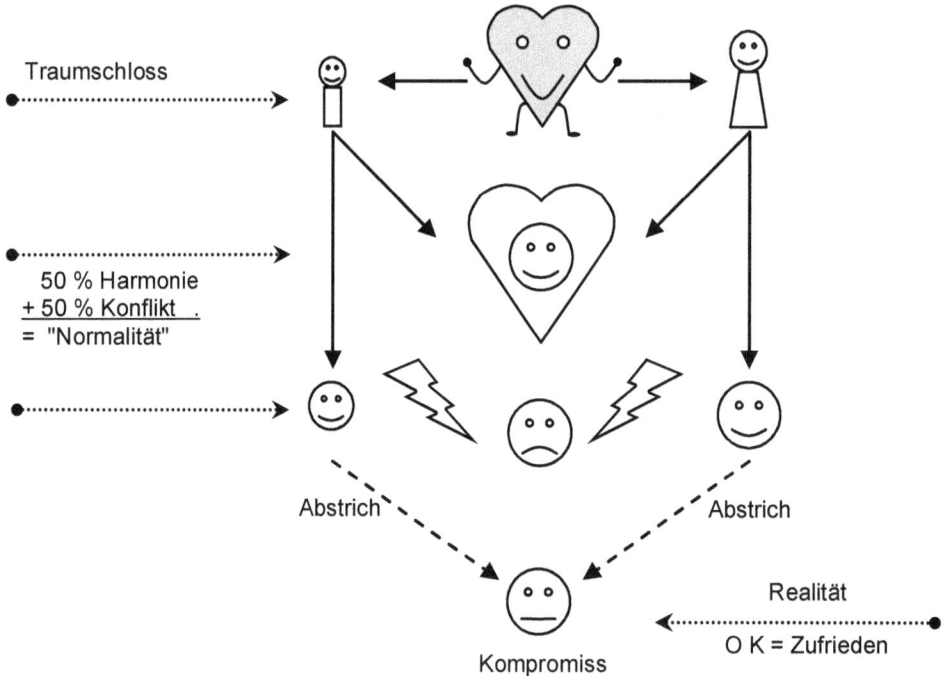

Der Kompromissfindung liegt also immer die Bereitschaft zum Abstrich zugrunde. Das gilt es, meines Erachtens, sich immer vor Augen zu halten. Und, Hand aufs Herz, verzichten Sie grundsätzlich gerne? Nicht wirklich, oder?

Aus welchem Grund sollen unsere Kinder es dann freiwillig und mit Enthusiasmus tun, wenn wir mit ihnen verhandeln wollen? Das Problem ist, dass unsere Kinder grundsätzlich erst einmal lernen müssen, dass sie im Leben Kompromisse eingehen müssen, damit ein angemessenes Leben möglich ist. Das macht nicht immer Spaß!

2. Haken

„Je jünger das Kind ist, desto weniger sieht es einen Sinn oder einen Nutzen für sich darin, einen Kompromiss einzugehen. Je älter es ist, desto besser ist es in der Lage, seine positive Absicht zu vertreten."

Da jeder Kompromiss immer einen Abstrich bedingt, sprich, ich von meinem ursprünglichen Wunsch abweichen und auf die Bedürftigkeit des anderen achten muss, ist die grundsätzliche Motivation, einen Kompromiss eingehen zu wollen bei unseren Kindern selten von allein gegeben. Wie schon in Kapitel 4 beschrieben, handeln unsere Kinder um ihrer positiven Absicht willen. Hier gilt, je jünger die Kinder sind, desto natürlicher ist ihr Impuls, ihre Interessen durchzusetzen und auf nichts zu verzichten. Im Vergleich zu uns Erwachsenen fehlt ihnen die Lebenserfahrung. Wir haben über die Jahrzehnte gelernt, dass es wichtig, ja notwendig ist, Kompromisslösungen zu finden. Das können wir bei unseren Kindern nicht voraussetzen. Wir müssen uns vor Augen halten, dass uns unsere Kinder nichts „Böses" wollen, wenn sie sich verweigern. Sie folgen ihren natürlichen Impulsen und haben zunächst einmal kein Interesse daran, einen Kompromiss zu finden. Je jünger sie sind, desto mehr sind sie von der Natur darauf „gepolt": „Ich will meinen Willen jetzt und sofort befriedigt haben!". Das ist im Alltag ganz schön nervig, gehört meines Erachtens jedoch unweigerlich dazu.

Und wenn sie älter werden?! Dann können sie doch „vernünftiger" werden! Ja, das ist richtig und je früher ich dies mit meinen Kindern geübt habe, desto besser werden wir über die Pubertät kommen. Aber dieser Haken hat einen „Unterhaken". Denn je älter sie werden, desto mehr begegnen sie uns Eltern auf Augenhöhe, desto besser können sie argumentieren und diskutieren, was es dann auch nicht einfacher werden lässt. Hinzu kommt, dass sie einen Motivation fördernden, wirklichen Nutzen für sich nicht oder nur bedingt erkennen können (doch dazu mehr in Kapitel 11).

3. Haken

„Wenn das Kind nicht verhandeln will, dann will es nicht! Eltern stehen dann erst einmal ohnmächtig „im Regen"!"

Etwas Grundsätzliches vorweg: Wenn Sie an den Arbeitskampf denken, was glauben Sie, sind die Kinder in diesem Beispiel? Sind sie Arbeitnehmer oder Arbeitgeber? Zwei Drittel aller Eltern, denen ich diese Frage stelle, sagen: „Arbeitnehmer!" Ich persönlich glaube, dass das nicht richtig ist! Für mich sind die Kinder in der Arbeitgeberposition, weil sie ähnlich reagieren. Ich weiß nicht wie es Ihnen geht, aber ich persönlich habe noch keinen Arbeitgeber erlebt, der zu seinem Nachteil freiwillig und gerne verzichtet (es sei denn, seine Motivation stimmt beziehungsweise er hat eine positive Absicht dahinter). Grundsätzlich sind die Arbeitgeber zunächst einmal auf Bestandswahrung aus und zeigen wenig Bereitschaft, etwas von dem abzugeben, was ihnen bisher lieb und teuer war. Oder?

Ähnlich, wenn nicht gleich sehe ich das auch bei unseren Kindern. Wenn wir etwas von ihnen wollen und sie stellen sich auf stur, ergeht es uns ähnlich wie den Arbeitnehmern. Das bedeutet, dass wir Eltern uns genauso wie sie Gedanken dazu machen müssen, wie wir mit der Verweigerungshaltung und der hieraus resultierenden Ohnmacht umgehen wollen.

Wie gehen die Arbeitnehmer mit dieser Situation um? Sie setzen sich zur Beratung (Urabstimmung) zusammen und überlegen, ob ihre Forderung (6 %) und ihre Haltung (Streik bei Verhandlungsverweigerung) richtig ist. Sie stimmen sich ab, hinterfragen / überprüfen ihre Forderung (Ziel), um dann mit einer unmissverständlichen und selbstbewussten Haltung (Position) an die Arbeitgeber heranzutreten. Bedeutet, sie erleben auch zunächst eine Ohnmacht, lassen sich davon jedoch nicht irritieren und überlegen aktiv wie sie mit dieser umgehen wollen.

Jetzt schreibe ich ja kein Buch über den gewerkschaftlichen Arbeitskampf, sondern über die Erziehung unserer Kinder. Bekommen Sie ein Gefühl dafür, was ich Ihnen damit verdeutlichen möchte?! An anderer Stelle dieses Buches habe ich schon beschrieben, dass Ohnmacht für mich im Kontakt zu meinem Kind immer dann etwas Normales ist, wenn es sich verweigert (und die Verweigerung des Kindes ist grundsätzlich wiederum als „normal" zu erklären). Dies erleben also alle Eltern im Kontakt mit ihren Kindern.

„Ohnmächtig zu sein bedeutet jedoch nicht, handlungsunfähig zu sein!" Die Frage ist nur, wie gehen wir mit der Situation um, wenn das Kind sich verweigert? Welche Haltung nehmen wir ein, um mit dieser Verweigerung umzugehen? Wie auch die Arbeitnehmer müssen wir uns zu Beginn der Verweigerung überlegen, was wir wollen, sprich:

• Was ist unser Ziel?
• Welche Position müssen wir einnehmen, um unser Ziel zu erreichen?

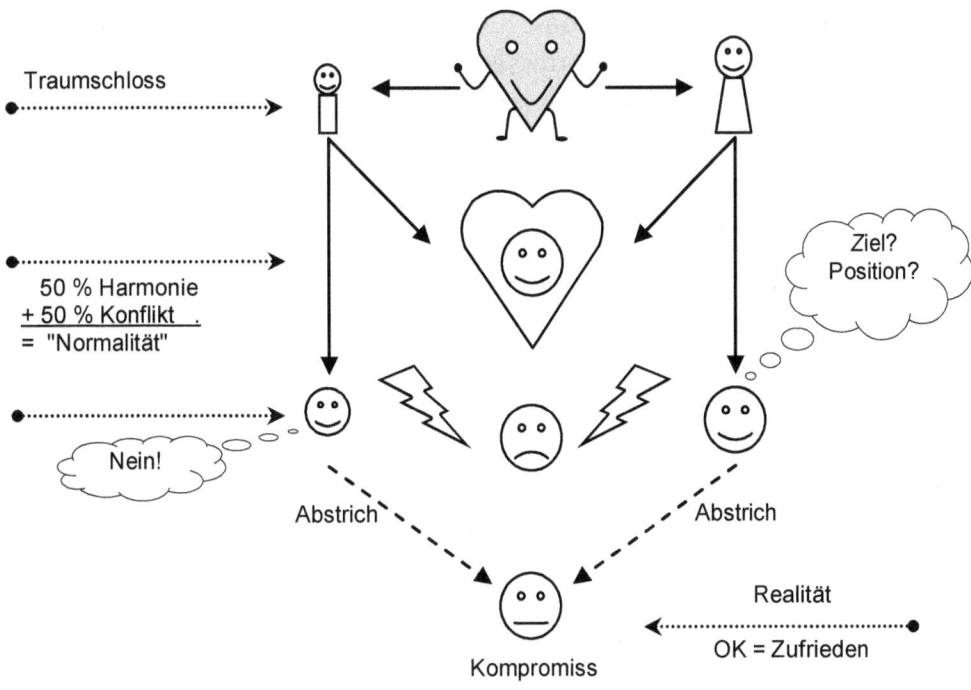

Um sich über Ihr Ziel klar zu werden, können Sie den Zielfindungsprozess aus Kapitel 5.6 nutzen. Doch was nützt Ihnen das schönste Ziel, wenn Ihr Verhandlungspartner, also das Kind, nicht verhandeln will? Das bedeutet, dass wir Eltern auch eine Bereitschaft entwickeln müssen, um unsere Wünsche und Bedürfnisse und uns selbst zu „kämpfen". Das können wir nur mit einem Mittel, das uns immer und zu jeder Zeit zur Verfügung steht, dem persönlichen, mit einer Ich-Botschaft untermauerten: **STREIK!**

„Ich fühle mich von dir nicht ernst genommen! Ich möchte eine gemeinsame Lösung finden, das geht nicht, wenn du dich verweigerst! Ich ärgere mich darüber und werde solange auf meinem Standpunkt bleiben bis du dich einlässt!" Sich ohnmächtig zu fühlen heißt nicht, handlungsunfähig zu sein! Handlungsfähig bin ich immer und zu jeder Zeit, vorausgesetzt ich erlaube es mir. Als Eltern dürfen wir meines Erachtens auch „streiken" und somit unserem Anliegen Nachdruck verleihen. „Ich möchte etwas von dir und es ärgert mich, dass du dich darauf nicht einlässt, also brauche ich mich auch nicht einzulassen, wenn du etwas von mir möchtest!" Dies sollten wir aus Überzeugung tun, damit das Kind das auch ernst nehmen kann.

Dabei ist mir wichtig zu betonen, dass der „Streik" auf der Grundlage von Anerkennung und Respekt gegenüber der jeweiligen Person geführt werden sollte. Er ist also nicht mit einem Liebesentzug zu vergleichen (der für mich nicht akzeptabel ist). Hier kommen auch die Inhalte und Haltungen des Durchsetzens (Kapitel 8.1) zum Tragen. Es gilt meines Erachtens zu verstehen, dass Eltern sich auch verweigern dürfen, wenn ihre Kinder ihren Wünschen und Bedürfnissen keine Beachtung schenken. Dabei sollten sie sie in ihrer Person wertschätzen, sich jedoch gegen ihr Verhalten deutlich positionieren: „Ich mag dich, doch so wie du dich verhältst ist es für mich nicht in Ordnung und aus diesem Grund bleibe ich auf meinem Standpunkt!"

In meinem Alltag erlebe ich viele Eltern, die sagen: „Wenn ich streike, interessiert es mein Kind überhaupt nicht, es sitzt es einfach aus und geht über meine Anforderungen einfach hinweg!" Die Frage ist für mich dann immer: „Streiken Sie wirklich oder geben Sie irgendwann auf? Welche Konsequenzen ergeben sich durch den Streik für das Kind? Ist die Konsequenz „Streik" tatsächlich eine Konsequenz, oder sind Sie einfach nur sauer und das Kind bekommt trotzdem seinen gewohnten Standard? Im Arbeitskampf legen die Arbeitnehmer, wenn es hart auf hart geht, die Arbeit konsequent, ungeachtet der sich daraus ergebenden Folgen, nieder. Das wissen die Arbeitgeber, was zur Folge hat, dass sie, wenn der Druck zu groß wird Verhandlungsbereitschaft zeigen. Das sollten Eltern auch mit Überzeugung tun, denn nur dann nehmen uns unsere Kinder mit unserem Anliegen auch ernst.

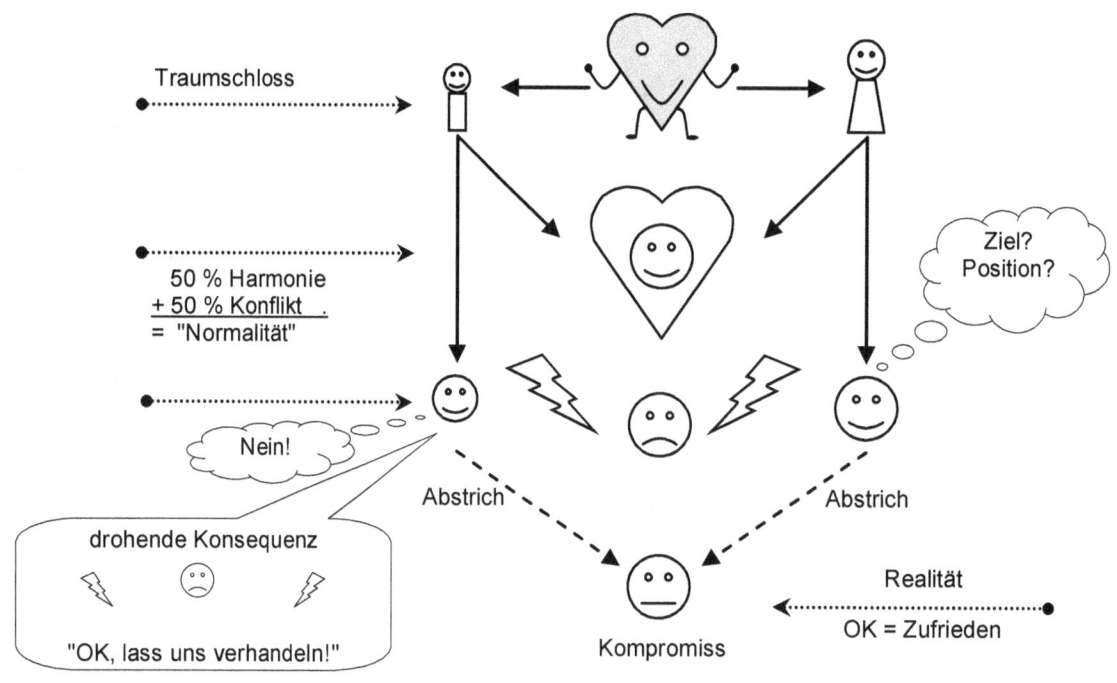

Es gibt auch Situationen, in denen die „Fronten" derart verhärtet sind, dass ein Aufeinanderzugehen nicht mehr möglich ist. In solchen Situationen gibt es Schlichtungsstellen, die versuchen zu vermitteln. Dieses Mittel können Eltern auch jederzeit nutzen, indem sie sich immer dann, wenn sie das Gefühl haben, es aus eigenen Mitteln nicht zu schaffen an entsprechende Institutionen wie Beratungsstellen wenden vgl. Kapitel 11 Was tun, wenn es schwierig wird?).

Beim Vergleich Arbeitskampf – Kindererziehung treten immer viele Kritiker auf den Plan.

- „Sie können doch eine Arbeitsbeziehung nicht mit dem familiären Zusammenleben vergleichen!"
- „Arbeitnehmer und Arbeitgeber sind eine Zweckgemeinschaft, das ist doch weit entfernt von einem liebevollen Zusammenleben!"
- „Von einem Arbeitgeber / Arbeitnehmer kann ich mich eher trennen als von einem Kind!"

Liebe Kritiker, ich gebe euch ja grundsätzlich Recht. Das Beispiel hinkt an einigen Stellen, aber die grundsätzlichen Abläufe und Schritte sind für mich durchaus zu vergleichen. Auch gibt es viele Ähnlichkeiten in der Beziehungsgestaltung. Denn, wenn es in einem Betrieb gelingt, ein Klima von wechselseitiger Anerkennung und Respekt, sprich Wertschätzung zu schaffen und dazu noch die strukturellen Voraussetzungen stimmen, dann spricht man von einer guten Psychohygiene im Betrieb.

Getreu meines Mottos vom Kopf (Ratio) in den Bauch (Emotio) erlebe ich, dass dieses Beispiel Eltern sehr gut erreicht, um ihnen ein Gefühl dafür zu vermitteln, worauf es im Alltag, im partnerschaftlichen Sinne ankommt. So viel zu den meines Erachtens nach wichtigen Grundsätzen, wenn es um partnerschaftliches Verhandeln geht. Doch wie funktioniert es denn jetzt genau, oder besser gesagt, wie sollte ich im Alltag konkret handeln? Hierzu gibt es sehr gute Ausführungen von Thomas Gordon, der in seinem Buch „Familienkonferenz" die sechs Schritte der „niederlagelosen Methode" beschreibt.

Ziel seiner Methode ist, das Verbessern von Beziehungen und das gewaltlose Lösen von Konflikten ohne Verlierer, ist zudem Friedensarbeit im eigentlichen Sinne."

Quelle: http://de.wikipedia.org/wiki/Thomas_Gordon_(Psychologe) (14.8.2012)

In seinem Buch *Familienkonferenz* beschreibt er die sechs Schritte der „niederlagelosen Methode", nach denen Eltern lösungsorientiert Konflikte zwischen Eltern und Kind angehen können. In unserer heutigen Zeit teile ich nicht alle seine Meinungen, jedoch ist seine Methode eine sehr gute Grundlage, um mit Kindern partnerschaftlich zu verhandeln. Ich habe meine eigenen Vorstellungen mit Gordons „sechs Schritte Methode" zur Familienkonferenz (Thomas Gordon, Familienkonferenz, Heyne 1970, 39. Auflage) kombiniert und an einigen mir wichtigen Stellen ergänzt. Der Ausführung meiner Vorstellungen zur Führung eines Familiengesprächs liegt also seine Sechs-Schritte-der-niederlagenlosen-Methode, zugrunde.

Das Familiengespräch (frei nach Thomas Gordon)

Im Familiengespräch geht es zunächst einmal darum, unserem Kind mitzuteilen, was uns wie und warum bewegt. In Kapitel 4.1. habe ich die Bedeutung unseres Unterbewusstseins für unser Handeln anhand des Eisbergmodells und in Kapitel 8.1. die Bedeutung der Ich-Botschaft beschrieben. Eisbergmodell und Ich-Botschaft haben auch im Familiengespräch eine große Bedeutung. Denn nur mit der Ich-Botschaft kann ich meinem Kind (meinem Partner, meiner Freundin etc.) mitteilen, was mir wirklich wichtig ist und wie es mir damit geht. Sprich, ich stelle eine Verbindung zu mir, meinem inneren Erleben her, was mein Gegenüber sonst nicht sehen kann, da es unter der „Wasseroberfläche" liegt.

Ist beispielsweise das Zimmer nicht aufgeräumt und wir geraten mit unseren Kindern in den Konflikt, steht dieser mit den beobachtbaren Reaktionen aller Beteiligten in der Regel im Blickpunkt. Sprich, das ist das, was wir über der Wasseroberfläche sehen und worauf wir uns konzentrieren. Der Fokus liegt somit auf dem, was „IST" und seltener auf dem was „WIRKT".

Das ist die Stelle, an der wir dann mit unseren Kindern aneinandergeraten und uns gegenseitig vorwerfen, dass das, was der andere sieht nicht richtig ist. Im Familiengespräch ist es also zum einen grundlegend wichtig die Sichtweise des Einzelnen, seine positive Absicht wertzuschätzen, sie nicht infrage zu stellen sowie die Haltung und Meinung des Gegenübers anzuerkennen und zu respektieren (vgl. Kapitel 6.2 Grundlagen der Erziehung Seite 104).

Zum anderen muss ich mich meinem Gegenüber mittels Ich-Botschaft mitteilen und ihm somit Gelegenheit bieten, unter „meine Wasseroberfläche" zu schauen. Die Ich-Botschaft stellt also eine Beziehung zu mir her und gibt dem anderen die Möglichkeit, sich auf meine „Erlebniswelt" einlassen zu können.

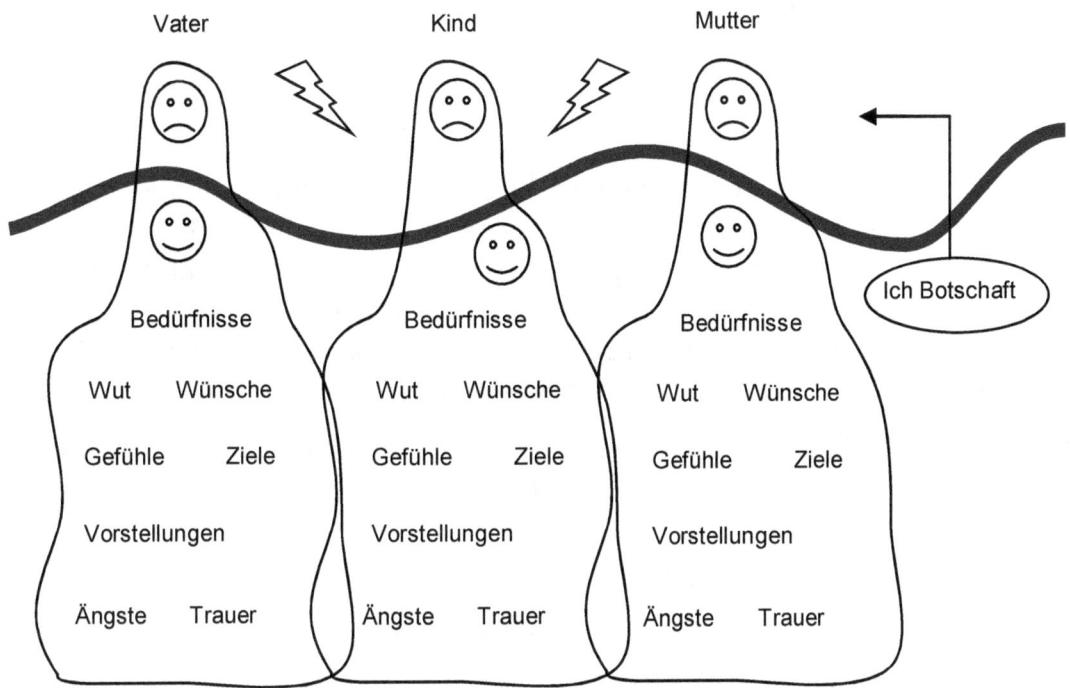

Vor diesem Hintergrund gibt es drei Grundregeln für das Familiengespräch:

- Jeder darf ausreden.
- Keiner wird ausgelacht oder beschimpft.
- Alle Meinungen sind ok.

Schritt 1: Konflikt beschreiben, Bedürfnisse anmelden / mitteilen

Zu Beginn des Familiengespräches sollte der Konflikt mit einer Ich-Botschaft klar und möglichst sachlich umschrieben werden. Hierbei ist zu beachten, dass Sie versuchen sollten, sich auf **einen** Konflikt zu beschränken. Oft neigen wir Eltern dazu, mehrere „Fliegen" mit einer Klappe schlagen zu wollen. Dies bedingt, dass das Kind sich gleich mit mehreren Forderungen konfrontiert sieht. Das kann schnell zu Überforderungsgefühlen führen und seine Bereitschaft, sich zu einem Verhandlungsgespräch hinzusetzen mindern, wenn nicht sogar beenden.

Einigen Sie sich also auf einen Konflikt / eine Situation, die Sie gemeinsam besprechen wollen. Ein Beispiel: Die Mutter möchte, dass das Kind sein Zimmer aufräumt. Das Kind möchte weiterspielen. Die Konfliktsituation: Mutter: „Ich möchte, dass du jetzt dein Zimmer aufräumst!" Kind: „Ich spiele grad so schön, ich habe dazu keine Lust!"

Bedürfnisse anmelden / mitteilen

Ist der Konflikt, die Situation beschrieben, so ist es wichtig, sich im Rahmen von Ich-Botschaften (Ich möchte ..., Ich finde ..., Ich hätte gerne ..., Ich fühle mich ...) mitzuteilen. Das gilt für alle am Gespräch beteiligten Familienmitglieder. Bedeutet: Kind, Mutter und Vater (in unserem Beispiel nicht anwesend) nutzen die Ich-Botschaft, um ihre Bedürfnisse zu beschreiben und ihre Wünsche mitzuteilen. Dabei sollten alle Beteiligten auf Sachlichkeit achten und negative Zuschreibungen vermeiden.

Mutter: „Das Zimmer ist jetzt schon seit ein paar Tagen nicht mehr aufgeräumt worden. Es ist mir zu unordentlich und es geht mir nicht gut mit deinem Chaos im Zimmer. Ich möchte, dass du es jetzt aufräumst!"

Kind: „Ich spiele grad so schön und habe keine Lust jetzt aufzuhören. Ich finde das total doof, wenn ich jetzt aufräumen muss und es macht auch keinen Spaß!"

Das Gesagte wird in diesem Schritt nicht bewertet oder infrage gestellt! Alle Beteiligten lassen einander ausreden und kommentieren die Aussage des anderen nicht!

Schritt 2: Lösungsvorschläge sammeln

Vor dem Hintergrund der Aussagen in Schritt 1 hat nun jeder Beteiligte die Möglichkeit, die seiner Meinung nach beste Lösung für den Konflikt vorzustellen. Gibt es mehrere, dürfen sie gesagt und vorgestellt werden.

Mutter: „Ich fände es klasse, wenn du dein Spiel jetzt unterbrichst und Ordnung schaffst! Dann hast du es weg und wir bekommen keinen Ärger miteinander"

Kind: „Ich würde gerne zu Ende spielen. Du könntest mir beim Aufräumen helfen, dann bin ich schneller fertig. Das Gebaute möchte ich aber stehen lassen, das hat mich so viel Zeit gekostet, es aufzubauen!"

Auch in diesem Schritt wird das Gesagte nicht bewertet oder infrage gestellt! Alle Beteiligten lassen einander ausreden, kommentieren den Lösungsvorschlag des anderen nicht oder setzen ihn herab!

Schritt 3: Lösungsvorschläge bewerten / diskutieren

Der schwierigste Schritt ist der dritte. Dies ist die Phase, in der die jeweiligen Lösungsvorschläge bewertet und kommentiert werden. In dieser Phase ist es wichtig, dass alle Lösungsvorschläge von allen Beteiligten überprüft werden. Wird eine Lösung von nur einem Teilnehmer abgelehnt wird sie gestrichen, oder solange verändert, bis sie annehmbar erscheint. Neue Vorschläge können entstehen, die dann wie in Schritt 2 vorgestellt werden können, um sie in Schritt 3 diskutieren zu können.

Dies ist der eigentliche Verhandlungsmoment, in dem versucht wird, eine für alle Beteiligten tragbare Lösung zu finden. Dabei ist es wichtig, offen und mit Ich-Botschaften zu kommunizieren („Das würde mir nicht gefallen, weil …, Ich glaube die Lösung wäre mir gegenüber ungerecht …, Die Lösung würde mir am besten gefallen …, Dies würde meine Wünsche nicht beachten, da … etc.).

Schritt 4: Lösung wählen

Aus all den Lösungsvorschlägen in Schritt 3, einigt man sich nun auf eine Lösung. Hier wird noch einmal abgefragt, ob es die Lösung ist, mit der sich alle Beteiligten am besten arrangieren können. Diese ist dann die für alle verbindliche Lösung, die umzusetzen versucht wird. Die Entscheidung ist dann getroffen.

Im Zimmer-aufräumen-Beispiel könnte das bedeuten: „Du darfst bis um 16 Uhr weiterspielen, dann helfe ich dir beim Aufräumen. Das Gebaute darfst du dort stehen lassen, wo es nicht im Wege steht.

Schritt 5: Planen und Handeln

Ist die Entscheidung gefallen, ist es wichtig festzuhalten, wer was bis wann macht. Hiermit wird eine Verbindlichkeit für alle Beteiligten geschaffen. Es wird für alle transparent, wer welche Beteiligung bei der Umsetzung der Entscheidung hat.

Mutter macht was bis wann?

Mutter verspricht, dass sie nicht schon um 15 Uhr das Aufräumen erwartet und erinnert das Kind um 15:45 Uhr daran, dass es jetzt noch 15 Minuten bis zur Aufräumzeit sind. Sie hilft dem Kind beim Aufräumen.

Kind macht was bis wann?

Das Kind akzeptiert die Erinnerung und richtet sich darauf ein, dass ab 16 Uhr aufgeräumt wird. Es räumt mithilfe der Mutter auf..

Thomas Gordon geht von hier aus dann in den 6. Schritt über. Ich finde jedoch, dass hier ein entscheidender Punkt fehlt, um ausschließen zu können, dass ein „fauler Kompromiss" gefunden wurde. Mir ist es wichtig, sich auch darüber zu unterhalten: Was passiert wann, wenn sich wer nicht an die Vereinbarung hält? Neben dem positiven Ergebnis der Verhandlung sollte meines Erachtens auch festgehalten werden, welche Konsequenzen sich daraus ergeben, wenn sich einer oder mehrere der Beteiligten nicht an die getroffene Vereinbarung halten.

Mutter:

Wenn die Mutter vergisst, das Kind zu erinnern darf sie nicht schimpfen, wenn das Kind die Zeit aus den Augen verliert. Vor 16 Uhr braucht nicht aufgeräumt zu werden, auch wenn das Kind schon mit Spielen fertig ist (es sei denn, es wird neu verhandelt).

Kind:

Beendet das Kind das Spiel nicht zur vereinbarten Zeit, braucht Mutter nicht mithelfen aufzuräumen. Bevor das Zimmer nicht aufgeräumt ist, passiert nichts anderes wie fernsehen, Playstation, rausgehen, etc.

Wie auch im Arbeitskampf ist es meiner Meinung nach wichtig, neben dem positiven Verhandlungsergebnis auch die Konsequenzen zu beschreiben. Was passiert, wenn sich nicht an die Vereinbarungen gehalten wird? Hierdurch wird meines Erachtens die Verbindlichkeit untermauert und allen Beteiligten wird klar, dass ein Missachten der Vereinbarungen auch eine entsprechende Konsequenz nach sich zieht. Diese ist somit einschätzbar und erscheint nicht willkürlich aus dem „Hut" gezaubert, wenn das Kind sich „plötzlich" entschieden hat, sich nicht an die Vereinbarung zu halten (vgl. Kapitel 7 Vom Umgang mit Regeln und Grenzen). Ein weiterer positiver Aspekt ist, das Kind ist in die Konsequenzfindung mit eingebunden und ist somit aktiv am Lösungsprozess beteiligt. („Was glaubst du soll passieren, wenn du / ich / wir uns nicht an die Vereinbarung halten?")

Schritt 6: Ergebnis überprüfen

Sind alle Vereinbarungen getroffen, so ist es zum Schluss des Familiengesprächs wichtig, einen Zeitpunkt zu vereinbaren, an dem das Ergebnis, seine Einhaltung beziehungsweise seine Verwirklichung überprüft wird. Im partnerschaftlichen Sinne gilt es, das Besprochene, seine Umsetzung und den Weg dahin gemeinsam mit allen Beteiligten zu reflektieren:

- War der Weg so ok!
- Gab es etwas, was sehr gut gelaufen ist?
- Gibt es für das nächste Gespräch etwas zu verbessern?
- Wie geht es allen mit der Umsetzung?
- ...?

Im Besonderen ist es mir hier wichtig, noch einmal darauf hinzuweisen, dass es für unsere Kinder nicht selbstverständlich ist, wenn sie sich an den vereinbarten Weg gehalten haben. Hat das Familiengespräch gut geklappt, sollte das Kind für seine positive Beteiligung gelobt werden. Das Gleiche gilt, wenn es sich an die Vereinbarungen gehalten hat und deren Umsetzung gut gelungen ist. „Lob ist der beste Motivator!" Lobe ich mein Kind für seine tolle Leistung, so ist es deutlich mehr motiviert, sich beim nächsten Mal wieder kooperativ im Familiengespräch zu zeigen.

Gordon rät, den Verlauf und die Ergebnisse des Gesprächs am besten schriftlich zu dokumentieren, was ich persönlich auch für sehr gut halte. Insbesondere in strittigen Situationen kann es sinnvoll sein, den Verlauf des Familiengesprächs zu dokumentieren. Schließlich wird ein „Vertrag" geschlossen, der im Streitfall wieder herausgeholt und nachgelesen werden kann. Im Anhang finden Sie einen entsprechenden Vordruck, der zur Orientierung im Gespräch und zur Verschriftlichung der einzelnen Schritte genutzt werden kann.

Da ich immer wieder erlebe, dass es meinen Seminarteilnehmern und Klienten sehr schwerfällt, sich über die eigene Befindlichkeit klar zu werden und diese im Sinne einer Ich-Botschaft zu beschreiben, habe ich das im Anhang befindliche Arbeitsblatt zur Vorbereitung eines Familiengespräches entwickelt. Hiermit ist es möglich, sich vor dem Gespräch einmal mit den Schritten 1 und 2 in einer „stillen Stunde" auseinanderzusetzen und sich im Vorfeld zu einem Gespräch einmal Gedanken zur eigenen Befindlichkeit machen zu können. Dann fällt es leichter, diese im Rahmen eines Familiengesprächs zu be- beziehungsweise zu umschreiben. Je älter die Kinder werden, desto besser können sie dies auch bewältigen, sodass dieses Arbeitsblatt auch von ihnen (je nach Alter mit Begleitung) im Vorfeld eines Gesprächs ausgefüllt werden kann.

Wenn Sie sich dieses Arbeitsblatt einmal anschauen, werden Sie sehen, dass es nicht nur darum geht, sich über die eigene Befindlichkeit Gedanken zu machen („Was will ich für mich?"). Ich glaube, dass es im Vorfeld eines Familiengesprächs sehr hilfreich sein kann, sich auch einmal zu überlegen, was ich für meine Familie möchte („Was will ich für uns?") und was mögliche andere Teilnehmer wünschen könnten („Was wollen die anderen?"). Damit mache ich mich schon im Vorfeld auf den Weg, zu erkunden, was unter der „Wasseroberfläche" des anderen los sein könnte. Wenn ich dies dann im Gespräch offen und wertfrei mitteile („Ich könnte mir vorstellen, dass du ...", könnte es sein, dass ...", etc.) signalisiert es meinem Gegenüber, dass ich Interesse an seiner Befindlichkeit habe und eine angenehmere Gesprächsatmosphäre kann entstehen.

„Muss ich denn immer solch einen Zettel vor einem Familiengespräch ausfüllen? Muss ich immer alles schriftlich festhalten, wenn ich mich mit meinem Kind zu einem Familiengespräch hinsetze?" Nein. Die Vordrucke dienen lediglich der Orientierung und können als „erste Hilfe", als „Kompass", als „Krücke" genutzt werden. „Nobody is perfect!" Nutzen Sie die Vordrucke, wenn Sie, sie als hilfreich empfinden. Je öfter Sie ein Familiengespräch nach dieser Methode und ihren Grundsätzen führen, umso mehr Übung werden Sie bekommen. Das Ziel sollte sein, ein Gespräch so „natürlich" wie möglich zu führen. Dabei kann es äußerst hinderlich sein, sich akribisch an Vorgaben Dritter zu halten, oder „künstlich" zu versuchen alles schriftlich festzuhalten, weil das in einem Buch steht. Verlassen Sie sich hier auf Ihre Intuition und denken daran, dass nicht nur die Kinder durch das Familiengespräch lernen können,

- dass jeder Bedürfnisse und Empfindungen hat.
- dass es wichtig ist, die Bedürfnisse und Empfindungen des anderen kennenzulernen.
- dass es wichtig ist, diese zu akzeptieren und zu achten.
- dass es wichtig ist, seine eigenen Bedürfnisse und Empfindungen mitzuteilen.
- dass Konflikte und unterschiedliche Meinungen normal sind.
- dass Konflikte unvermeidlich sind, jedoch Lösungen angestrebt werden können.
- dass durch Kompromisse das familiäre Zusammenleben einfacher werden kann.

9 Die Bedeutung des Kindergartens

In meinem Alltag erlebe ich oft, dass die Bedeutung des Kindergartens für die Entwicklung unserer Kinder entweder unterschätzt oder seine Aufgaben überschätzt werden. Dabei ist der Kindergarten meiner Meinung nach, die wichtigste Einrichtung, wenn es darum geht, grundlegende Entwicklungen, Einstellungen und Eigenschaften zum erfolgreichen Schulbesuch und späteren Leben festzulegen bzw. zu festigen. Dies wird oft im Alltag nicht so ernst genommen oder man verlässt sich zu sehr auf die Einrichtung.

9.1 Unterschätzen der Bedeutung des Kindergartens

Im Kindergarten wird ja nur gespielt. Der Ernst des Lebens beginnt erst mit der Schule! Dieser Einstellung begegne ich immer wieder. Selten machen sich Eltern Gedanken darüber, was ihre Kinder mit Blick auf den Besuch der Schule, im Kindergarten, ihrem jeweiligen Alter entsprechend, lernen und trainieren können. Manchmal habe ich auch das Gefühl, dass das auch den Verantwortlichen dieser Einrichtungen nicht wirklich bewusst ist, wenn ich mir offene oder alternative Kindergartenkonzepte anschaue.

Meine Kinder haben bewusst einen konservativen Kindergarten besucht. Eine Einrichtung, die eine klare Tagesstruktur und eine klare Gruppenzuordnung hatte. Hier gab es klare Abläufe und Regeln, die von meinen Kindern erwarteten, dass sie den Gruppenraum nicht zu verlassen hatten, ohne vorher um Erlaubnis zu fragen. Erzieherinnen, die erwarteten, dass alle Kinder an den Beschäftigungs- und Bastelaktionen, auch unabhängig von Lust und Laune teilnahmen. Die klare Verhaltensregeln zum Benehmen in der Gruppe, zum Verhalten in der Freispielzeit und auch im Stuhlkreis erwarteten und bei Fehlverhalten entsprechende Konsequenzen verhängten bzw. diese in kooperativer Zusammenarbeit mit uns als Eltern absprachen / vereinbarten.

Der eine oder andere Leser mag jetzt denken, dass dies weit entfernt ist von einer modernen, das Kind und seine Persönlichkeit achtenden Pädagogik. Oder, dass es sich hier um veraltete pädagogische Werte und Grundsätze handelt. Ich persönlich bin der Meinung, dass dies die Erfordernisse sind, die meine Kinder schon in frühem Alter, ihrem jeweiligen Entwicklungsstand entsprechend, lernen müssen, damit sie sich in unserem Schul- und auch unserem gesellschaftlichen Lern- und Leistungssystem zurechtfinden können. Aus diesem Grund ist es mir wichtig, dem Kindergarten und dem sich hier bietenden Lern- und Trainingsfeld ein eigenes kurzes Kapitel, auch mit Blick auf die kommenden, schulischen Anforderungen, zu widmen.

Viel zu oft erlebe ich, dass der Besuch des Kindergartens nicht ernst genommen wird. „Heute will ich aber nicht in den Kindergarten!" „Ach ja, wenn du nicht willst, dann musst du auch nicht!" Oder das Kind will sich nicht von der Mutter trennen, weint und leidet, woraufhin der Kindergartenbesuch für ein Jahr verschoben wird. Das ist ja alles nicht so schlimm, weil es ja noch nicht um die Schule geht. Doch was lernt das Kind?! Ich muss mich bestimmten Anforderungen nicht stellen und kann mich durch mein Verhalten entziehen. Da das Kind den Eltern oft leid tut, werden die Anforderungen gesenkt und dem Kind wichtige Lernerfahrungen vorenthalten.

In den drei Kindergartenjahren haben unsere Kinder die Möglichkeit, wichtige Kompetenzen und Fähigkeiten, ohne Leistungsanforderung zu trainieren. Altersangemessen lernen sie unter anderem, sich in einer Gruppe zu orientieren und sich zu integrieren, ihre spontanen Wünsche und Bedürfnisse zu kontrollieren, grob- und feinmotorische Fähigkeiten werden trainiert, das Umgehen mit Stift, Schere, Klebe und Material wird geübt usw. Sicherlich macht das nicht immer Spaß und es gibt auch die ein oder andere Frustration. Oft wird jedoch der Kindergarten als elternentlastende Einrichtung betrachtet, deren Wert für eine angemessene Schulvorbereitung selten im Vordergrund steht.

Ein besonderes gespaltenes Verhältnis habe ich zu offenen Kindergartenkonzepten. Einrichtungen, in denen die Kinder sich frei bewegen und sich Angebote lustorientiert aussuchen können. Oft werden solche Konzepte von Eltern favorisiert, da die Kinder eine möglichst unbeschwerte und fröhliche Kindergartenzeit haben sollen. Eine Zeit, in der sie sich fröhlich motiviert, freiheitlich und partnerschaftlich zu kleinen Persönlichkeiten entwickeln sollen. Dieser Ansatz ist im Grunde nicht verkehrt, jedoch lässt er meines Erachtens die Anforderungen des zukünftigen Schulbesuches außer Acht. Die Kindergartenzeit soll eine schöne, das Kind glücklich machende Zeit sein. Mit sechs Jahren kommen sie in die Schule. Hier beginnt dann der Ernst des Lebens. Doch was bedeutet eigentlich, der Ernst des Lebens beginnt? Unsere Kinder werden eingeschult und von diesem Tag an sollen sie plötzlich verstehen, dass sie:

- jeden Tag in die Schule müssen.
- an ihrem Platz sitzen bleiben sollen.
- dem Lehrer und seinen Vorgaben folgen sollen.
- den Raum nicht verlassen dürfen.
- sich konzentrieren müssen.
- vorgegebene Aufgaben bearbeiten müssen.
- rechnen sollen, obwohl sie eher Lust zum Malen haben.
- schreiben sollen, obwohl sie eher Lust zum Sport haben.
- sich im Sport bewegen sollen, obwohl sie eigentlich eher sitzen wollen.
- nur in der Pause ihrer Lust und Laune folgen dürfen.
- ...

Das bedeutet, dass unsere Kinder mit dem Tag der Einschulung plötzlich alles auf einmal können müssen, was vorher „nur" als nettes Spielen betrachtet wurde. Doch woher sollen sie das können, wenn es im Vorfeld nicht mit ihnen geübt und trainiert wird?!

Unsere mittlere Tochter hat es uns, bezogen auf den Kindergartenbesuch, leicht gemacht. Sie ging gerne dorthin und fühlte sich wohl. Unsere jüngste Tochter fand diese Einrichtung, insbesondere im ersten Kindergartenjahr, schrecklich. Sie wäre am liebsten zu Hause geblieben. Hier hatte sie als Jüngste jede Menge Privilegien, die sie im Kindergarten mit anderen teilen musste. Lange Zeit hat sie versucht, durch Verweigerung, Weinen, traurig sein, dieser „schrecklichen Erfahrung" zu entgehen. Lange Zeit hatten wir jeden Morgen das gleiche Theater: Ärger, ein weinendes Kind im Kindergarten, ein schlechtes Gewissen, das Kind leiden zu lassen. Unsere Jüngste zog alle Register, um uns deutlich zu machen, dass wir schlechte Eltern sind. Später ging sie ohne Protest in den Kindergarten. Jedoch war es nach wie vor nicht ihre Lieblingseinrichtung. Dies änderte jedoch nichts an der Tatsache, dass der Besuch des Kindergartens eine Pflichtveranstaltung für sie war, in der sie sich angemessen zurechtzufinden hatte. Denn, was passiert, wenn sie in die Schule kommt? Hier hat sie nicht die Wahl und aus der Freiwilligkeit wird dann eine Pflicht. Da ist es mir als Vater doch lieber, wenn ich die Anforderungen in einem „ungefährlichen" Rahmen, altersangemessen trainieren kann und sie somit auf den Schulbesuch vorbereite.

In meinem Alltag erlebe ich viel zu oft, dass Kinder in meiner heilpädagogischen Praxis vorgestellt werden, weil sie den Anforderungen des Schulbesuches nicht gerecht werden können. Sie müssen dann in einem therapeutischen Rahmen diese Anforderungen und die hierzu notwendigen Fähigkeiten nachlernen, was dann oft die ersten beiden Schuljahre „kostet". Zwei Schuljahre, in denen dann das Lernen schwerfällt und Wissenslücken entstehen, weil grundlegende Kompetenzen und Fähigkeiten zusätzlich trainiert werden müssen. Oft höre ich den Satz: „Wenn mir das mal vorher jemand gesagt hätte, dann hätte ich die Kindergartenzeit ernster genommen!"

9.2 Überschätzen der Möglichkeiten / Aufgaben des Kindergartens

Oft wird der Kindergarten mit seinen Möglichkeiten und der Bedeutung für die kindliche Entwicklung überschätzt. Das bedeutet, dass ich es oft erlebe oder von vielen Kolleginnen und Kollegen höre, dass Eltern sich zu sehr auf den Kindergarten und seine Förderarbeit verlassen. „Warum soll ich zu Hause mit dem Kind schneiden oder malen üben?! Das soll mein Kind doch im Kindergarten lernen! Schließlich zahle ich hierfür auch viel Geld!"

Oft gehen Eltern davon aus, dass die professionelle Förderung im Kindergarten ausreicht und am Nachmittag sollen die Kinder sich am besten allein beschäftigen. Ich gebe hier allen Eltern Recht, die kaputt von der Arbeit und dem täglichen Haushalt auch für ein wenig Ruhe kämpfen. Viele Eltern sagen: „Ich habe auch keine Lust ständig Spiele zu spielen oder mich mit Dingen zu beschäftigen, die mir selbst keinen Spaß bereiten!" Außerdem ist das auch unheimlich anstrengend. Dabei wird oft die Bedeutung des sich miteinander beschäftigen und spielen unterschätzt und es scheint, dass der Besuch des Kindergartens auch zur Gewissensberuhigung genutzt wird. Eltern, die glauben, dass die Förderung des Kindergartens alleine ausreicht, um auf die Schule und ihre Anforderungen vorzubereiten, mindern die Chance ihres Kindes auf einen erfolgreichen Schulstart. Denn die Kinder, mit denen sich auch zu Hause beschäftigt wird, sind zum Zeitpunkt der Einschulung klar im Vorteil. Sie verfügen über deutlich mehr Kompetenzen und können somit ihre Potenziale besser ausschöpfen / nutzen, wie die folgende Grafik verdeutlicht.

Einschulung mit dem 6. Lebensjahr

Kindergartenbesuch mit dem 3. Lebensjahr

9.3 Förderung zu Hause, was bedeutet das?!

Förderung von zu Hause aus bedeutet nicht, dass Eltern jetzt jede freie Minute darauf verwenden müssen, gezielte Sonder- und Förderprogramme mit ihren Kindern zu absolvieren. Aktuell beobachte ich einen Trend, der immer früher einsetzt, wenn es um frühkindliche Förderung geht. Ich kenne Kindergartenkinder die gehen:

- montags in die Musikschule,
- dienstags in den Tanzkurs,
- mittwochs in den Englischkurs,
- donnerstags in die Malschule,
- freitags zum Reiten und
- samstags wird Gitarre und Klavier geübt, denn
- sonntags wollen die Eltern auch einmal einen Tag für sich haben.

Aktuell entsteht ein Markt, der sich gezielt an Kinder im Kindergartenalter richtet und professionelle Anleitung und Förderung in vielen, zum Teil skurril wirkenden Bereichen anbietet. Beschäftigung und Förderung bedeutet für mich, dass wir Eltern wieder den Sinn darin entdecken, uns selbst mit unseren Kindern zu beschäftigen.

Die Förderaspekte von:

- wir gehen schwimmen
- wir besuchen den Spielplatz
- wir puzzeln, malen, basteln
- wir lesen vor, schauen ein Bilderbuch an
- wir spielen Gesellschaftsspiele

werden vielfach unterschätzt und wenig gewürdigt. Das ist ja „nur" spielen. Dass neben dem Spaß und der Beziehung, die hierdurch gelebt wird, auch solche Dinge wie:

- Konzentration und Ausdauer,
- Handlungs- und Strukturplanung,
- fein- und grobmotorische Fähigkeiten,
- abstraktes und logisches Denken,
- Umgang mit Distanz und Nähe,
- Konfliktlösungsstrategien,
- Umgang mit Frustrationserlebnissen,
- Selbstwert- und Selbstbewusstseinsstärkung gefördert und trainiert werden, ist oft nicht bewusst.

Meine Kinder spielen gerne Memory. Haben Sie sich schon einmal Gedanken gemacht, was dieses einfache Spiel alles fördert?! Setzen Sie sich doch einmal in einer stillen Stunde hin und überlegen, was dieses Spiel von Ihrem Kind fordert und was es dadurch lernen kann in den Bereichen:

- Merkfähigkeit
- Reaktionszeit
- Regel und Grenzen
- Konzentration
- Ausdauer
- Selbstwert
- etc.

Beim Spielen zu Hause müssen wir Eltern sicherlich immer wieder mit unserem eigenen „inneren Schweinhund" kämpfen. Denken Sie nicht, dass ich besonders viel Lust habe, wenn ich nach einem 10 / 12 Stunden Tag nach Hause komme und meine Töchter fragen: „Papa, können wir noch was spielen?" Wenn ich meinen „inneren Schweinehund" befrage, sagt der: „Geh auf die Couch und entspanne dich!" Der Kopf sagt dagegen: „Eine halbe Stunde schaffst du schon, die Kinder haben dich den ganzen Tag nicht gesehen!" Das muss ich nicht jeden Abend machen, aber ein-, zweimal die Woche spielen wir dann noch und haben eine Menge Spaß dabei. Der Effekt ist, die Kinder fühlen sich gesehen und wir schaffen einen Kompromiss zwischen meinem Ruhebedürfnis und dem Spielbedürfnis der Kinder.

Gleiches gilt für das Wochenende. Sich zu Hause beschäftigen heißt nicht, zwölf Stunden des Samstags, ein Kinderfreizeit- oder Spaßprogramm gestalten zu müssen. Hier ist weniger auch mal mehr. Jedoch ist eine Stunde gemeinsames Spiel oft mehr Wert, als fünf Stunden Nintendo DS Hirnjogging oder zwei Stunden bezahltes Training in einem Kurs.

Viele Eltern, die ich in meiner heilpädagogischen Praxis antreffe, erzählen mir, dass sie für solche „Spielereien" keine Zeit hätten, schließlich müssten sie ja die Termine des Kindes einhalten, arbeiten gehen und verschiedene Therapeuten aufsuchen. Da ist man dann froh, wenn man auch mal etwas freie Zeit für sich hat. Wenn wir jedoch einmal den Zeiteinsatz, der durch den Besuch der verschiedenen Einrichtungen aufgewendet werden muss, betrachten, ist dieser oft sehr hoch. Eine Aktivität weniger und es würden ein bis zwei Stunden pro Woche frei, die für die „Spielerei" mit dem Kind eingesetzt werden könnten, oder?! Förderung zu Hause bedeutet für mich, den Wert zu erkennen, der sich dahinter verbirgt, mit Blick auf die spielerische Förderung unserer Kinder. Der Förderaspekt wird oft gar nicht gesehen oder ernst genommen. Eher werden spezielle

Einrichtungen aufgesucht oder nach professioneller Förderung gesucht, als an die eigenen Fähigkeiten zu denken. Hier stellt sich mir die Frage: „Warum denn in die Ferne schweifen, wenn das Gute ist so nah?"

9.4 Was bedeutet das für uns Eltern?!

Wir Eltern sollten den Kindergartenbesuch als ideales Lern- und Trainingsfeld zur Vorbereitung auf den Schulbesuch erkennen und ihm eine entsprechende Bedeutung zumessen. Hier werden die Grundlagen spielerisch gelegt, die unsere Kinder benötigen, um im späteren Schulleben zurechtzukommen. Dabei sollten wir seine Möglichkeiten und Aufgaben nicht überschätzen und uns allein auf seine Kompetenz verlassen. Als Eltern können wir durch Beschäftigung und gemeinsames Spielen zu Hause, die Förderarbeit aktiv unterstützen und einen guten Boden für einen erfolgreichen Schulbesuch bereiten. Und ganz nebenbei stärken wir auch noch die Bindung und Beziehung zu unserem Kind durch das gemeinsame Tun!

Wir sollten nicht nur nach professionellen Förderangeboten suchen, sondern uns auch auf unsere eigenen Fähigkeiten besinnen und uns die Bedeutung des „nur Spielens" mit dem Kind vor Augen halten. Dabei ist es wichtig, ein gesundes Maß zwischen den eigenen Bedürfnissen und den Ansprüchen der Kinder zu finden. Hier kann manchmal „weniger mehr sein".

10 Von Schule und Co

Schlägt man die Zeitung auf oder schaltet den Fernseher an, so wird viel berichtet über

- die mangelnde Lust der Kinder am Lernen.
- die immer stärker werdende Gewalt an den Schulen.
- verzweifelte, überforderte Lehrer.
- nicht wahrgenommene Kinder und Jugendliche.
- schlechter werdende Pisa-Studien.
- Zunahme von Verhaltensauffälligkeiten.
- mangelnde Ausbildungsfähigkeit der Jugendlichen.
- mangelnde soziale Kompetenzen der Kinder.
- ...

Oft höre ich in Seminaren oder in Beratungssituationen von Eltern Sätze wie:

- „Ich kann doch nichts dafür, wenn der Lehrer sich nicht durchsetzen kann!"
- „Der Lehrer braucht sich nicht zu wundern, so ungerecht wie er ist!"
- „Ich kann doch in der Schule nicht daneben sitzen!"
- „Ich denke, der Lehrer hat studiert, wenn ich so arbeiten würde wie der seinen Unterricht gestaltet, dann wäre ich arbeitslos!"
- „Das war früher alles besser, zu meiner Zeit gab es so etwas nicht!"
- ...

Von Lehrern höre ich:

- „Wenn die Eltern ihr Kind richtig erzogen hätten, dann könnte ich einen guten Unterricht machen!"
- „Wenn die Eltern mehr Einsatz zeigen würden, dann könnte das Kind auch sein Potenzial abrufen!"
- „Wenn von zu Hause nicht mitgearbeitet wird, dann kann ich nichts erreichen!"
- „So etwas gab es früher nicht!"
- ...

In einem sind sich beide Parteien oft einig: „Früher gab es so etwas nicht, da war alles anders!" Aber stimmt das wirklich? Gab es das früher wirklich nicht, war wirklich alles anders und wenn ja, warum? Ich glaube, dass es früher wirklich anders war. Das lag meines Erachtens jedoch nicht daran, dass die Kinder anders waren (vgl. Struwwelpeter). Ich glaube eher, dass die Erwachsenen mit den Kindern bezüglich der Themen Schule und Lernen deutlich anders umgegangen sind. Meiner Ansicht nach wurden bewusst oder unbewusst andere Maßstäbe angelegt. Im Rahmen der pädagogischen Revolution der 1970 er Jahre (antiautoritäre, laisser-faire, partnerschaftliche Erziehung) entstanden pädagogische Grundhaltungen / Annahmen, von denen ich glaube, dass sie heute einer konstruktiven Entwicklung zum Teil entgegenstehen.

Hinzu kommt, dass wir Eltern oft unsere eigene Kindheit und die hier gemachten Erfahrungen verklären bzw. durch eine oftmals „rosarote Brille" betrachten. Selten hinterfragen wir:

- aus welchem Grund es bei uns anders war?!
- was die Erwachsenen um uns herum anders gemacht haben?!
- was wir selbst anders machen können?!

Wir können beschreiben, was alles nicht stimmt und welche Unzulänglichkeiten vorliegen. Wenn ich Erwachsene jedoch zum Thema Schule und Lernen frage:

- Was ist denn schulisch betrachtet „normales" kindliches Verhalten?
- Was sollte eine normale Grundhaltung von Eltern sein?

ernte ich oft Stirnrunzeln und fragende Blicke.

Wir leben und erziehen heute in einer Zeit, die eher in die Richtung Spaßgesellschaft geht. Bezogen auf die niedliche Kinderwelt bedeutet das:

- Lernen muss Spaß machen!
- Lehrer müssen die Kinder animieren!
- Der Unterricht muss bunt, frei und motivierend gestaltet sein!
- Kinder sind neugierig und wollen lernen!
- Die Klassen sollten partnerschaftlich und demokratisch geführt werden!
- Die Grundbedürfnisse der Kinder sollten ge- und beachtet werden!
- ...

Grundsätzlich stimme ich diesen Grundannahmen zu und es wäre schön, wenn dies alles so wäre. Letztlich scheinen diese pädagogisch schönen und erstrebenswerten Ideale jedoch nicht wirklich zu funktionieren. Hinzu kommt, dass sie die notwendig erscheinenden Anforderungen aus meiner Sicht zu verklären scheinen. Lieber Leser, liebe Leserin, aus diesem Grund möchte ich in den folgen Abschnitten versuchen, etwas Licht ins Dunkel zu bringen. Ich möchte Sie einladen, einmal zu hinterfragen:

- ob Kinder wirklich immer lern- und wissbegierig sind.
- was früher anders gewesen sein könnte.

10.1 Kinder lernen gerne, oder!?

Viele pädagogische Konzepte legen das als Grundsatz fest. Oft werden Lehrer qualitativ daran gemessen, mit welcher Motivation Kinder die Schule besuchen und dem Unterricht folgen. Der Wohlfühl- und Spaßfaktor bestimmt zusammen mit den Noten, ob ein Lehrer gut ist oder schlecht.

Grundsätzlich stimme ich der Grundannahme zu, dass Kinder neugierig, lern- und wissbegierig sind. Zu allem, was sie interessiert, sind sie zu begeistern. Sie löchern uns Erwachsene mit Fragen nach dem Wie, Was, Wann, Warum, usw. Diese Phasen habe ich, bezogen auf meine eigenen Kinder, immer wieder „durchgemacht", was zum Teil auch sehr anstrengend und nervig war bzw. ist. Doch wie sieht das in Bezug auf das Lernen schulischer Inhalte aus? In meiner beruflichen wie privaten Laufbahn konnte ich immer wieder beobachten, dass Kinder, je jünger sie sind, umso neugieriger und wissbegieriger sind. Das fängt schon im Kindergarten an. Das primäre Ziel in den ersten beiden Kindergartenjahren meiner Kinder war, Vorschulkind zu werden. Als Vorschulkind gehört man zu den „Großen" und darf einige Privilegien genießen. Das erste Lesen, Schreiben, Rechnen will gelernt werden und die Kinder sind stolz, wenn sie ihren Namen schreiben und erste kleine Rechenoperationen vollziehen können.

Letztendlich sind die Kinder jedoch immer wieder enttäuscht, dass sie sich ihre Bücher immer noch vorlesen lassen müssen. Oder die Fernsehzeitung ihre Geheimnisse erst dann preisgibt, wenn eine älteres Geschwisterkind sich gnädig zum Vorlesen findet, oder Mama und Papa Zeit finden, die „komischen" Zeichen zu übersetzen. Wir Erwachsene kaufen dann erste Lesebücher, in denen einige Begriffe durch Bilder ersetzt werden, damit die Kinder auch eigenständige Beiträge zum Vorlesen beisteuern können, was sie dann mit Stolz erfüllt. Eine innere Motivation bei den Kindern erwacht jetzt. Sie wollen auch endlich lesen, schreiben und rechnen lernen. Wenn Sie das können, sind sie „groß" und können mit den Erwachsenen mithalten. Erste Schritte zur Autonomie werden angestrebt und dem Schulkind sein entgegengefiebert.

Dann folgt die Einschulung. In der Regel sind die Kinder motiviert bei der Sache, schließlich sind sie ja jetzt bald groß und benötigen demnächst keine fremde Hilfe mehr, wenn es ums Lesen, Schreiben und Rechnen geht. Spätestens Mitte des zweiten Schuljahres können die Kinder lesen, schreiben und rechnen. Sie beherrschen es so weit, dass es für ihren Hausgebrauch reicht. Sie können die Fernsehzeitung lesen und wissen, wenn der Comic an der Bude 1,80 € kostet, sie aber nur 1 € haben, dass ihnen 0,80 € für das heiß ersehnte Heft fehlen. Und so weiter.

Zu dieser Zeit gehen wir Erwachsene davon aus, dass die innere Motivation weiter anhält, und dass die Kinder verstehen, dass es so weiter gehen muss. Schließlich ist es ja wichtig für ihre Zukunft, ihren Beruf und ihr späteres finanzielles Auskommen. Sie sollen Spaß am weiteren Lernen und Leisten haben, damit sie später einmal eine möglichst sorgenfreie Zukunft haben. Doch ist das realistisch? Denken Sie doch einmal an Ihre eigene Schulzeit zurück. Wie war es bei Ihnen?! Wann haben Sie verstanden, dass Sie für sich und Ihre Zukunft lernen und nicht für Ihre Eltern und Lehrer? 98 % der Erwachsenen, denen ich diese Frage stelle, antworten mir:

- „Zu spät!"
- „Als ich in der Ausbildung war!"
- „Als ich in der 9. Klasse war!"
- „Als ich mit dem Studium begonnen habe!"
- ...

Was die Frage aufwirft: „Aus welchem Grund sollen unsere Kinder das schneller erkennen?!" Ist es vielleicht normal, dass diese Erkenntnis erst später einsetzt? Und wenn es normal sein sollte, warum ist das dann so?! Doch dazu später.

Die wenigsten Eltern (ca. 2 %) sagen im Rahmen von Vernunft, dass ihnen das schon immer klar war. Dass sie von Anfang an sehr ehrgeizig waren und gezielt auf einen guten Schulabschluss hingearbeitet haben. Wenn Sie, lieber Leser, liebe Leserin, zu diesen Menschen gehören, für die schulisches Lernen immer selbstverständlich war, dann möchte ich Sie einladen, einmal zurückzudenken. Haben Sie sich einmal die Frage gestellt, was Ihre Motivation war, dieses Prinzip nicht zu hinterfragen?

- Wie hätten Ihre Eltern reagiert, wenn Sie Ihrer Lust freien Lauf gelassen hätten?!
- Wären Sie nie lieber mit den anderen Kindern spielen gegangen, anstatt zu lernen?!
- Warum haben Sie sich nicht verweigert oder Ihrem Unmut freien Lauf gelassen?!

Viele Eltern antworten dann im ersten Impuls: „Das war selbstverständlich, diese Fragen habe ich mir nie gestellt!" Beim zweiten Nachdenken kommt dann oft:

- „Ich wollte meine Eltern nicht enttäuschen!"
- „Was meinen Sie, was das für einen Ärger gegeben hätte!"
- „Das hätte ich mich nie getraut!"
- „Meine Eltern waren stolz auf meine guten Noten!"
- ...

Diese Antworten werfen die Frage nach der inneren Lernmotivation auf. Denn in der Regel sind dies Motivationsfaktoren, die von außen über die Eltern gesetzt werden. Die Fachleute sprechen hier von einer extrinsischen Motivation. Also einer Motivation, die von außen erfolgt und deren Nutzen für das Kind, sich durch die Belohnung, Anerkennung, Vermeidung von Ärger usw. durch einen anderen Menschen (Eltern, Lehrer etc.) ergibt (vgl. auch Kapitel 5.10 "Die Bedeutung der Komfortzone" Seite 93).

10.2 Die Sache mit dem Nutzen

Wir Eltern gehen in der Regel davon aus, dass unsere Kinder den Nutzen des schulischen Lernen und Leistens für sich und ihre Zukunft erkennen. Dies sollte doch Motivation genug sein, um eigenständig (intrinsisch motiviert) eine positive Einstellung zum Lernen zu entwickeln. Oder?! Sie müssen doch erkennen, dass alles, was sie in jungen Jahren in der Schule lernen, später für sie von Nutzen ist! Wenn Sie, lieber Leser, liebe Leserin, zu den 98 % der Erwachsenen zählen, die dies „zu spät" erkannt haben, dann jetzt noch einmal Hand aufs Herz: Wie viel von dem, was Sie ab Mitte des zweiten Schuljahres in der Schule haben lernen müssen, benötigen Sie heute in Ihrem Alltag?! Bei genauer Betrachtung bleiben die Grundkompetenzen Lesen, Schreiben und Rechnen (Plus / Minus / Mal / Geteilt – später ein bisschen Prozentrechnung und Geometrie) über. Das können unsere Kinder aber schon ab Mitte des zweiten Schuljahres und zwar so, dass es für ihren Hausgebrauch reicht!

Wir Erwachsene wissen, dass eine gute Allgemeinbildung und eine Vertiefung der jeweiligen Lerninhalte wichtig ist. Das erkennen unsere Kinder aber in der Regel, wie wir auch, erst, wenn es um die weitere Schul- oder Ausbildung geht. Das bedeutet, je jünger unsere Kinder sind, desto weniger haben sie einen Einblick in den Nutzen für sich selbst, wenn es um schulisches Lernen geht. Wenn ich jedoch keinen direkten Nutzen für mich erkennen kann, warum soll ich dann begeistert lernen?! Je jünger ich bin, desto wichtiger ist mir ein direkter Nutzen. Ein Nutzen, der meine spontanen Wünsche und Bedürfnisse befriedigt. Das heißt:

- Wenn das Wetter schön ist, will ich nach draußen mit meinen Freunden spielen.
- Wenn ich noch müde bin, will ich im Bett liegen bleiben!
- Wenn ich Fernsehen möchte, habe ich keine Lust auf Hausaufgaben!
- ...

„Das schönste an der Schule sind die Pausen!"
Wer von uns hat diesen Satz nicht schon einmal gesagt. Das bedeutet, dass ich bestenfalls gerne in die Schule gehe, weil ich dort meine Freunde treffe. Weil ich in den Pausen schön spielen und toben kann. Weniger, weil ich dort Dinge lerne, die ich in acht bis zehn Jahren gut gebrauchen kann, wenn es um meine berufliche Zukunft geht. Das ist das Wunschdenken der Erwachsenenwelt! Der Nutzen, den ich davon habe, ist sehr weit weg und setzt ein vernünftiges Denken voraus, das manch ein Erwachsener nicht zu halten in der Lage ist, es jedoch von seinem Kind wie selbstverständlich erwartet.

Der eine oder andere wird jetzt denken, das kann doch so nicht richtig sein. Es gibt doch auch Kinder, die gern in die Schule gehen und Freude am Unterrichtsgeschehen haben. Ja, das ist richtig!

10.3 Die Sache mit der Vernunft

Wichtig ist mir an dieser Stelle, zunächst einmal das Wunschdenken der Erwachsenen zu hinterfragen und zu versuchen, den „gesunden" Menschenverstand, vor dem Hintergrund der eigenen Kindheit, einzuschalten. Das bedeutet zu erkennen, dass Schule grundsätzlich keine ausschließliche Spaßveranstaltung ist. Wenn wir von unseren Kindern erwarten, dass sie auf vernünftiger Basis eine innere Motivation zum Lernen und Leisten entwickeln, erwarten wir von ihnen, dass sie über acht bis zehn Jahre vorausschauend ihre Zukunft überblicken. Wir erwarten, dass sie im Rahmen von Vernunft in der Lage sind, ihre spontanen Wünsche und Bedürfnisse zu kontrollieren, um uns Erwachsene glücklich zu machen, indem sie Einsicht zeigen. Einsicht zu zeigen bedeutet für uns Erwachsene, dass Erziehung ganz leicht und einfach wird, da die Kinder uns den Gefallen tun, „pflegeleicht" zu werden! Sie sind dann einsichtig, lernen fleißig, machen fröhlich ihre Hausaufgaben, handeln zur Freude ihrer Eltern und Lehrer!

Das ist meiner Meinung nach ein Traumschloss und ein Trugschluss. Die meisten Kinder lernen in den ersten ein bis zwei Schuljahren aus einer inneren Motivation heraus, da es ihr eigener Wunsch ist, endlich Schreiben, Lesen und Rechnen zu lernen. Bei dem einen Kind hält diese Phase länger an, bei dem anderen ist sie etwas kürzer. Ich erlebe in meinem Alltag, dass viele Eltern und auch Pädagogen dieses Traumschloss zur Grundlage ihres Denkens und Handelns machen. Sie sind irritiert und enttäuscht, wenn die Kinder zugunsten ihrer spontanen Wünsche, entgegen jedweder Vernunft beginnen zu opponieren, sich verweigern und eine mangelnde Lern- und Leistungsmotivation entwickeln. Sie versuchen dem mit „vernünftigen" Gesprächen, Appellen an die Vernunft und Diskussionen zu begegnen. Wenn dies bei den Kindern nicht den gewünschten Erfolg zeigt, wird über das Schulsystem oder den vielleicht unfähigen Lehrer geschimpft. All dies überfordert meiner Meinung nach unsere Kinder, da von ihnen emotionale und kognitive Leistungen im Rahmen von Vernunft gefordert werden, die sie in ihrem jeweiligen Alter noch nicht nachvollziehen können.

Sie benötigen also in erster Linie Eltern, die ihnen in dieser schwierigen Zeit durch Erziehung helfen, ihre spontanen Impulse zu kontrollieren und eine angemessene Lern- und Leistungshaltung trainieren. Dabei müssen wir Erwachsene verstehen, dass die Kinder in dem, was sie lernen, zunächst keinen direkten Nutzen erkennen können. Für unsere Kinder ist es wichtiger Fahrradfahren zu lernen, zum Fußball- oder Tennistraining zu gehen, sich mit Freunden zu treffen, usw., weil das die Welt ist, die sie momentan im Hier und Jetzt beschäftigt. Wann haben Sie verstanden, dass Sie für sich und das Leben und nicht für Ihre Eltern und Lehrer lernen?! Sprich, wann sind Sie vernünftig geworden? Wie schon gesagt, 98 % der Erwachsenen sagen aus dem ersten Impuls heraus: „Zu spät!". Manche sagen: „Als es um die Ausbildung ging" oder: „Als ich wusste, dass ich studieren wollte." Auch das ist aus meiner Sicht ein natürlicher Prozess. In dem Moment, wo sie erkannt haben, dass das was Sie heute lernen, morgen in Ihrem Beruf benötigen, war der direkte Nutzen wieder da! Als Sie sich selbst entschieden hatten, was Sie nach der Schule machen wollten, war die direkte Verbindung zum eigenen Nutzen da und eine innere Einstellung zum Lernen und Leisten im Rahmen von Vernunft entstand. Auch dies verläuft in der Regel individuell. Es gibt Menschen, die zu einer solchen Einstellung nie gefunden haben, Menschen die das schon in der 8. / 9. / 10. Klasse erkannt haben und Menschen, bei denen die Einsicht hierzu noch später entstand.

Ich selbst bin ein gutes Beispiel für einen so genannten Spätzünder. Meine Grundschul- und Hauptschullaufbahn verlief nicht sonderlich gut. Meine Noten waren durchschnittlich bis schlecht. Die Pubertät brachte es mit sich, dass ich meine Schulzeit, meiner Meinung nach genoss. Das traf nicht auf den Zuspruch meiner Eltern und meiner Lehrer. Meine Mutter hatte irgendwann aufgegeben und als ich mit einem schlechten Hauptschulabschluss abgegangen bin, stellte man mir keine günstige Prognose aus. Da ich keine Lust zum Bewerben und Arbeiten hatte, dachte ich, dass es einfacher wäre, weiter Schule zu machen (hierzu musste ich nur eine Anmeldung ausfüllen und die hatte mir meine Mutter besorgt) und beabsichtigte, in zwei Jahren in der Berufsfachschule meine mittlere Reife zu machen.

An dieser Schule musste ich dann schnell feststellen, dass ich diese freiwillig besuchte und kein Lehrkörper mehr auf die Verpflichtung zum Schulbesuch pochte. Da meine Mutter stolz war, dass ich eine weiterführende Schule besuchte, wollte ich sie nicht enttäuschen. So biss ich mich das erste Jahr durch und lernte Dinge, die ich nie wieder in meinem Leben brauchen würde. Mein Nutzen war anfangs der Stolz meiner Mutter, sodass ich die Versetzung schaffte. Ich wollte sie nicht enttäuschen und im Weiteren ihrem Wunsch nachkommen, dass ich Pädagoge werden sollte. Also entschied ich mich für eine Ausbildung zum Erzieher, was jedoch die mittlere Reife voraussetzte. Da ich dieses Ziel erreichen wollte, musste ich jetzt erkennen, dass ich den Sinn der Dinge, die ich hierzu lernen musste, sicherlich hinterfragen konnte, es jedoch nichts nützte, da dies vorgegeben war. Also war mein Nutzen: „Lern das, sonst kannst du deine mittlere Reife genauso vergessen wie auch die Ausbildung zum Erzieher!" Dies war der Moment, an der die Vernunft über den „inneren Schweinehund" siegte. Das war der Zeitpunkt, an dem ich einsah, wenn ich im Leben etwas erreichen wollte, musste ich lernen, meine spontanen Wünsche und Bedürfnisse zu kontrollieren.

Der Volksmund sagt:
„Von nichts kommt nichts!"
„Vor die Freizeit hat der liebe Gott die Arbeit gesetzt!"

Als Erzieher und Heilpädagoge frage ich mich auch heute noch oft, wofür ich vieles habe lernen müssen. Was ich heute in meinem Alltag brauche ist Lesen, Schreiben und Rechnen. Warum musste ich in Geschichte ganze Völkerwanderungen verstehen, in Erdkunde die Kontinente auswendig lernen, in Mathe Algebra und geometrische Formeln lernen, in Chemie die Chemischen Elemente pauken, in Physik Naturgesetze erklären können, in Musik Noten lernen, in Kunst die verschiedenen Kunstrichtungen benennen können und Englisch lernen, wenn ich es in meinem heutigen Alltag gar nicht brauche?!

Manch ein Leser, eine Leserin wird jetzt vielleicht denken, dass das sehr einseitig gedacht ist, und dass eine gute Allgemeinbildung nicht schlecht geredet werden darf. Hier stimme ich allen Menschen, die dies vertreten aus vollem Herzen zu. Das weiß ich heute. Heute bin ich 47 Jahre alt und ärgere mich oft, wenn ich meinem Sohn oder meiner Tochter bei den Hausaufgaben helfen soll und es nicht kann. Diese Erfahrung kann ich aber an meine Kinder nicht weitergeben, weil es meine Erfahrung und meine Erkenntnis ist. Meine Aufgabe besteht darin, meinen Kindern zuzugestehen, dass sie den Sinn ihres Lernens jetzt noch nicht vollständig erfassen, es somit nur bedingt Freude bereitet, Dinge zu lernen, deren Sinn sie für ihr Leben nicht verstehen und sie nicht aus der Verantwortung zu entlassen, es trotzdem tun zu müssen. Hierbei haben sie mein vollstes Verständnis dafür, dass das wenig Spaß bereitet, was jedoch nicht bedeutet, dass ich sie aus ihrer Verantwortung entlasse. Dies bringt so manche Diskussion und Auseinandersetzung mit sich. Spannend ist, dass mein ältester Sohn im Alter von 23 Jahren versucht hat, seiner elfjährigen Schwester zu erklären, das Mama und Papa ihr nichts Böses wollen, wenn sie sie zwingen zu lernen und ihr nicht erlauben, draußen mit ihren Freundinnen zu spielen. Er könne gut nachvollziehen, dass sie sauer sei, das sei er damals auch gewesen. Heute könne er das verstehen und findet es gut, dass es so gewesen ist, er erwarte jedoch von ihr nicht, dass sie das jetzt verstehe!

10.4 Was ist Vernunft?!

Im Vorangegangenen habe ich viel von Vernunft gesprochen. Doch was ist eigentlich Vernunft? Welche Bedeutung hat sie in unserem Alltag?

Ich denke, Vernunft setzt voraus, dass ich im Leben unangenehme Erfahrungen gemacht habe. Entweder habe ich diese Erfahrungen selbst gemacht oder ich kenne Menschen, denen etwas passiert ist, was ich selbst nicht erleben möchte. Vernunft ergibt sich meines Erachtens aus dem Versuch, unangenehme Erfahrungen und / oder Konsequenzen zu vermeiden. Das setzt zum einen eine entsprechende Lebenserfahrung, die Fähigkeit zum Vorausdenken und die Selbstdisziplin zum kontrollierten Handeln voraus. Vernunft ist ein sehr subjektiver Begriff, der von jedem Menschen individuell gefüllt wird. Für den einen ist es vernünftig, sich überall anzupassen und nicht aufzufallen. Für den anderen ist das eine Horrorvorstellung, da er kritisch alles hinterfragt und sich von niemandem etwas sagen lassen will. Somit liegt auch hier die Wahrheit im Auge des Betrachters. Was für mich vernünftig erscheint, muss für Sie, lieber Leser, liebe Leserin, noch lange nicht so erscheinen.

Oft erlebe ich, dass wir Erwachsene an die Vernunft unserer Kinder appellieren. Haben Sie nicht auch schon einmal gesagt: „Sei doch vernünftig!?" Ich denke, dass wir unsere Kinder mit dem Appell an ihre Vernunft oft überfordern. Sie verfügen noch nicht über die Lebenserfahrung, aber auch die kognitive Reife, die wir ihnen vorhalten ist noch nicht so weit ausgeprägt.

Michael Winterhoff beschreibt dies in seinem Buch *Tyrannen müssen nicht sein* ab Seite 29, indem er die psychologische Reifeentwicklung anhand der Entwicklungsstufen des Kindes erklärt. Er betont dabei, dass seine Ausführungen hierzu nur ein grober Anhaltspunkt sein können, um eine Orientierung über eine „regelkonforme" Entwicklung des Kindes zu erhalten. Wir sollten also die kindliche Reifung nicht auf Stufen reduzieren, die zu festgelegten Zeiten an bestimmten Tagen oder Wochen erfolgt, was ich sehr begrüße. Seine Ausführungen möchte ich Ihnen an dieser Stelle nicht vorenthalten, da sie meines Erachtens sehr gut verdeutlichen, wie die Grenzen und Möglichkeiten der „Vernunft" unserer Kinder im Alter zwischen 6 und 16 Jahren zu sehen sein sollten.
Kommen die Kinder mit sechs Jahren in die Schule, stellt Winterhoff die Beziehungsgestaltung zwischen Kind und Eltern / Kind und Lehrer in den Vordergrund. *„[...] das bedeutet, das Kind geht für seine Eltern in die Schule, nicht, weil es in die Zukunft blicken und die Notwendigkeit von Schulbildung erkennen könnte. Die Eltern haben somit auch Einfluss auf das Sozial- und Leistungsverhalten ihres Kindes, ebenso wie ein Lehrer. Auch diesem ist ein gesund entwickelter Schüler über die Beziehung zugetan, er lernt also für den Lehrer und macht viele Dinge ihm zuliebe."*
(Winterhoff, Tyrannen müssen nicht sein, Seite 34)

Im weiteren Verlauf schreibt er:
„Etwa ab dem 14. Lebensjahr ist es dem Jugendlichen möglich, Fehler und Schwachpunkte bei anderen Menschen zu erkennen. Sie merken jetzt genau, wenn Mitschüler, Freunde, oder Lehrer sich falsch verhalten. Ab 15 gilt das ebenfalls im Bezug auf die eigenen Eltern, erst mit 16 Jahren erkennt der Jugendliche diese Fehler auch bei sich selbst."
(Winterhoff, Tyrannen müssen nicht sein, Seite 35)

Dies lässt sich auch gut am Thema Eigenverantwortung verdeutlichen. Winterhoff schreibt weiter:

„Erst ungefähr ab dem 15. Lebensjahr kann ein Mensch für sein Handeln haftbar gemacht werden, nicht von ungefähr setzt das Strafrecht die Strafmündigkeit bei 14 Jahren an. So ist jetzt die Möglichkeit da, Gefahren wirklich zu erkennen, etwa im Straßenverkehr oder – ganz wichtig – bei Suchtgefahren, was für den Umgang mit Alkohol, Zigaretten oder Computerspielen eine entscheidende Erkenntnis ist. Auch die Körperhygiene wird erst an diesem Alter komplett automatisch behandelt. Auch wenn es unglaublich klingt: Erst mit ca. 14 oder 15 Jahren können die meisten Menschen sich „richtig", nämlich automatisiert und ohne Kontrollnotwendigkeit, die Zähne putzen oder duschen."
(Winterhoff, Tyrannen müssen nicht sein, Seite 37)

Den Vergleich zum Strafrecht und zur Strafmündigkeit finde ich sehr gut. Der Gesetzgeber hat diese Stufen nicht willkürlich festgelegt, sondern sich an entwicklungspsychologischen und neurologischen Gesichtspunkten orientiert. Erst ab 14 Jahren bin ich als Kind / Jugendlicher bedingt strafmündig. Das bedeutet, erst ab diesem Alter kann ich in einem gewissen Maße mein Handeln hinterfragen, ein Gefühl für seine Bedeutung in der Zukunft bekommen und bin in der Lage, Ursache und Wirkung meiner Handlung eigenverantwortlich einschätzen zu können. Mit 18 Jahren bin ich als Heranwachsender dann strafmündig und voll für mein Handeln verantwortlich. Da menschliche Entwicklung nicht auf den Punkt programmierbar ist, hat der Gesetzgeber hier Übergangsbereiche geschaffen, die auch Nachreifungsmöglichkeiten berücksichtigen können. So kann das Jugendstrafrecht noch bis zum vollendeten 20. Lebensjahr für Heranwachsende oder junge Erwachsene zum Tragen kommen, da die psychische Reifeentwicklung des Menschen spätestens bis zu diesem Zeitpunkt abgeschlossen sein sollte.

Das bedeutet für mich, dass wir von unseren Kindern erst ab etwa dem 14. Lebensjahr so etwas wie Vernunft, im Sinne von: „Sei doch vernünftig! Sieh doch ein!" etc. erwarten können. Wir müssen unsere Kinder also liebevoll, aber bestimmt, im Leben begleiten, ihnen unser Handeln, unsere Erwartungen erklären, dürfen jedoch vor dem 14 / 15 Lebensjahr keine wirkliche Einsicht im Sinne von Vernunft und Bedeutung für die Zukunft des Erwachsenseins erwarten. Hierzu sind sie noch gar nicht in der Lage. Kinder sind „natürlich" unreif und je jünger sie sind, desto geringer sind die Eigenverantwortung und die mögliche Einsicht in die Bedeutung ihres Handelns für ihre Zukunft.

Jetzt könnte man ja zu dem Entschluss kommen, wenn ich die psychologische Reifeentwicklung gut durchlaufen habe, dann müsste es ja im Leben gut klappen, oder? Jetzt kommt der „innere Schweinehund", der es noch komplizierter macht als es eigentlich schon ist! Der Vernunft steht meines Erachtens der „innere Schweinehund" (vgl. Kapitel

5.10) gegenüber. Dieser versucht beständig uns zu unvernünftigem Handeln zu überreden. Und oft genug siegt er, oder?! Wenn die Vernunft beim Menschen „funktionieren" würde, hätten wir auf dieser Welt deutlich weniger Probleme. Vernünftig zu sein, würde in unserer modernen Zeit bedeuten:

- Nicht mehr zu rauchen, da es krank macht!
- Nicht mehr Geld auszugeben als wir haben, da uns sonst die Schulden über den Kopf wachsen!
- Keine falschen Schuhe zu tragen, weil sonst die Füße leiden!
- Keinen Alkohol zu konsumieren, da er süchtig machen kann!
- Mehr Sport zu treiben, weil es gesund ist!
- Weniger Fast Food zu essen, weil es zu fettig ist!
- Mehr Vollkornbrot zu essen weil ...
- Weniger Strom zu verbrauchen, weil ...
- Weniger Auto zu fahren, weil ...
- ...

Die Sache mit der Vernunft funktioniert also nicht wirklich. Und wenn sie funktionieren würde, wäre unsere Welt auch um ein vielfaches trister und eintöniger. Die Hintergründe hierzu auszuführen, würde den Rahmen dieses Buches bei weitem sprengen, da auch viele philosophische, soziologische, psychologische, etc. Inhalte bewegt werden müssten.

Wichtig ist mir, dass wir Erwachsene erkennen, dass unsere Kinder genau wie wir nur bedingt vernünftig sein können. Es obliegt in erster Linie uns Eltern, dies zu erkennen und unsere Kinder nicht mit Appellen an ihre Vernunft und ihre Selbstkontrolle zu überfordern. Dabei ist es, wie schon in Kapitel 5 beschrieben, wichtig, eine tägliche Gratwanderung zwischen Halt geben (Vorgaben machen) und Loslassen (eigene Erfahrungen machen lassen) zu vollziehen, um auf dieser Grundlage eine liebvolle Beziehung gestalten zu können.
Schon Johann Wolfgang von Goethe sagte:
„Zwei Dinge sollen Kinder von ihren Eltern bekommen: Wurzeln und Flügel.

10.5 Was noch fehlt

Dem aufmerksamen Leser wird sicherlich nicht entgangen sein, dass es ja auch Kinder gibt, die von sich heraus Spaß am Lernen haben oder sogar freiwillig etwas für bestimmte Fächer tun. Nimmt man meine Ausführungen wörtlich, so ist das eher ungewöhnlich. Nein, ist es nicht!

Was ich bisher wenig beschrieben habe, sind die Interessen und Neigungen die unsere Kinder haben. Wenn ihre Interessen und Neigungen mit den Lerninhalten übereinstimmen, so entsteht natürlich eine innere Motivation (vgl. auch Kapitel 5.10 "Die Bedeutung der Komfortzone" Seite 93), mehr von diesem Thema zu erfahren, oder das Fach intensiver zu lernen. So hat jedes Kind mehr oder weniger Fächer, die ihn interessieren. Fächer, in denen es ihm, aufgrund seines Interesses, leichter fällt zu lernen und die ihm Freude und Spaß bereiten. In diesem Falle stimmt dann auch wieder die Grundannahme, dass unsere Kinder von sich aus lern- und leistungsbereit, also wissbegierig sind. Der Nutzen, den unsere Kinder dann vom Lernen haben, ist die Befriedigung ihrer eigenen Neugier. Das Lernen erfolgt dann wie von Geisterhand, sehr zur Freude von uns allen.

10.6 Was bedeutet das für uns Eltern?!

Für uns Eltern bedeutet das in erster Linie, das Traumschloss aufzugeben. Die Vorstellung, wenn Schule interessanter gemacht würde und Lehrer besser motivieren würden, würden unsere Kinder aus innerer Motivation heraus lernen, funktioniert nur da, wo das Thema, die Interessen und Neigungen unserer Kinder trifft. Wir müssen erkennen, dass unsere Kinder:

- den Nutzen des Lernens für ihre Zukunft noch nicht vollständig erfassen.
- nur bedingt vernünftig sein können, um zu erkennen, dass sie für ihr Leben lernen.
- unsere Hilfe benötigen, um ihren „inneren Schweinehund" zu besiegen.
- mit Appellen an ihre Vernunft überfordert sind.

Das bedeutet, dass wir ihnen als „guter" Kapitän (vgl. Kapitel 5.4), der um die Stärken und Schwächen seiner Mannschaft weiß, begegnen und ihnen einen Orientierungsrahmen bieten müssen. Wir sollten ihnen Verständnis dafür entgegenbringen, dass es viel schöner ist, seiner Lust freien Lauf zu lassen, es jedoch nichts daran ändert, dass sie die „doofen", unangenehmen Aufgaben, auch zu erfüllen haben. Wir Eltern müssen akzeptieren, dass wir die Rolle der Anleitung und Kontrolle für die Themen übernehmen müssen, die den spontanen Wünschen und Bedürfnissen unserer Kinder widersprechen. Dies setzt jedoch auch voraus, dass wir erkennen, dass das unseren Kindern nicht gefällt und es zu Konflikten führt.

Eine große Hilfe in dem sich daraus ergebenden Interessenkonflikt, ist der Einsatz von Lob und Motivation, die die Bindung und Beziehung festigen. Dabei ist es wichtig zu sehen, dass der vordergründige Nutzen für unsere Kinder die Anerkennung und Bestätigung durch uns Eltern ist. Dazu müssen wir Position beziehen, der Kompass (vgl. Kapitel 7.8) für unsere Kinder sein und wissen, was uns wichtig ist! Wir müssen den Rahmen stecken, in dem sich unsere Kinder bewegen dürfen (vgl. Kapitel 6) und den Mut zum Konflikt haben (vgl. Kapitel 4).

10.7 Das Bildungsniveau wird immer schlechter! Warum?

In Zeiten der Pisa-Studien erscheint es, als würden das Bildungsniveau unserer Kinder und die hiermit verbundene Lust am Lernen und Leisten immer schlechter. Über die möglichen Ursachen wird viel berichtet und geschrieben. Oft habe ich den Eindruck, dass auch an dieser Stelle der „gesunde" Menschenverstand nicht mehr oder nur sehr wenig eingesetzt wird. Aus diesem Grund möchte ich hier einen Aspekt beschreiben, der mir wichtig erscheint, wenn es darum geht, Ursachenforschung zu betreiben und zu überlegen, was wir Eltern tun können, um an der bestehenden Situation etwas zu ändern.

Ich habe mir in einer stillen Stunde einmal Gedanken zu dieser Entwicklung gemacht und mir einige Fragen gestellt:

a) „Wie war Schule eigentlich vor 50 – 80 Jahren?"

Vor 50 – 80 Jahren unterrichtete ein Lehrer an der Volksschule 50 – 60 Schüler in vier Unterrichtsstufen gleichzeitig. Der Unterricht war geprägt von einer autoritären Haltung. Die Schüler saßen in langen Bänken, die „Braven" vorn und die „Bösen" hinten. Widersetzte sich ein Schüler, „tanzte" der Stock, den der Lehrer nutzte, um sich Respekt zu verschaffen. Nach heutigen pädagogischen Maßstäben eine unhaltbare, katastrophale, kinderunwürdige Form des schulischen Lernens.

b) „Wer hat in diesem System gelernt?"

Es waren unsere Eltern, Großeltern, Urgroßeltern usw., die in diesen unmöglich erscheinenden Zuständen lernen mussten. Das sind die Generationen, die Deutschland nach zwei Weltkriegen wiederaufgebaut und zu dem gemacht haben, was auch heute noch weltweit Gültigkeit hat. Die Bezeichnung "Made in Germany" genießt auch heute noch einen guten Ruf und steht für hohes Ansehen und Qualität. Deutschland ist, obwohl flächenmäßig sehr klein, immer noch ein Globalplayer, wenn es um Export, Entwicklung und Forschung geht. Dies haben unsere Eltern, Großeltern und Urgroßeltern geschafft. Wenn ich dies gehässig zu Ende denke, dann könnte ich zu dem Schluss kommen, dass in diesem Schulsystem, was aus heutiger pädagogischer Sicht unmöglich erscheint, zumindest gelernt wurde. So gelernt wurde, dass wir nicht zu einem Entwicklungsland wurden. Wissen, Werte und Normen mussten somit vermittelt worden sein, sonst stünden wir heute nicht dort wo wir (wenn auch wacklig) stehen.

c) „Wie haben Eltern reagiert, wenn der Lehrer Anlass sah, die Kinder zu tadeln?"

Erfuhren die Eltern, dass der Lehrer einen Anlass sah, den Stock „tanzen" zu lassen, dann setzte es zu Hause auch noch was dafür. Oft galt: „Ich will gar nicht wissen, was du gemacht hast, allein dafür, dass es den Lehrer geärgert hat, bekommst du jetzt auch noch Ärger zu Hause!" Der Lehrer galt als graue Eminenz und war in seiner Autorität nicht anzuzweifeln.

Sollten Sie jetzt den Eindruck gewinnen, ich würde die „gute alte Zeit" favorisieren oder spreche mich für die Wiedereinführung der Prügelstrafe aus, dann ist das bei Weitem nicht so! Es stellen sich mir in diesem Zusammenhang nur weitere Fragen:

d) „Wie ist es heute, wenn Kinder sich in der Schule nicht „benehmen"?"

In meinem Alltag erlebe ich oft einen großen Streit zwischen Lehrern und Eltern. In den meisten Fällen, in denen Kinder Schwierigkeiten mit dem Verhalten, dem Lernen und Leisten haben, erlebe ich, dass die Eltern den Lehrern vorwerfen, ihren Unterricht nicht entsprechend zu gestalten bzw. nicht in der Lage sind, sich durchzusetzen. Umgekehrt werfen die Lehrer den Eltern vor, wenn diese ihr Kind richtig erzogen hätten, könnten sie einen guten Unterricht gestalten. Obwohl Eltern wie auch Lehrer das gleiche Ziel (das Kind soll etwas lernen) verfolgen, entsteht oftmals ein Streit, in dessen Verlauf die Verantwortung für die Fehlentwicklung gegenseitig hin und her geschoben wird.

e) „Was war damals anders?"

Ich habe an anderer Stelle schon einmal erwähnt, dass ich nicht glaube, dass die Kinder grundsätzlich anderes waren (vgl. Kapitel 2, Struwwelpeter), sondern, dass ich davon überzeugt bin, dass die Erwachsenen anders mit ihnen und sich selbst umgegangen sind. Lehrer und Eltern waren sich damals intuitiv einig ob der Anforderungen an das Kind. Man könnte auch sagen: „Die Kapitäne waren sich einig ob der Werte und Normen, die bestanden und der Anforderungen, die hiermit verbunden waren."

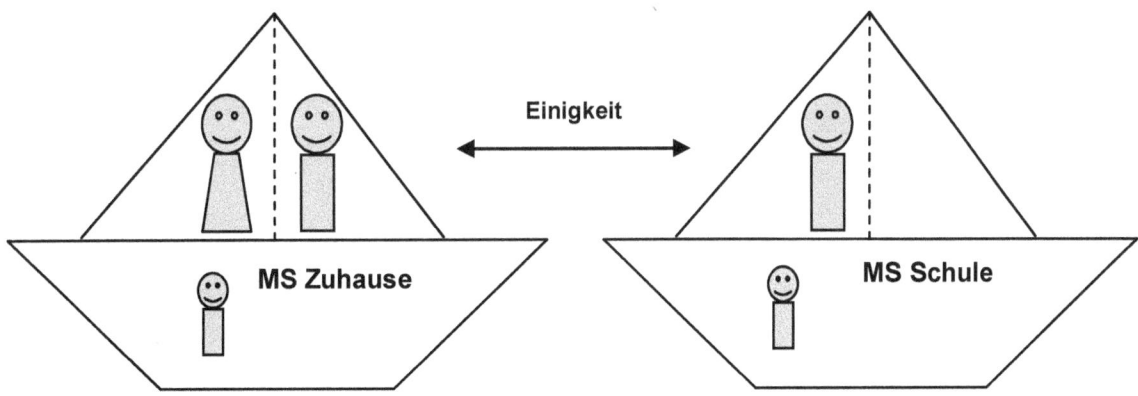

f) „Wie ist es heute?"

Heute stehen die Kinder oft im Spannungsfeld der Erwachsenen. Sie bekommen mit, dass die Lehrer an der Kompetenz der Eltern zweifeln. Sie merken, dass die Eltern an der Kompetenz der Schule und / oder der Lehrer zweifeln. Somit entsteht ein Vakuum, das meiner Meinung nach unsere Kinder überfordert, da es wenig Orientierung und Verlässlichkeit in Bezug auf das geforderte Verhalten sowie die Einstellung zum Lernen und Leisten bietet.

Ich kenne Fälle, in denen die Kinder dem Lehrer deutlich signalisieren: „Du hast mir gar nichts zu sagen. Meine Eltern sagen ja auch, dass du doof bist und mich immer ungerecht behandelst!" Fälle, in denen Eltern sich bedingungslos hinter ihre Kinder stellen, versuchen, sie vor den vermeintlichen Unfähigkeiten des Lehrers zu schützen und dabei vergessen zu hinterfragen, ob denn die Darstellung des Kindes berechtigt ist. Situationen, in denen die Lehrer das Kind gar nicht erst fordern, da sie glauben, dass das von zu Hause sowieso nicht unterstützt wird. Und so weiter.

Man könnte auch sagen: „Zwischen den Kapitänen herrscht Krieg, sie stimmen sich nicht ab und die Mannschaft kann auf dem Schulschiff machen was sie will, ohne dass es auf der MS Zuhause Konsequenzen nach sich zieht."

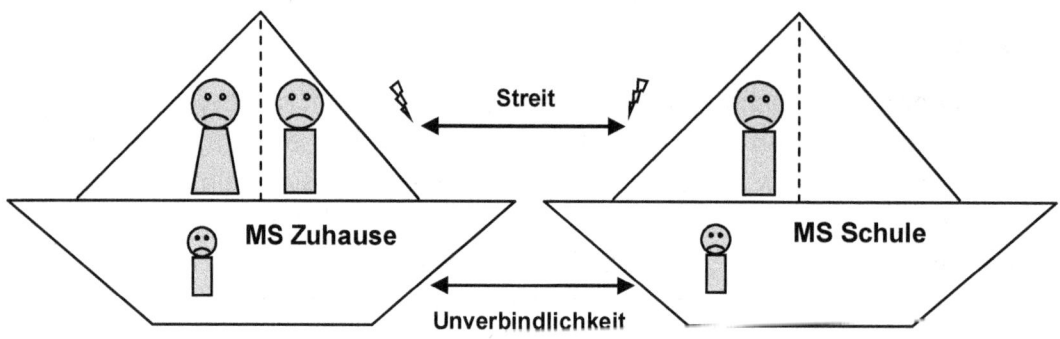

g) „Was sollte sich ändern?"

In fast 90 % der Fälle, die ich mit meinen Mitarbeitern im Rahmen meiner heilpädagogischen Praxen betreue, liegen solche oder ähnliche Situationen vor. Ich denke, es ist wichtig, dass sich Eltern und Lehrer wieder einig werden ob der Werte und Normen, die der Schulalltag bedingt und der Anforderungen, die dieser an das Kind stellt. Hier zu vermitteln, einen Arbeitskompromiss herzustellen, der einen verbindlichen Rahmen für das Kind bedingt, ist oftmals erstes Ziel unserer Arbeit.

Eltern und Lehrer verfolgen im Prinzip das gleiche Ziel. Beide Parteien wollen, dass die Kinder angemessen lernen. Um dieses Ziel zu erreichen, sollte es meines Erachtens zunächst wieder zu einer wechselseitigen Wertschätzung der Erwachsenen kommen, die getragen ist von Anerkennung und Respekt, jedoch die Kinder nicht aus der Handlungsverantwortung, im Sinne von Konsequenz, nimmt. Somit entsteht eine verbindliche Orientierung, die unseren Kindern Sicherheit bietet. Um dies zu erreichen, benötigen wir keine Prügelstrafe für unsere Kinder. Jedoch ein Verständnis dafür, wie wichtig die Kooperation zwischen Schule und Elternhaus ist, was sie bedeutet und was dies von uns Eltern, aber auch von unseren Kindern fordert.

Man könnte auch sagen: Auf der Grundlage wechselseitiger Wertschätzung sollten die Kapitäne miteinander kommunizieren und sich ob der Normen, Werte und des hieraus ergebenden Anforderungsprofils einig werden. Somit weiß die Mannschaft, was von ihr erwartet wird und muss nicht meutern.

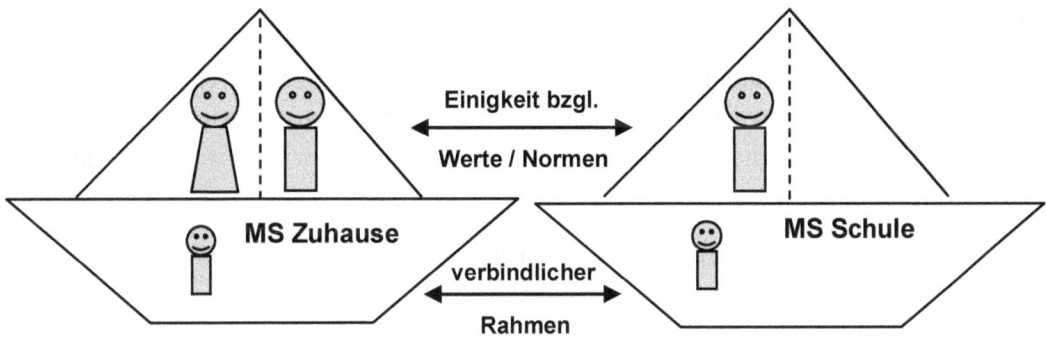

10.8 Die Bedeutung der Kooperation zwischen Kindergarten / Schule und Elternhaus

Betrachte ich die Zeit vor 50 – 80 Jahren und heute, so scheint für mich ein Geheimnis des Lern- und Verhaltenserfolges der damaligen Generationen, in der intuitiven Übereinstimmung von Eltern und Lehrern (der Kapitäne) zu liegen. Ein weiteres Geheimnis liegt für mich in der hiermit verbundenen Selbstverständlichkeit zur Autorität und der intuitiven Bereitschaft zu erkennen, dass schulisches Lernen nicht immer spaßorientiert erfolgen muss. Dass dies über das Mittel der körperlichen Züchtigung und der Angst vor körperlichem Schmerz erreicht wurde, ist jedoch nicht zu akzeptieren! Das ist menschenunwürdig und nicht tragbar!

Die Bereitschaft zur Kooperation und des Zusammenspiels mit Blick auf die Anforderungen, die an unsere Kinder gestellt werden, ist wichtig. Kooperation sichert, dass uns unsere Kinder nicht gegenseitig ausspielen. Sie bietet unseren Kindern Sicherheit und Orientierung, hilft ihnen dabei, ihre spontanen Wünsche und Bedürfnisse, den „inneren Schweinehund" („das interessiert mich jetzt nicht, ich will lieber spielen oder rumtoben!") zu kontrollieren, um sich mit dem Geforderten auseinanderzusetzen. Dies sollte im Kindergarten beginnen, um dann in der Schule angemessen fortgeführt werden zu können. (In den folgenden Ausführungen beschränke ich mich in meiner Darstellung auf die Schule, wobei die Grundsätze selbstverständlich auch für den Kindergarten gelten.)

Dass das auf der Grundlage von gegenseitiger Anerkennung, Respekt und liebevoller Beziehung erfolgen sollte (vgl. Kapitel 6.2), ist für mich hierbei eine Selbstverständlichkeit. Wir dürfen dabei jedoch nicht das wichtige Wechselspiel von autoritärem und partnerschaftlichem Erziehungshandeln (vgl. Kapitel 6) vergessen. Mancher Leser wird sich jetzt vielleicht denken, das ist doch klar. Oft erlebe ich Eltern und Lehrer, die die Bedeutung der kooperativen Zusammenarbeit gar nicht infrage stellen, jedoch über deren Umsetzung, Inhalt und deren Bedeutung für die Kinder wiederum in Streit geraten.

Gehen wir noch einmal ins Schiffmodell: Kann der eine Kapitän dem anderen Kapitän vorschreiben, wie er sein Schiff und seine Mannschaft zu führen hat?!

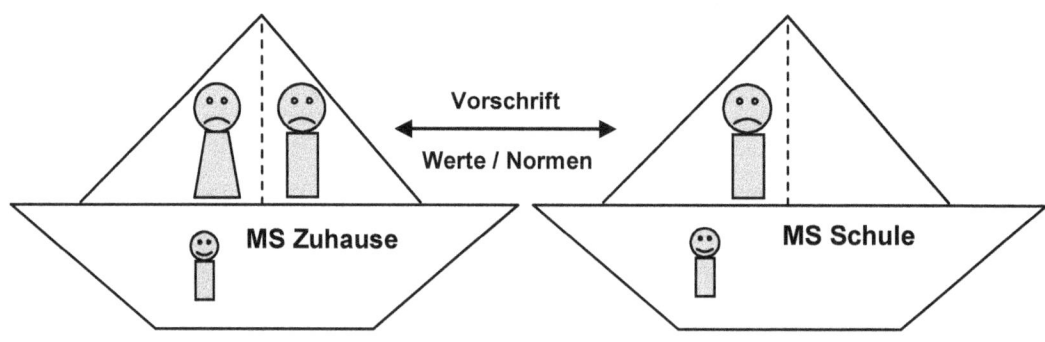

Nein, das kann er nicht. Jeder Kapitän trägt die Verantwortung seines Handelns auf seinem Schiff selbst. Als Elternteil kann ich somit dem Lehrer keine Vorschriften machen, wie er sein Handeln auszurichten hat und der Lehrer kann mir keine Vorschriften machen, wie ich mein familiäres Zusammenleben gestalte. Beide können sich jedoch ob der Normen / Werte sowie dem sich hieraus ergebenden Anforderungsprofil für die Mannschaft einigen.

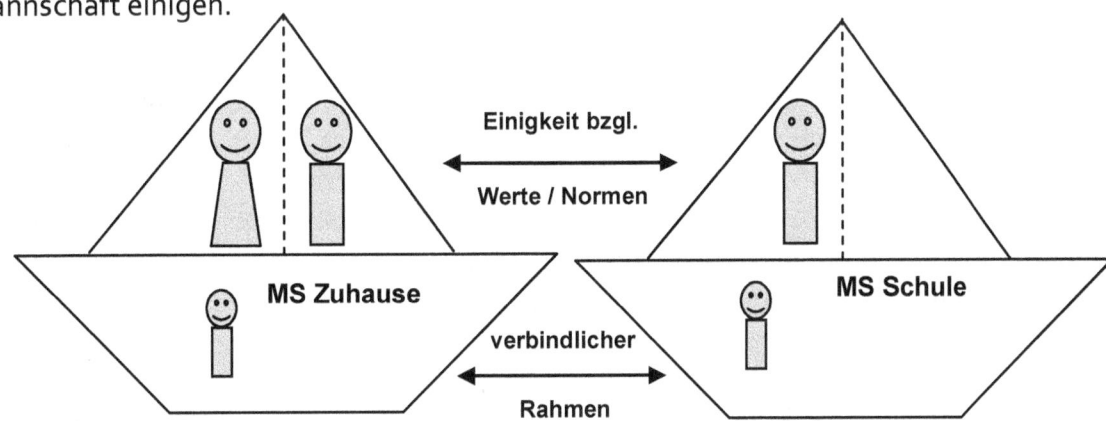

Da sich dieses Buch an Eltern und ihre Erziehungskompetenz wendet, werde ich meine Ausführungen im Folgenden auf die elterliche Kompetenz ausrichten. Das kann dazu führen, dass sich das Gefühl einschleicht, dass alle Verantwortung für die aktuelle Situation nur bei uns Eltern zu suchen ist. Dem ist sicherlich nicht so. Ich selbst gehe bei der Erziehung meiner Kinder (nicht nur) in Bezug auf den Umgang mit Schule und Lehrern nach dem folgenden Grundsatz vor:

„Gott gebe mir die Gelassenheit, Dinge hinzunehmen, die ich nicht ändern kann, den Mut, Dinge zu ändern, die ich ändern kann und die Weisheit, das Eine vom Anderen zu unterscheiden." (Christoph Friedrich Oetinger)

Das heißt:

- Das Schulsystem kann ich kurzfristig nicht verändern! Den Lehrer in seiner Person und Haltung kann ich nicht verändern! Diese Erkenntnisse gelassen hinzunehmen, erscheint mir von elementarer Bedeutung.
- Die Erziehung meiner Kinder erwartet von mir täglich aktive Entscheidungen und Einflussnahme. Also benötige ich hier den Mut, mir zu überlegen, was ich will und was ich selbst ändern kann, damit meine Kinder gut über die Schulzeit kommen.
- Und die Kunst ist es, in den tausenden von verschiedenen Situationen des Alltags zwischen diesen beiden Aspekten, weise zu unterscheiden.

Dem aufmerksamen Leser wird sicherlich nicht entgangen sein, dass ich an vielen Stellen die aktuelle Pädagogik kritisch sehe und mir andere Entwicklungen wünsche. Die aus meiner Sicht notwendigen Veränderungen benötigen jedoch Zeit und sind nur auf lange Sicht umzusetzen. Bis dahin sind meine Kinder aus der Schule. Also muss ich mich auf das besinnen, was ich will und mir überlegen, wie ich es für mich und meine Kinder umsetzen kann. Ich kann also nur das steuern, was in meinen eigenen Handlungsmöglichkeiten liegt (vgl. Kapitel 5.6 "Ziele in der Erziehung").

Kooperation bedeutet für mich, dass im optimalen Fall Schule und Elternhaus an einem Strang ziehen. Hierzu gehört, dass wir Eltern uns mit den Lehrern regelmäßig austauschen. Unsere Kinder bekommen im Positiven, aber auch im Negativen mit, dass miteinander gesprochen wird, dass wir Interesse an ihrem Verhalten zeigen und sie eine Rückmeldung erhalten, ob wir dieses gut (Lob) oder schlecht (Konsequenz) finden. Kooperation bedeutet zu versuchen, sich mit dem Lehrer auf ein Anforderungsprofil zu einigen und ein gegeneinander Ausspielen zu verhindern. Wenn unsere Kinder sich angemessen in der Schule verhalten, sollten wir dies ausgiebig loben und unsere Freude darüber zeigen. Denn Lob ist bekanntlich der beste Motivator. Wir sollten ihr Verhalten nicht als selbstverständlich betrachten, da dies die Motivation, es auch weiterhin so zu tun, deutlich bremst. Kooperation bedeutet jedoch auch, dass unsere Kinder für Fehlverhalten in die Verantwortung genommen werden und entsprechende Konsequenzen aushalten lernen müssen. Doch das ist leichter gesagt als getan. Oder?! Häufig höre ich von Eltern: „Ich kann doch nichts dafür, dass mein Kind in der Schule nicht auf den Lehrer hört. Ich kann doch nichts dafür, dass der Lehrer sich nicht durchsetzen kann. Vielleicht sollte er einmal über seinen Unterrichtsstil nachdenken? Außerdem kann ich hier jawohl keinen Einfluss nehmen, da ich mich schlecht in der Schule daneben setzen kann!"

oder ich höre:

„Warum soll ich zu Hause mein Kind für etwas bestrafen, dass es in der Schule gemacht hat? Das muss doch dort geregelt werden, sonst ist es ungerecht! Zu Hause habe ich die Probleme ja nicht!"

oder man sagt mir:

„Warum soll ich mir zu Hause den Ärger antun, für etwas, was in der Schule passiert ist?! Das darf doch die Beziehung zwischen mir und meinem Kind zu Hause nicht belasten!"

Oft erlebe ich, dass Schule und Elternhaus zwei völlig verschieden Bereiche sind, die bezogen auf das Verhalten unserer Kinder nicht miteinander kooperieren. Zum Teil wird es auch als gut angesehen und vertreten, dass es so ist, was ich persönlich nicht teilen kann.

Ich kann mich noch sehr gut an meine eigene Schulzeit erinnern:

Häufig ging ich in die Schule, hatte keine Lust zum Lernen oder war der Meinung, der Lehrer sei doof. Viel zu oft stimmte das, was meinen spontanen Wünschen und Bedürfnissen entsprach, nicht mit dem überein, was meine Lehrer von mir wollten. In der Schulzeit versuchten meine Lehrer, mich täglich zu erreichen, ich hatte jedoch keine Lust und wusste dieser Ärger dauert maximal bis zum Schulschluss. Dann ging ich nach Hause, meine Mutter fragte: „Wie war es in der Schule?" und ich antwortete: „Gut!". Hatte meine Mutter Zeit, verlängerte sich dieses Frage / Antwortspiel: „Hast du Hausaufgaben auf?" und ich antwortete entweder „Nein!" oder „Ja, die waren leicht und ich habe sie schon in der Schule gemacht!" Das Bedürfnis meiner Mutter war damit befriedigt und ich konnte davon ausgehen, dass meine Aussagen nicht überprüft wurden. Da der nächste Elternsprechtag noch in weiter Ferne lag, konnte mir also nichts passieren. Sollte ich es in der Schule mal übertrieben haben und der Lehrer war so weit gereizt, dass er zu Hause anrief oder es einen „blauen" Brief gab, hatte ich zwei Strategien:

Strategie Nummer 1:
Verhalte dich ganz still, bis der Sturm vorüber ist! („Mutter hält mir eine „Gardinenpredigt", regt sich auf, droht mit Konsequenzen (die sie eh nicht einhält, oder wenn nur sehr begrenzt), appelliert an meine Vernunft und nach 5 – 10 Minuten ist alles vorüber!")

Strategie Nummer 2:
Gib dem Lehrer die Schuld! (Da Mutter weiß, dass er mich eh nicht leiden kann und mal wieder nur bei mir anruft, habe ich gute Karten aus der Nummer rauszukommen, wenn ich sage, dass es auch andere waren und er bei denen nichts gesagt hat!)

Gefährlich wurde es bei mir immer, wenn es auf den Elternsprechtag zuging. Anfangs musste ich zu Hause nur leicht rummotzen, dass ich ja frei hatte und meine Mutter hatte ein Einsehen und ging allein. Das hatte den Vorteil, dass ich an diesem Tag versuchte, erst spät nach Hause zu kommen (bis dahin hatte sich das Gewitter schon abgeschwächt!), um dann sagen zu können, dass der Lehrer lügt, und dass ja alles ganz anders war. In der Regel glaubte mir meine Mutter und alles war halb so schlimm. Da sich nicht wirklich etwas veränderte, musste ich später zu den Elternsprechtagen mitgehen. Von da an galt die Devise: „Verhalte dich ein bis zwei Wochen vor dem Elternsprechtag besser, dann sagt der Lehrer, dass du dir in der letzten Zeit mehr Mühe gegeben hast und alles wird halb so schlimm. Sieh zu, dass das auch noch nach dem Elternsprechtag ein bis zwei Wochen anhält, dann sind dein Lehrer und deine Mutter zufrieden und du hast bis zum nächsten Sprechtag in sechs Monaten Ruhe! Aktive Konsequenzen habe ich auf mein Verhalten eigentlich selten erhalten und die passiven konnte ich gut aushalten (vgl. Kapitel 7.6). Meine Mutter war seinerzeit sichtlich bemüht, mich über Reden, Schimpfen und Verbote zu erreichen, fragte auch oft nach, aber letztlich konnte ich die Lücken des Systems gut nutzen und Schule und Elternhaus gut gegeneinander ausspielen.

In den vergangenen Jahren stellte sich mir oft die Frage, was wohl aus mir geworden wäre, wenn es eine engere kooperative Zusammenarbeit zwischen meiner Mutter und der Schule gegeben hätte. Wenn ich gelernt hätte, meine Fertig- und Fähigkeiten eher abzurufen. Wenn es mir nicht gelungen wäre, Schule und Elternhaus auszuspielen. Aber das ist müßig. Heute bin ich froh, dass es so war, da ich sonst hier wahrscheinlich nicht sitzen und an diesem Buch schreiben würde. Manchmal ist es aber auch ärgerlich, da es mir Wege erleichtert oder verkürzt hätte.

Besteht keine Kommunikation oder herrscht Streit zwischen der Schule und dem Elternhaus, werden unsere Kinder (unsere kleinen „Antennenmonster") dies also (wie auch bei uns Eltern, vgl. Kapitel 5.5 / 5.9) nutzen, um sich aus der Verantwortung zu ziehen. Ihren spontanen Wünschen und Bedürfnissen folgend, werden sie zunächst versuchen, sich den als unangenehm empfundenen Anforderungen zu entziehen. Ihren natürlichen Impulsen folgend, gelingt ihnen das oft. Das ist dann in der Regel der Auftakt zum „Tanz", der unsere Kinder auf Dauer überfordert, da sie die Bedeutung ihres Handelns für ihr späteres Leben nicht überblicken können. Sie stehen dann im Spannungsfeld zwischen den Erwachsenen und sich selbst und kämpfen täglich mit ihrem „inneren Schweinehund". In der Regel entstehen Konflikte auf allen Ebenen:

Eltern – Schule

Schule – Eltern

Kind – Schule

Schule – Kind

Kind – Kind

Eltern – Eltern

Je jünger die Kinder sind, desto verunsicherter und orientierungsloser werden sie. Auf der Erwachsenenebene werden die Verantwortungen und Schuldigkeiten hin und her geschoben. Ein Teufelskreis, der ein guter Brutkasten für vielfältigste Verhaltensauffälligkeiten, Lern- und Leistungsstörungen ist, entsteht.

10.9 Der Zielbogen als "erste Hilfe" zu einer gelingenden Kooperation

Den Zielbogen habe ich vor einigen Jahren entwickelt, um Eltern die Möglichkeit zu bieten, von zu Hause aus Einfluss auf das Verhalten ihrer Kinder in der Schule nehmen zu können. Sie können also imaginär neben ihrem Kind sitzen und somit den Lehrer in seinen Bemühungen unterstützen. Voraussetzung hierfür ist, dass es den Eltern und dem Lehrer gelingt, eine wechselseitige, wertschätzende und kooperative Haltung zur Zusammenarbeit zu entwickeln.

Der Zielbogen:

- gibt Sicherheit und fördert klare Strukturen.
- sichert die Kommunikation zwischen Schule und Elternhaus.
- definiert das jeweilige Ziel.
- beschreibt die Kriterien / Regeln zur Zielerreichung.
- gibt Eltern / Kindern und Lehrern Handlungsverantwortung, jedoch auch Steuerungsmöglichkeiten.
- motiviert durch Belohnung bei Zielerreichung.
- beschreibt klar die Konsequenzen, wenn das Ziel nicht erreicht wurde.
- schafft Verbindlichkeiten für alle Beteiligten durch Verschriftlichung.

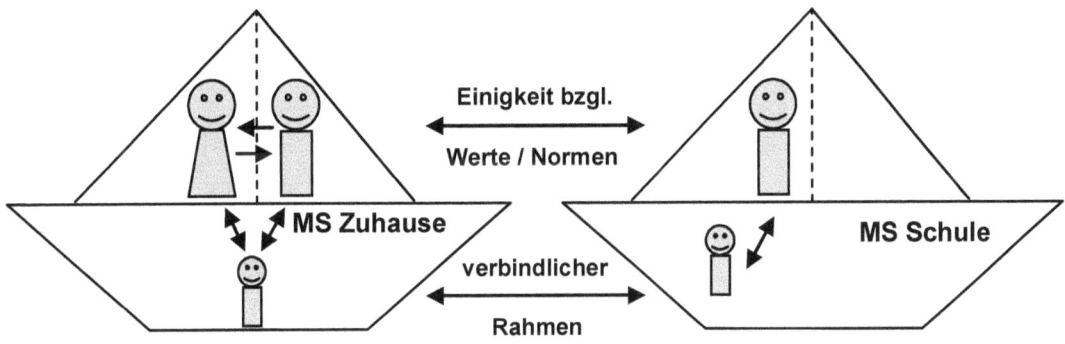

Der Zielbogen ist somit als ein „Instrument" / eine Methode zu sehen, die helfen kann, wenn Ihr Kind Schwierigkeiten in der Schule hat. Ich persönlich betrachte ihn als „Krücke", die immer dann zum Einsatz kommen kann, wenn das „alleine Laufen" aus welchen Gründen auch immer nicht klappt.

Dabei ist zu beachten, dass es natürlich viel besser ist, ohne Krücke laufen zu können! Dies kann mit dem Zielbogen trainiert werden.

In meinem Alltag erlebe ich immer wieder, dass der Zielbogen in eingefahren erscheinenden Situationen sehr hilfreich ist. Insbesondere in den ersten Wochen lassen sich bei den Kindern damit gute bis sehr gute Erfolge erzielen, da er schnell die bis dahin vermisste Sicherheit und Orientierung, also den verbindlichen Rahmen, sicherstellt. Oft fällt diese Erfolgskurve danach ab, weil er von den Kindern dann als anstrengend erlebt wird, doch davon später.

Der Zielbogen

Der Zielbogen ist in drei Abschnitte unterteilt:

1. Vereinbarung zwischen Lehrer und Kind unter Einbezug der Eltern.
2. Dokumentations- und Auswertungsteil.
3. Vereinbarung zwischen Eltern und Kind unter Information des Lehrers.

Zielbogen für _____ : _____

Ziel: _____

Für _____ Woche vom _____ bis _____

Für _____ in einer Stunde bekomme ich ein ☹.

bekomme ich ein ☺.

Ich muss mir vom Lehrer am Ende der Stunde ein ☺ der ☹ geben lassen, den er mit seinem Kürzel unterschreibt!!!

Stunde	Montag	Dienstag	Mittwoch	Donnerstag	Freitag
1.					
2.					
Pause					
3.					
4.					
Pause					
5.					
6.					
Gesamt	☺ ☹	☺ ☹	☺ ☹	☺ ☹	☺ ☹

Absprache: Für mehr ☺ als ☹ am Tag freuen wir uns alle. Ziel erreicht!!! Ich bekomme /darf: _____

Für mehr ☹ als ☺ _____

Bei einem unentschieden _____

Kein Smile und keine Unterschrift gilt als ☹ !

(Fit for Kids - Zielbogen © Jörg Winterscheid - www.winterscheid.com)

1. Vereinbarungen zwischen Lehrer und Kind unter Einbezug der Eltern

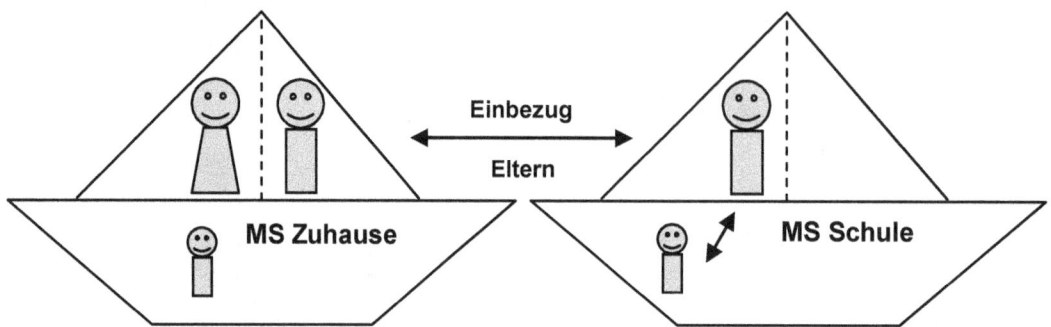

Im oberen ersten Teil des Bogens, geht es um die Vereinbarungen zum gewünschten Ziel und den Kriterien, nach welchen die Zielerreichung gemessen wird. In einem gemeinsamen Gespräch in der Schule, wird der Name des Kindes, das Ziel und der Zeitraum festgehalten. Dann werden die Kriterien zur Zielerreichung festgelegt. Das heißt, es wird festgehalten, für wie viele Hinweise gibt es einen traurigen Smiley (im Fußball sagt man „rote Karte"), für wie viele Hinweise („gelbe Karte") bekomme ich noch einen lachenden Smiley. Dann erfolgt der deutliche Hinweis auf das, was vom Kind und vom Lehrer erwartet wird.

Ein Beispiel:

Gehen wir einmal davon aus, dass Max Mustermann (2. Klasse, Grundschule) große Schwierigkeiten hat, den Anweisungen seiner Lehrer zu folgen. Er ist vorlaut, ruft immer wieder spontan in die Klasse, stört den Unterricht, indem er unaufgefordert durch die Klasse läuft und ist selten bereit, seine Unterrichtsmaterialien herauszuholen, wenn ihn der Unterricht nicht interessiert. In einem gemeinsamen Gespräch in der Schule wird mit den Eltern, Max und der Lehrerin folgendes vereinbart:

Zielbogen für: Max Mustermann

Ziel: Max soll seine Arbeitsmaterialien aus der Tasche holen, wenn die Lehrerin ihn dazu auffordert.

Woche: vom xx.xx.xx bis xx.xx.xx

Für drei Hinweise in einer Stunde bekomme ich einen ☹.
Für zwei Hinweise in einer Stunde bekomme ich einen ☺.

Ich muss mir am Ende der Stunde einen ☹ oder ☺ geben lassen, den die Lehrerin mit ihrem Kürzel unterschreibt.

Dem aufmerksamen Lehrer wird aufgefallen sein, dass Max eine Vielfalt an Problemen in der Schule hat, die Konzentration jedoch „nur" auf einem „kleinen" Ziel liegt. Vielleicht fragen Sie sich jetzt: „Und was ist mit all den anderen Problemen von Max?!"

Das ist der erste entscheidende Punkt! Sinn und Zweck des Zielbogens ist es, sich auf ein Ziel zu konzentrieren und nicht zu versuchen, alles auf einmal zu erreichen (vgl. Kapitel 5.6 "Ziele in der Erziehung" und 5.7 "Wege zum Erfolg"). Nehme ich mir zu viel vor, werden die Vereinbarungen unübersichtlich, führen schnell zur Überforderung, und das Konzept scheitert. Der Zielbogen konzentriert sich zunächst auf ein Ziel für eine Woche. Sollte es gelingen, dieses Ziel in dieser Zeit zu erreichen, kann ich in der folgenden Woche in einem gemeinsamen Gespräch ein neues Ziel formulieren. Das bedeutet, dass der Zielbogen als dynamisches „Instrument" zu sehen ist, was flexibel gehandhabt werden kann.

Der zweite entscheidende Punkt ist, dass mit allen Beteiligten die Kriterien / Regeln der Beurteilung der Zielerreichung festgehalten werden. Bei der Vereinbarung des Toleranzrahmens (1. Verwarnung / 2. Verwarnung = ☺, bei der 3. Verwarnung ☹) sollte das Kind Mitspracherecht haben und selbst vorschlagen, was es glaubt, wie viele Hinweise („gelbe Karten") es benötigt, um das Ziel zu erreichen. Somit wird es in die Regelfindung, wie auch die Vereinbarung des Toleranzrahmens, aktiv eingebunden. Darüber hinaus bekommt es die Information, wie viele Hinweise es bekommt, bevor der ☹ Smiley als „rote Karte" folgt. Es läuft somit Gefahr, sich möglicherweise mit Konsequenzen auseinandersetzen zu müssen (doch dazu später).

Der dritte entscheidende Punkt ist, dass die Verantwortlich- und Zuständigkeiten deutlich formuliert und für alle Beteiligten somit transparent sind. Grundsätzlich liegt die Handlungsverantwortung zur Führung des Bogens beim Kind. Es muss am Ende der Stunde daran denken, sich beim Lehrer den Smiley und die Unterschrift abzuholen. Je nach Alter und Entwicklungsstand des Kindes kann hiermit flexibel umgegangen werden. Für mich gilt hier der Grundsatz (vgl. auch Kapitel 6.4): „Je jünger das Kind, desto geringer ist seine Handlungsverantwortung!" Das bedeutet, dass ich es nicht schlimm finde, wenn der Lehrer das Kind am Ende der Stunde auf den Zielbogen anspricht und somit sicherstellt, dass das „Instrument" auch funktioniert.

2. Dokumentations- und Auswertungsteil

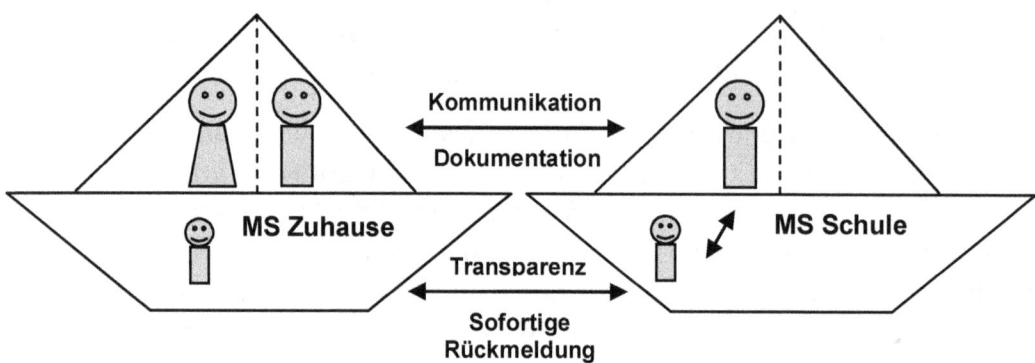

Der mittlere, zweite Abschnitt ist der Teil, der zum einen die Kommunikation zwischen dem Kind und dem Lehrer sichert. Zum anderen erhält das Kind stündlich eine Rückmeldung, ob es das vereinbarte Ziel erreicht hat oder nicht. Innerhalb der Stunde bekommt es die Chance (anhand der vereinbarten Hinweise – „gelben Karten"), sein Verhalten handlungsverantwortlich zu steuern und somit aktiv mitzubestimmen, was am Ende der Stunde auf dem Zielbogen notiert wird. Darüber hinaus sichert er die Kommunikation zwischen Schule und Elternhaus, indem zu Hause nachverfolgt werden kann, in welchen Stunden, an welchen Tagen das Ziel erreicht wurde und in welchen nicht. Die Auswertung des Tages erfolgt täglich zu Hause, indem die Summe der jeweiligen Smileys ermittelt wird. Das Ergebnis bestimmt dann das weitere Vorgehen zu Hause, was der 3. Abschnitt beschreibt.

3. Vereinbarungen zwischen Eltern und Kind unter Information des Lehrers

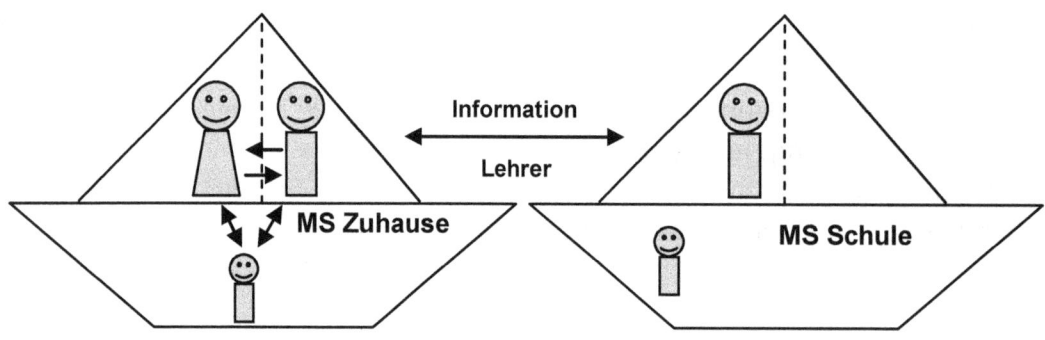

Der untere dritte Teil ist der Vereinbarungsteil zwischen dem Kind und seinen Eltern. In einem gemeinsamen Gespräch werden **drei grundlegende Vereinbarungen**, nach Möglichkeit partnerschaftlich, getroffen und das Kind auf eine **feststehende, nicht zu diskutierende Bedingung** hingewiesen. Dies kann in einem Familiengespräch innerhalb der Familie, oder in einem Schulgespräch mit dem Lehrer / der Lehrerin erörtert werden. Somit werden die Rahmenbedingungen für alle Beteiligten verbindlich festgelegt und der Lehrer / die Lehrerin wird über die familiären Vereinbarungen und deren Konsequenzen informiert (Transparenz).

1. Vereinbarung oder „hemmungsloses Loben"

Da Erziehung Beziehung ist (vgl. Kapitel 6.1), steht an erster Stelle natürlich die Vereinbarung zur Zielerreichung. Hat das Kind das Ziel erreicht und es gibt mehr lachende als traurige Gesichter, hat es sich mächtig angestrengt. Hierfür darf hemmungslos gelobt und das Kind in den Arm genommen werden. Schließlich sind wir stolz auf seine Leistung und die war / ist nicht selbstverständlich!

Um den Anreiz der Zielerreichung noch zu erhöhen, können Sie gerne hinter den ersten Satz notieren: „Ich bekomme / ich darf ...!" (zum Beispiel mit Mama ein besonderes Spiel spielen/ ein kleines Eis / eine besondere Fernsehsendung schauen usw.), was bedeutet, dass sich das Kind eine **kleine** Belohnung erarbeiten kann.

Der Zielbogen ist somit auch ein sogenannter Verstärkerplan. Wichtig ist, dass das Kind an dieser Stelle eine sofortige positive Rückmeldung / Verstärkung für den Tag erhält, da es sich ja auch an diesem Tag besonders angestrengt hat. Bedeutet, der Zeitpunkt des Anstrengens und der Zeitpunkt des Lobes dafür sollten so zeitnah wie möglich beieinander liegen. Wenn eine Belohnung vereinbart wurde, sollte das Kind sie auch am selben Tag erhalten. In Aussicht gestellte Belohnungen (zum Beispiel: Dann darfst du / bekommst du am Wochenende) sind zu weit entfernt und verwaschen den Motivationsaspekt. Um einen zusätzlichen Ansporn zur Zielerreichung zu setzen, kann ich zusätzlich zum sofortigen Lob / zur sofortigen Belohnung ein längerfristig ausgerichtetes „Smiley-Sparbuch" mit dem Kind anlegen.

Das Smiley-Sparbuch

Mit dem Smiley-Sparbuch kann das Kind auf größere Wünsche sparen. Hintergrund des Smiley-Sparbuches ist, dass das Kind sich entscheiden kann, ob es seine lachenden Smileys des heutigen Tages einsetzt, um sich die kleine tägliche Belohnung zu holen, oder ob es sie „einzahlt", um auf ein größeres Ziel zu sparen (dann ist die Tagesbelohnung aufgehoben!). Somit erhält es seinen persönlichen Handlungsspielraum, wird ernst genommen und lernt nebenbei noch einige wichtige Grundprinzipen unseres Lebens!

Beim Smiley-Sparbuch ist zu beachten:

- Es zählen **nur** die lachenden Smileys!
- Einmal eingezahlte Smileys dürfen nur nach dem gemeinsam festgelegten „Auszahlungsplan" abgehoben werden!
- Einmal eingezahlte Smileys verfallen nicht und dürfen von den Eltern (beispielsweise bei Fehlverhalten / mangelnder Zielerreichung am nächsten Tag) **nicht** gestrichen werden!

Den Auszahlungsplan sollten Sie gemeinsam mit Ihrem Kind „verhandeln". Da es um eine schöne Sache für die Kinder geht, ist dies ganz nebenbei auch noch beziehungsfördernd und folgt dem Grundprinzip: „Ich gebe dir gerne mein Kind, wenn du dich angemessen verhältst!" Bei der Ausgestaltung des Auszahlungsplans können Eltern und Kinder ihrer Kreativität freien Lauf lassen. Als Eltern sollten Sie sich jedoch darüber im Klaren sein, dass die in Aussicht gestellten Belohnungen in einem „gesunden Verhältnis" zum Handeln des Kindes liegen.

Ich persönlich finde beziehungsorientierte Belohnungen (zum Beispiel: Wir spielen etwas, fahren gemeinsam Fahrrad, gehen zusammen in den Tiergarten oder ins Kino) deutlich besser, als materielle Belohnungen (zum Beispiel: Du bekommst ein Nintendo-Spiel, du darfst dir ein Computerspiel aussuchen, du erhältst eine neue Spielkonsole).

So könnte ein Auszahlungsplan bedeuten:

- Für 25 Smileys spielen wir zusätzlich ein Spiel am Wochenende.
- Für 50 Smileys machen wir zusammen eine Fahrradtour.
- Für 75 Smileys gehen wir zusammen in die Eisdiele ein Eis essen.
- Für 100 Smileys gehen wir zusammen ins Kino.
- Für ...

Die meisten mir bekannten Verstärkerpläne hören an der „Belohnungsstelle" auf, da sie davon ausgehen, dass die Motivation des Kindes, sich das Lob / die Anerkennung zu holen, ausreicht, um den „inneren Schweinehund" und somit sich selbst zu kontrollieren (vgl. Kapitel 5.10 "Die Bedeutung der Komfortzone"). Ich persönlich halte das für zu kurz gedacht. Erinnern Sie sich noch an das Kapitel 7 "Vom Umgang mit Regeln und Grenzen" und die Fragestellung: „Fahren Sie mit dem Auto immer 50, wo 50 vorgeschrieben ist?" In Kapitel 7.6 habe ich die Bedeutung von passiven und aktiven Konsequenzen herausgestellt und behauptet, dass die passive Konsequenz eine Verzichtsleistung ist, die mich zwar ärgert, aber mich letztlich (wie 90 % der Autofahrer) nicht dazu bringt, mein Verhalten dauerhaft zu verändern. Das, was mich unbewusst mein Verhalten steuern lässt, ist die drohende aktive Konsequenz (der drohende Verlust des Führerscheins). Da die nicht erhaltene Belohnung für mich eine Verzichtsleistung ist (als Kind kann ich auf die Belohnung zur Not verzichten, wenn mir meine Opposition wichtiger ist: „Dann hole ich sie mir halt morgen, übermorgen oder nächste Woche!"), sind die noch fehlenden zwei Vereinbarungen für mich von elementarer Bedeutung. Hierbei handelt es sich nämlich um aktive Konsequenzen, die eintreten, wenn das Ziel nicht erreicht wurde.

2. Vereinbarung oder „aktive Konsequenz"

Wie im „richtigen" Leben, sollte auch eine Vereinbarung darüber getroffen werden, was passiert, wenn das vereinbarte Ziel nicht erreicht ist. Somit geht es in der zweiten Vereinbarung darum, gemeinsam mit dem Kind festzuhalten, was passiert, wenn es mehr traurige als lachende Smileys am Ende des Schultags hat. Hier sollte eine aktive Konsequenz vereinbart werden, die das Kind aktiv in die Verantwortung nimmt. Ich rate hier immer zur Vereinbarung einer Abschreibübung. Eine Abschreibübung ist eine Konsequenz, die das Kind aktiv fordert. Es muss seine persönliche Zeit einsetzen, um sie erfüllen zu können. Hinzu kommt, dass sie im direkten Zusammenhang mit schulischen Lerninhalten steht und ich dies sogar intensivieren kann, wenn aus einem aktuellen Schulbuch abgeschrieben wird (was unter anderem die inhaltliche Nacharbeitung des Schulstoffes mit sich bringt). Ein weiterer Vorteil der Abschreibübung ist, dass ich mich zur Erfüllung dieser nicht neben das Kind setzen muss. Ich kann also meinen alltäglichen Verpflichtungen weiter nachgehen und das Ergebnis im Nachhinein konkret überprüfen. Wenn sich das Kind verweigert, kann ich auf die betroffene, eindeutige Vereinbarung verweisen und auf deren Einhaltung bestehen. („Bevor du das nichterledigt hast, fahre ich dich nicht zum Training, gehst du nicht zur Freundin/...") Weitere positive Nebenaspekte sind, dass unter anderem gleichzeitig Konzentration und Aufmerksamkeit, Lesen, Schreiben und das Schriftbild geübt werden können.

3. Vereinbarung oder „aktive Konsequenz light"

Was passiert, wenn das Kind drei lachende und drei traurige Smileys hat?! Für mich ist das ein Unentschieden. Bei einem Unentschieden ist meines Erachtens das Ziel nur halb erreicht. Also sollte es auch eine, jedoch gemilderte aktive Konsequenz (zum Beispiel eine halbe Abschreibübung) zur Folge haben.

Am Beispiel von Max könnte der Abschnitt wie folgt ausgefüllt werden:

Für mehr ☺ als ☹ am Tag und in der Woche, freuen wir uns alle (Ziel erreicht!)

- Ich darf mir ein kleines Eis aus dem Eisfach nehmen.
- Für mehr ☹ als ☺ am Tag, schreibe ich eine Seite aus meinem Lesebuch ab.
- Bei einem Unentschieden, schreibe ich eine halbe Seite aus meinem Lesebuch ab.

Die nicht verhandelbare Bedingung

Kein Smiley und keine Unterschrift gelten als ☹!

Ich habe ganz zu Beginn dieses Kapitels darauf hingewiesen, dass die Kinder in den ersten Wochen gute bis sehr gute Erfolge mit dem Zielbogen erzielen, weil er die oft vermisste Sicherheit und Orientierung bietet. Jedoch ist das Durchhalten des Prinzips oft sehr anstrengend und spätestens wenn die erste Seite geschrieben werden musste, lässt die Lust, den Bogen zu führen, deutlich nach. Die Kinder werden also, ihren natürlichen Impulsen folgend, versuchen, die ihnen drohende Konsequenz zu umgehen. Und was ist da einfacher, als den Bogen in der Schule zu vergessen, oder dem Lehrer zu unterstellen, er wäre zu schnell aus der Klasse gegangen usw. In der Regel werden die Kinder sehr kreativ und lassen sich eine Menge Ausreden einfallen, um zu begründen, warum es nicht möglich war, den Smiley und die Unterschrift des Lehrers zu bekommen. Somit haben sie, böse unterstellt, jedoch ihren natürlichen Impulsen folgend (vgl. Kapitel 5.11 "Handlung und Folge, ist doch logisch, oder?!") kein Interesse daran, den Bogen mit nach Hause zu bringen, wenn ihnen eine Abschreibübung droht.

Die Regel „Kein Bogen = sechs traurige Smileys bzw. fehlende Smileys = traurige Smileys" sollte seitens der Eltern unbedingt beachtet und die sich hieraus ergebende Konsequenz für das Kind durchgesetzt werden. Inkonsequentes Handeln weicht hier den gewünschten Effekt auf und der Zielbogen läuft ins Leere!

Häufig gestellte Fragen

Das hört sich ja alles sehr kompliziert und aufwendig an. Muss ich den Bogen zwingend führen, um meine Ziele zu erreichen?!

Hier gilt es zuerst einmal festzuhalten, dass der Bogen, wie vorab schon beschrieben, eine Krücke ist, die dann zum Tragen kommen kann, wenn es „von allein" nicht klappt. Der Zielbogen selbst ist die Quintessenz all dessen, was ich in den vorhergegangenen Kapiteln beschrieben habe. Anhand des Säulenmodells kann ich mich in Millisekunden entscheiden, ob ich ihn autoritär verankere: „Du führst ihn jetzt, weil ich das so möchte" oder seine Einführung partnerschaftlich diskutieren: „Wenn es dir von allein gelingt, dich an die Vorgaben der Schule zu halten, dann brauchen wir den Bogen nicht. Wie lange glaubst du brauchst du, um zu erreichen, dass du deine Arbeitsmaterialen rausholst? Eine Woche? Ok, ich werde am Freitag in der Schule anrufen und nachfragen, ob das geklappt hat, dann brauchen wir ihn hierfür nicht. Hat das geklappt, nehmen wir uns das nächste Ziel vor!" Dann geht es wieder von vorne los.

Auf dieser Grundlage kann ich, bevor ich den Einsatz des Bogens mit Autorität verlange, ihn dem Kind vorab vorstellen, ihn mit ihm besprechen und ihn als logische Konsequenz ankündigen, wenn es von allein nicht klappt. Somit wird er nicht als Bestrafung, sondern als logische Konsequenz empfunden.

Muss ich den Bogen, wenn er eingeführt ist, für immer und ewig führen?!

Nein! Das ist auch nicht Sinn und Zweck der Sache. Der Bogen ist, wie mehrfach schon gesagt, eine „Krücke". Sinn und Zweck einer „Krücke" ist in der Regel, dass ich sie für eine Übergangszeit benutze und zwar solange, bis ich wieder ohne sie laufen kann. Ich rate immer dazu den Bogen, je nach Problemlage, über einige Wochen zu führen. Sobald Sie merken, dass das Kind mit einer gewissen Regelmäßigkeit lachende Smileys hat, sollte der Versuch gestartet werden, auch ohne Bogen in der Schule zurechtzukommen. Ziel ist, dass das Kind lernt, dass sich Elternhaus und Schule vernetzen und das Fehlverhalten in der Schule auch Konsequenzen zu Hause zur Folge hat. Viele Familien brauchen einen solchen Bogen erst gar nicht, weil dieses Bewusstsein schon zur Kindergartenzeit beim Kind verankert wurde. Gelingt es dies beim Kind im Nachhinein durch diesen Bogen zu verankern, dann benötigen Sie den Bogen vielleicht nie wieder! Somit sollten immer wieder Erprobungsphasen mit der Schule vereinbart werden. Phasen, in denen das Kind beweisen kann, dass es diese Krücke nicht mehr benötigt.

Wie soll ich reagieren, wenn mein Kind den Bogen mal vergisst?!

Jede Regel sollte ihre Ausnahmen haben. Hat Ihr Kind nach längerer Zeit einmal den Bogen vergessen oder es fehlen Smileys, obwohl es in den vergangenen Wochen sehr zuverlässig war, sollten Sie beziehungsorientiert „Milde" walten lassen. Das bedeutet nicht, dass der Bogen somit für den heutigen Tag ausgesetzt ist, sondern Sie können verabreden, dass es den Bogen morgen mitbringt. Sollte sich dann herausstellen, dass es hätte schreiben müssen, muss es dies natürlich nachholen. Sollte der Bogen auch am nächsten Tag nicht da sein, steht meines Erachtens mindestens ein Telefonat mit der Lehrerin / dem Lehrer an, um sich zu erkundigen, wie das Verhalten des Kindes an den vergangenen beiden Tagen war bzw. aus welchem Grund der Bogen nicht vom Kind geführt worden ist. Sollte dies nicht möglich sein, so würde ich dem Kind am nächsten Schultag eine kurze schriftliche Notiz mit in die Schule geben und darauf bestehen, dass es diese von der Lehrerin / dem Lehrer unterschrieben mit nach Hause bringt. Erfolgt das nicht, können Sie es nicht kontrollieren und eine Abschreibübung steht an. Wichtig ist, dass die Kommunikation zwischen Schule und Elternhaus hierdurch nicht abbricht und das Kind merkt, dass es das nicht beeinflussen / boykottieren kann!

Das ist ja alles sehr schön, doch was mache ich, wenn mein Kind sich total verweigert?!

Als erstes ist es hier auf der Beziehungsebene wichtig, die Verweigerungshaltung des Kindes nicht als Angriff auf die eigene Person zu sehen. Der Impuls zu versuchen, die Vereinbarungen auszuhebeln, zu boykottieren, ist zunächst einmal durchaus verständlich. Seine positive Absicht (vgl. 4 "Warum machst du das, oder auch nicht?!") ist selbstverständlich. Es will sich den hieraus ergebenden Anforderungen entziehen. Hand aufs Herz: Würden Sie nicht auch versuchen, die unangenehme Konsequenz zu umgehen? (vgl. Kapitel 5.11 "Handlung und Folge, ist doch logisch, oder?!") Das ist die Stelle, an der Sie den Orientierungsbogen für Eltern auf Seite nutzen können, um sich über Ihr weiteres Vorgehen klar zu werden. Auf die Schnelle ausformuliert: „Sie müssen sich überlegen, ob Sie das formulierte Ziel erreichen wollen und welche Maßnahmen Sie zur Zielerreichung ergreifen müssen. (Hierzu können die den Vordruck des Zielfindungsprozess auf Seite 224 nutzen.) Haben Sie Ihr Ziel definiert, geht es darum, sich darüber Gedanken zu machen, ob das ein Thema ist, was ich mit Autorität durchsetzen will (vgl. Kapitel 8), oder ob ich einen Spielraum habe, um mit dem Kind als Partner zu verhandeln (vgl. Kapitel 9).

Manchmal ist es auch etwas von beidem, was bedeuten könnte: „Dass du keine Lust hast, den Bogen zu führen, kann ich nachvollziehen, dass der Bogen geführt wird, ist für mich jedoch nicht verhandelbar, das erwarte ich von dir. Aber wir können gern die sich hieraus ergebenden Konsequenzen, im Positiven wie Negativen verhandeln!" Oft erlebe ich, dass Kinder ihre Verweigerungshaltung aufgeben können, wenn sie mit einer solchen, die Verweigerungshaltung anerkennenden, jedoch klaren Aussage konfrontiert werden. Sie bekommen die klare Aussage, dass der Bogen geführt wird, haben jedoch ein Mitspracherecht bei der Ausgestaltung der Vereinbarungen. Sollte das mit Ihrem Kind nicht möglich sein, so wäre es möglicherweise notwendig, einen „Lotsen" (vgl. Kapitel 11.3 / Notfallbogen Seite 238) in Form eines Beraters oder einer Hilfestelle hinzuzuziehen.

Häufige Kritikpunkte / Fragen

- Der Lehrer hat hierzu keine Zeit.
- Die Eltern haben hierzu keine Zeit (zu viel Kontrolle / Terminaufwand).
- Der Lehrer ist zu kleinlich und gibt zu schnell die traurigen Smileys.
- Das Kind händigt dem Lehrer den Bogen nicht aus, boykottiert die Zusammenarbeit.
- Das ist eine verdeckte Strafarbeit.
- Den Bogen zu führen ist dem Kind peinlich und verstärkt zusätzlich seine Außenseiterposition.

11 Was tun, wenn es schwierig wird?!

Der Volksmund sagt: „Kinder kriegen ist nicht schwer – Eltern sein dagegen sehr!" An vielen Stellen dieses Buches habe ich beschrieben, was aus meiner Sicht der ganz „normale" Wahnsinn im Zusammenleben mit unseren Kindern ist und was die „normalen" Schwierigkeiten im erzieherischen Alltag so ausmacht. Jedoch gibt es immer wieder Situationen, in denen wir das Gefühl haben, dass irgendetwas nicht stimmt oder wir uns ohnmächtig im Kontakt mit unseren Kindern erleben. Oft versuchen wir die Situation aus eigener Kraft zu lösen, sprechen mit unseren Freunden und Verwandten über die eine oder andere Hürde im Zusammenleben. Doch was tun, wenn das nicht zum gewünschten Ziel führt, es immer schwieriger zu werden scheint?!

Wir leben schon in einer sich immer weiter öffnenden Zeit, in welcher sich über die Sorgen und Nöte des Alltags vermehrt ausgetauscht wird. Jedoch erlebe ich, dass Schwierigkeiten in der Erziehung, im familiären Zusammenleben, oft als persönliche Niederlage angesehen werden, über die im Kontakt nach außen oft peinlich geschwiegen wird. Viele Familien „schmoren" im eigenen Saft und versuchen die „peinliche" Situation zu verdecken, zu vertuschen bzw. zu verheimlichen. Das führt oft zu einer Verschlimmerung der Situation und bringt in der Regel Streit und Ärger auf vielen Ebenen (Paarprobleme, Streit mit Kindergarten, Schule, Betreuung etc.) mit sich, was bei der Lösung des Problems oft nicht hilfreich ist. Die bestehenden Probleme werden als eigenes Versagen erlebt und oft wird dieses Erleben auch noch durch Außenstehende verstärkt. Sich in solchen Situationen Hilfe von außen zu suchen, wird oftmals als Peinlichkeit erlebt und somit vermieden, oder erst dann hinzugezogen, wenn die Probleme so groß sind, dass sie kaum noch lösbar scheinen. Viel zu oft höre ich in meiner heilpädagogischen Praxis den Satz: „Das hätte ich schon früher wissen müssen!" oder: „Schade, dass wir Sie erst jetzt kennenlernen!" Grundsätzlich gilt aus meiner Sicht, je früher ich es zulassen kann, mir Hilfe zu holen, desto leichter lässt sich diese umsetzen. Dann können Lösungen leichter angestrebt und umgesetzt werden.

In der Wirtschaft ist es selbstverständlich, sich bei betrieblichen Problemen einen Unternehmensberater zu holen. Eine Person, die sich die Problemlage von außen anschaut und durch ihre Neutralität hilft, Problemlagen zu erkennen, deren Ursachen zu analysieren und konstruktive wie individuelle Lösungen für das Unternehmen zu finden. Im beruflichen Zusammenhang sind Unternehmensberatung und Coaching oftmals selbstverständlich, oft sogar gewünscht, um das betriebliche Gelingen zu sichern, besser noch zu optimieren. Für mich macht es in diesem Sinne keinen Unterschied, ob ich ein Team in einer Firma coache, oder ob ich eine Familie berate. Sicherlich wird der eine oder andere jetzt denken: „Der kann doch eine auf Gewinn ausgerichtete Firma nicht mit der emotionalen Lage einer Familie vergleichen!" Ich denke schon, denn eine Firma kann nur dann dauerhaft und erfolgreich sein, wenn es ihren Mitarbeitern gut geht und diese in der Lage sind, als Team erfolgreich zu sein. Für mich gilt dies auch für Familien. Einfach formuliert geht es um Beziehungspflege, Kommunikation und Teamplay vor dem Hintergrund der bestehenden Rollen und Aufgabenbereiche. Ich gebe zu, das Beispiel hinkt an einer Stelle, nämlich an der Stelle der liebevollen Beziehungsgestaltung. Ich muss meinen Arbeitskollegen nicht lieben und will auch nicht mit ihm zusammenleben, doch das, was die betriebliche Atmosphäre ausmacht, unterliegt meiner Ansicht nach ähnlichen, wenn nicht gleichen Grundsätzen, wie in einer Familie. Auch hier kann es sehr hilfreich sein, eine außenstehende Person zu nutzen, um sich besser orientieren zu können.

Der Volksmund sagt

„Der Prophet zählt nichts im eigenen Land!"

„Man sieht den Wald vor lauter Bäumen nicht!"

Was so viel bedeutet, dass es durchaus Sinn macht, wenn man sich einmal einen Berater von außen „gönnt". Ja, Sie haben richtig gelesen. Es ist für mich eine Frage des Blickwinkels. Anstatt die bestehenden Probleme in den Vordergrund zu stellen und es als persönliches Versagen anzusehen, wenn ich eine Beratung aufsuche, kann ich mir diese auch im positiven Sinne gönnen, damit sie mir helfen kann, mich zu orientieren und Lösungswege im konstruktiven Sinne anzustreben. Jürgen Höller (unter anderem Unternehmensberater) sagte einmal: „Beschäftige dich mit deinen Problemen, solange sie noch klein sind!"

Habe ich also im Kontakt zu meinem Kind das Gefühl, dass etwas nicht stimmt oder etwas besser laufen könnte, so sollte ich es mir „gönnen", einen Berater aufzusuchen, der mir helfen kann, im Rahmen von Orientierung und Sicherheit „Licht ins Dunkel zu bringen" und geeignete Lösungswege zu finden.

In einer guten Beratung geht es nicht darum, den erhobenen Zeigefinger zu zeigen und zu sagen: „Du, du, du, das bist du selber schuld! Hättest du damals mal ..., dann wäre das alles nicht entstanden!" Man arbeitet nicht mit Schuldvorwürfen. Ich unterstelle allen Eltern dieser Welt, dass sie die Erziehung ihrer Kinder nach bestem Wissen und Gewissen gestalten wollen. Ich behaupte, dass es auf dieser Welt keine Eltern gibt, die ihre Kinder mit Absicht falsch oder schlecht erziehen. Wir handeln alle erst einmal aus dem Gedanken heraus, das Beste für uns und unsere Kinder erreichen zu wollen. Wenn ich diese „Brille" aufsetze, so kann ich bei möglichen Fehlern nicht von Schuld im Sinne von „Du, du, du ...!" sprechen, sondern muss vermitteln, dass es bis zum Zeitpunkt der Beratungsaufnahme erst einmal ok war, so zu handeln. Wichtig ist, dass ich mich im

Beratungsprozess darauf einlassen kann, in der Vergangenheit nach möglichen Ursachen / Fehlern zu suchen, um mir in der Gegenwart darüber Gedanken machen zu können, was ich tun kann, um es in der Zukunft positiv zu verändern! Hierbei kann ein außenstehender Berater sehr hilfreich sein.

Ein altes chinesisches Sprichwort sagt: *"Wer in den Spiegel schaut, um sich zu verändern, der hat sich verändert!"*

Somit ist es aus meiner Sicht überhaupt keine „Schande" oder ein Zeichen von Schwäche, wenn ich mir im Hinblick auf den Umgang mit meinem Kind eine Beratung oder Hilfe (den Blick in den Spiegel) gönne. Ganz im Gegenteil, es ist eher eine Stärke, da es ein Zeichen dafür ist, dass ich mich meinen Schwierigkeiten stelle, um Veränderung zu erreichen.

Denken Sie einmal an das Schiffsmodel aus Kapitel 3.1. Was machen ein guter Kapitän und ein guter 1. Offizier, wenn sie sich in unbekannte Gewässer begeben? Sie holen sich einen Lotsen an Bord, der ihnen helfen kann, schwierige Klippen zu umfahren.

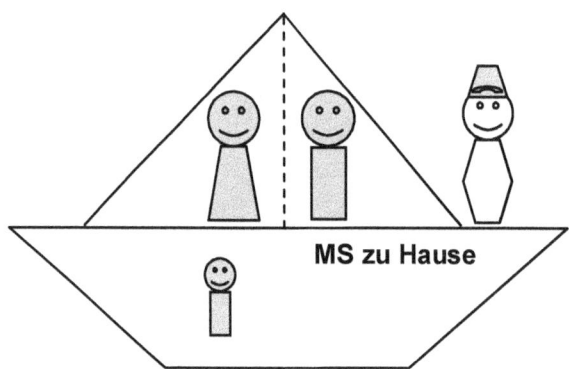

Das gleiche Selbstverständnis sollten Eltern auch an den Tag legen.

11.1 Wer sind meine möglichen Ansprechpartner?!

Die grundsätzlich ersten Ansprechpartner („Lotsen") sollten die Menschen sein, die uns nahe stehen. Oftmals kann es schon sehr hilfreich sein, sich mit Familienmitgliedern und / oder guten Freunden über die Hürden des alltäglichen Lebens auszutauschen, sich deren Meinungen und Einstellungen anzuhören und zu schauen, ob etwas hilfreich für mich und meinen Alltag sein kann. Ich muss also nicht mit „Kanonen auf Spatzen schießen", also Spezialisten anlaufen, wenn ich das Gefühl habe, dass etwas nicht so läuft, wie ich es mir vorstelle. Ist dies nicht hilfreich, so kann ich mich an die Menschen wenden, die mein Kind im **Kindergarten** oder in der **Schule** betreuen. Manchmal kann das schon ausreichen, um wertvolle Tipps zu erhalten und gute Veränderungen zu erreichen. Sollten Ihnen diese Ansprechpartner zu eng mit Ihnen und Ihrer Situation verbunden sein, so finden Sie in jeder Stadt Beratungsstellen (unterschiedlichster Träger zum Beispiel Kirchen, Wohlfahrtsverbände, Kinderschutzbund etc.), die eine kostenfreie und anonyme Beratung gewährleisten. Unter dem Begriff **Erziehungsberatungsstelle** werden Sie hier sicherlich schnell im Telefonbuch oder im Internet fündig. Sollte Ihnen das zu formell, öffentlich oder amtlich sein, so gibt es sicherlich auch gute Berater (beispielsweise Heilpädagogen, Psychologen, Kinder- und Jugendpsychotherapeuten) in Ihrem Umfeld, die Sie in der Regel privat bezahlen müssen oder deren Kosten die Krankenkasse trägt (fragen Sie bei der Kontaktaufnahme einfach nach).

Grundsätzlich können Sie sich mit allen Fragen rund um die Erziehung, Entwicklung und Förderung von Ihren Kindern an den für Sie zuständigen Sachbearbeiter beim örtlichen **Jugendamt** wenden. Viele Eltern erschrecken, wenn das Wort Jugendamt fällt. Sie haben sofort diverse Fernsehberichte im Kopf, in denen das Jugendamt die Kinder aus den Familien geholt hat, um sie in einem Heim unterzubringen. Bitte lassen Sie sich von solchen Schreckensnachrichten nicht nachhaltig abschrecken. Sicherlich hat das Jugendamt vom Gesetzgeber den Auftrag, das Kindeswohl zu schützen und dessen Wahrung zur Not auch gerichtlich durchzusetzen, doch an dieser Stelle sei Folgendes gesagt: Das Jugendamt hat kein Interesse daran, Ihr Kind in einem Heim unterzubringen! Zum ersten geht dies nicht so einfach und ist gegen der Willen der Erziehungsberechtigten nur mit einem richterlichen Beschluss möglich. Zum zweiten ist eine Heimunterbringung ein sehr kostspieliges Unterfangen und jeder Kämmerer einer Stadt (in Zeiten knapper Geldressourcen) freut sich, wenn dieses Mittel nicht zum Tragen kommt (von Ihrem Sachbearbeiter und seinen Kollegen ganz zu schweigen, da dieses auch für sie immer die unerfreulichste Lösung ist). Vielmehr sollten Sie das Angebot des Jugendamtes als das sehen, was es ist, nämlich ein umfassendes Beratungsangebot, das auch durch Bereitstellung von Hilfen dafür Sorge tragen kann, dass sich die familiäre Situation deutlich verbessert. Ihr Sachbearbeiter vor Ort wird Ihnen ein offenes Ohr für Ihr Anliegen schenken, sich in einem persönlichen Gespräch einen Eindruck von der vorliegenden Situation verschaffen und in Kenntnis um die vor Ort vorhandenen Ansprechpartner und Hilfsmöglichkeiten die weiteren Wege, bis hin zu einem Antrag auf möglich erscheinende Jugendhilfeleistungen, mit Ihnen besprechen.

Ein guter Ansprechpartner für Probleme ist auch **der Kinderarzt / die Kinderärztin**. Ich erlebe sehr oft, dass diese wenig von den bestehenden familiären Schwierigkeiten wissen, es sei denn, dass sie im Zusammenhang mit körperlichen Beschwerden einhergehen. Ich rate grundsätzlich immer dazu, auch den Kinderarzt / die Kinderärztin zu informieren und sie nach Adressen im Umfeld zu fragen, die sie möglicherweise mit Ihren

Bedenken ansprechen können. Ein weiterer Vorteil hierbei ist, dass der Kinderarzt / die Kinderärztin aus seiner Sicht die kindermedizinischen Aspekte (also mögliche organische Ursachen für ein Problem) beleuchten, im besten Fall ausschließen oder weitere diagnostische Schritte (Überweisung) einleiten kann. Denn oft sind physische Elemente mit psychischen und oder emotionalen Schwierigkeiten verknüpft. Wenn Sie das Gefühl haben, dass Ihr Arzt Ihre Bedenken nicht ernst nimmt oder sie verharmlost im Sinne von „Das wächst sich aus!", sollten Sie sich die Freiheit nehmen, eine zweite Meinung einzuholen und eine weitere Praxis Ihres Vertrauens aufsuchen.

Eine weitere gute Anlaufstelle für Schwierigkeiten sind die in Ihrem Umfeld liegenden **Sozialpädiatrischen Zentren**, die Sie auch unter dem Kürzel **SPZ** finden können. Diese arbeiten in der Regel interdisziplinär und richten ihr Angebot meist an jüngere Kinder, was nicht bedeutet, dass Sie diese Einrichtungen nicht auch bei Problemlagen mit älteren Kindern ansprechen können. Fragen Sie beim telefonischen Erstkontakt einfach nach, ob Sie mit Ihrem Anliegen und dem Alter Ihres Kindes hier richtig aufgehoben sind. Im ersten telefonischen Kontakt erfahren Sie dann auch, welche Unterlagen Sie benötigen (in der Regel eine Überweisung des Kinderarztes, das gelbe Untersuchungsheft, evtl. Vorberichte und Zeugnisse, etc.). Die Untersuchungen des SPZ trägt die Krankenkasse und ist somit für Sie kostenfrei zu nutzen. Sinn und Zweck eines Kontakts bzw. einer Vorstellung in einem SPZ, ist aus meiner Sicht die interdisziplinäre Diagnostik im Hinblick auf die vorliegende Problematik. Das bedeutet, dass in der Regel ein Termin zu einem ersten, allgemeinem Gespräch vereinbart wird. Dieses Gespräch dient der Bestandsaufnahme und einer ersten Hypothesenbildung, aus welchem Grund die vorliegende Schwierigkeit bestehen könnte. Auf der Grundlage der gesammelten Informationen und dem daraus ersichtlich werdenden diagnostischen Bedarf, werden dann in der Regel Folgetermine mit verschiedenen Professionen (Ergotherapeuten, Psychologen, Neurologen, Heilpädagogen, Motopäden etc.) vereinbart, die jeweils aus ihrer speziellen Sichtweise Ihr Kind untersuchen. Es gilt, aus der jeweiligen Profession heraus zu schauen, wie weit Ihr Kind seinem jeweiligen Alter entsprechend entwickelt ist, wo seine Stärken, jedoch auch seine Schwächen liegen. Am Ende der diagnostischen Termine steht ein abschließendes Gespräch, in dem Ihnen die Ergebnisse dargestellt und mögliche Hilfestellungen erörtert werden. Der Vorteil einer diagnostischen Abklärung im Rahmen eines SPZ ist die sehr umfassende Gestaltung einer Bestandsaufnahme aus verschiedenen Blickrichtungen. Der sogenannte spezialisierte „Tunnelblick" wird hierdurch vermieden und umfassende Informationen von verschiedenen Professionen können aus einer Hand, einer Einrichtung heraus erfolgen. In der Regel wird ein umfassender Bericht verfasst, der dann wieder Grundlage und Begründung für eine gezielte Förderung oder weitere fundierte diagnostische Untersuchungen sein kann.

Ähnlich arbeiten niedergelassene **Fachärzte für Kinder- und Jugendpsychiatrie** bzw. **Kliniken für Kinder- und Jugendpsychiatrie**. Eine Vorstellung in der Kinder- und Jugendpsychiatrie kann (vereinfacht dargestellt) sehr sinnvoll sein, wenn Unklarheit besteht, ob es sich um einen pädagogischen oder einen therapeutischen Handlungsbedarf handelt. Auch hier ist das Ziel (ähnlich wie im SPZ) auf der Grundlage unterschiedlicher Untersuchungen, einen möglichen Förder- und / oder Handlungsbedarf zu eruieren und ein geeignet erscheinendes Förderkonzept zu entwickeln bzw. zu empfehlen. Auch hier trägt die Krankenkasse die Kosten. Viele Eltern schrecken vor einem Kontakt zur Kinder- und Jugendpsychiatrie zurück, da sie glauben, ihr Kind hiermit zu stigmatisieren oder ihm zu vermitteln, dass es in die „Klapse" gehört, weil es nicht mehr richtig tickt. Diese Denkweise ist meiner Ansicht nach völlig veraltet und wenig zeitgemäß. Ich bin immer wieder erstaunt wie hoch die Hemmschwelle liegt bzw. wie groß die Bedenken von Eltern sind, solche Einrichtungen zu nutzen, weil sie einen größeren emotionalen Schaden für ihr Kind fürchten.

Im Rahmen einer ambulanten Untersuchung ist dies für viele Eltern noch akzeptabel, wenn jedoch die Empfehlung zu einer stationären Aufnahme ins Krankenhaus ausgesprochen wird, schrecken viele zurück und verneinen ein solches (in vielen Fällen durchaus sinnvolles) Angebot aus der Befürchtung heraus, hiermit mehr „Schaden" anzurichten und dem Kind zu vermitteln, es abgeben zu wollen. Kein Elternteil lässt sein Kind gerne in einem Krankenhaus, jedoch muss ich mir die Frage stellen, ob diese Denkweise, bezogen auf einen Aufenthalt in einer Kinder- und Jugendpsychiatrischen Klinik, denn wirklich sinnvoll ist. Denn hat das Kind ein körperliches Leiden (komplizierter Beinbruch, Mandelentzündung etc.) ist es selbstverständlich, dass dies, wenn notwendig, im Rahmen eines Krankenhausaufenthalts behandelt wird, auch wenn es alle Beteiligten natürlich bedauern. Es wird jedoch zugunsten der körperlichen Genesung, die hiermit einhergehende psychische Belastung des Kindes als gottgegeben hingenommen und versucht den Aufenthalt so angenehm wie möglich zu gestalten. Hat das Kind jedoch ein möglicherweise psychisches Leiden, wird die stationäre Aufnahme oft als unzumutbar eingestuft und verweigert. Hier würde ich mir oft eine ähnliche elterliche Haltung wie bei einem körperlichen Gebrechen wünschen, damit umfassende Hilfen angenommen bzw. gestaltet werden können.

Die Hilfslandschaft bei Schwierigkeiten in der Erziehung ist sehr vielfältig und es gibt viele Ansprechpartner unterschiedlichster Professionen, deren Qualität und Bedeutung ich hier nicht bewerten möchte. Ich erlebe jedoch oft, dass Eltern vor den vorab beschriebenen, umfassenden Möglichkeiten, zunächst sehr spezielle Förderangebote nutzen, die immer sehr zielgerichtet aus der jeweiligen „Brille" betrachtet eine Hilfe gestalten. Dies führt dazu, dass ich schon oft erlebt habe, dass Eltern mir sagten: „Ja wir gehen jetzt seit geraumer Zeit in die Förderung, verändert hat sich eigentlich nichts, aber mein Kind geht dort gerne hin!" Oft hat dies zur Folge, dass wertvolle Zeit verloren geht, weil nicht umfassender geschaut, oder sich Eltern im Glauben an den „Spezialisten" nicht trauen, die mangelnde Veränderung zu benennen. Aus diesem Grund habe ich vorab die meiner Meinung nach wichtigen und umfassenden Ansprechpartner im Rahmen von Diagnostik benannt. Dies bedeutet nicht, dass die anderen Hilfsangebote schlecht sind, sondern mir ist wichtig, Sie darauf hinzuweisen, dass es gut ist, vor einer speziellen Hilfe, eine umfassende Diagnostik erfolgen zu lassen, um nicht möglicherweise wertvolle Zeit zu verlieren bzw. wichtige Dinge zu übersehen. Das gilt immer dann, wenn Sie das Gefühl haben, dass die Hilfe, die Sie vielleicht bereits nutzen, nicht zum gewünschten Erfolg führt. Hierbei spielt natürlich auch Ihre eigene Person eine große Rolle (doch hierzu später, vgl. 13.2).

Weitere Professionen, die sehr hilfreich sein können, sind Psychologen, Kinder- und Jugendpsychotherapeuten, Heilpädagogen, Sozialpädagogen, Ergotherapeuten, Motopäden, Logopäden, Sprachheilpädagogen, Lerntherapeuten, etc. (sollte ich eine Profession nicht aufgeführt haben, bitte ich dies zu entschuldigen). Die Adressen hierzu finden Sie in den gängigen Medien. Bei der Auswahl eines Ansprechpartners sollten Sie auf jeden Fall auf Ihr Gefühl hören. Denn zu einem gelingenden Hilfeprozess gehört für mich immer das Gefühl, mit meinem Anliegen an der richtigen Stelle zu sein. Sollten Sie den Eindruck haben, dass die jeweilige Stelle an die Sie sich gewandt haben nicht gut für Sie und Ihr Kind ist, so sollten Sie Ihre Bedenken dem Berater mitteilen und nicht schweigen. Eine Hilfe kann meines Erachtens nur dann hilfreich sein, wenn ich Vertrauen zu dem Menschen habe, der mit mir arbeitet. Sollten Sie sich dort unwohl fühlen oder Zweifel an der Qualität / dem Erfolg haben, so ist es für mich unabdingbar dies auszusprechen und nach Lösungsmöglichkeiten für das Problem zu suchen. Das hat mit unberechtigter Kritik (wenn sie konstruktiv ist) nichts zu tun. Ihr Berater kann Ihnen nur „vor den Kopf" schauen und wenn Sie sich ihm nicht mitteilen, kann er hierzu auch nicht Stellung nehmen bzw. mit Ihnen nach geeigneten Lösungswegen suchen.

11.2 Die Rolle der Erziehungsberechtigten im Hilfeprozess

In den meisten Hilfeformen kommt uns Eltern meines Erachtens eine zentrale Rolle / Bedeutung zu. Als Heilpädagoge ist es für mich unabdingbar, neben der Arbeit mit dem Kind, auch die Eltern im Hinblick auf den Umgang mit diesem zu beraten bzw. die Erziehungsberechtigten in den Förderprozess mit einzubinden. Ich persönlich halte wenig von Förderkonzepten, die sich ausschließlich auf die Arbeit mit dem Kind konzentrieren, da in der Regel auch Veränderungen auf der Erwachsenenebene erfolgen müssen. Für mich bedeutet Therapie / Förderung / Behandlung (welchen Begriff man auch immer wählen möchte), dass sich auch die Erwachsenen auf den Weg machen und ihr

Handeln (nach den vorab beschriebenen Grundsätzen) hinterfragen müssen, damit positive Veränderungen dauerhaft eintreten können. Ich erkläre Eltern immer, dass das, was wir ambulant anbieten können, nur ein „Tropfen auf den heißen Stein" sein kann. Denn das, was wir einmal in der Woche mit dem Kind in einem Förderkontakt (in der Regel 45 oder 90 Minuten) erarbeiten können, ersetzt nicht die elterliche Handlungskompetenz für die verbleibenden sechs Tage und 22,5 Stunden. Ich sage immer: „Wir können den Stein ins Rollen bringen, am Rollen halten müssen Sie ihn zu Hause!" Um das erreichen zu können, ist eine konstruktive Elternarbeit unerlässlich! Je jünger die Kinder sind, umso wichtiger ist diese Erkenntnis!

Warum betone ich das? Oft erlebe ich, dass an Förderangebote der Anspruch gestellt wird, dass das Kind sich in der Förderung so verändert, dass das familiäre Zusammenleben ohne Veränderungen auf der Erwachsenenebene wieder harmonischer möglich ist. Förderung verkommt somit zu einem „Kinderreparaturbetrieb"! Und das funktioniert meines Erachtens nicht. Mir ist es wichtig, neben den Möglichkeiten, die die Förderung bietet, auch auf ihre Grenzen hinzuweisen. Und die Grenzen setzen die Menschen mit denen wir arbeiten. Bedeutet: Meines Erachtens kann eine Förderung immer nur so gut sein, wie es die Menschen, um die es geht, zulassen können! Es hängt davon ab, wie sehr sie auch bereit sind, in den eigenen Spiegel zu schauen und Veränderungen zulassen und umsetzen wollen und können. Hierzu ist eine kontinuierliche Elternberatung aus meiner Sicht unerlässlich!

Das Problem von Hilfen ist, sie können die elterliche Handlungskompetenz / Verantwortung nicht ersetzen. Ein Buch, ein Kurs eine Beratung / Coaching usw. kann immer nur Impulse geben, die von den jeweilig Betroffenen selbst umgesetzt werden müssen!

Ein Beispiel aus der Praxis:

Max räumt sein Zimmer nicht auf. Immer dann, wenn seine Eltern dies von ihm erwarten gibt es einen großen Konflikt und eine Menge Ärger. In der Beratung mit den Eltern fällt der Satz: „Herr Winterscheid können Sie nicht einen Hausbesuch machen, denn wenn er weiß, dass Sie kommen, dann räumt er auch sein Zimmer auf!"

Dieses Beispiel macht deutlich, worum es geht. Es sollte nicht so sein, dass Max sein Zimmer aufräumt, weil Herr Winterscheid (der Lotse) kommt. Dies bedeutet, dass Max sehr wohl klar ist, dass er sein Zimmer aufräumen muss und dass das die Anforderung an ihn ist. In den Förderstunden habe ich dies mit Max erarbeitet und er weiß, dass ich dies von ihm erwarte. Komme ich zum Hausbesuch, kommt er meinen Anforderungen nach, was jedoch nicht bedeutet, dass er es tut, weil es seinen Eltern wichtig ist. Also kann es in einer Beratung nur darum gehen, was die Eltern tun / verändern können, damit Max auch ihren Wünschen und Bedürfnissen Beachtung schenkt. Dies ist jedoch nur mit einer Bereitschaft zur Veränderung auf der Seite der Erwachsenen möglich.

Somit kommt den Erwachsenen im Rahmen eines Förderprozesses eine große Rolle und Bedeutung zu. Eine erfolgreiche Förderarbeit setzt somit auch die Veränderungsbereitschaft auf der Erwachsenenebene voraus und ist somit aus meiner Sicht unabdingbar. Der beste „Lotse" kann nichts erreichen, wenn der Kapitän und der 1. Offizier sich selbst nicht verändern wollen. Soll der Lotse die Arbeit übernehmen, klappt es vielleicht mit der Mannschaft, solange der Lotse an Bord ist. Und was ist, wenn er wieder geht?! Dann ist schnell wieder alles beim alten.

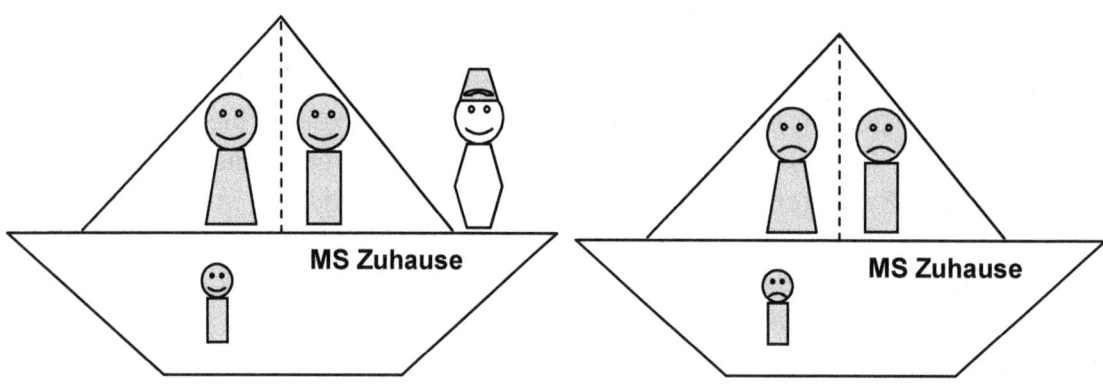

11.3 Was tun im Notfall?!

Immer dann, wenn Sie das Gefühl haben, aus einer Situation alleine nicht mehr herausfinden zu können, sollten Sie die im Kapitel 11.2 beschriebenen Möglichkeiten in Betracht ziehen. In Akutsituationen stehen Ihnen diese Einrichtungen sicherlich auch gerne im Rahmen ihrer Möglichkeiten Öffnungszeiten zur Verfügung. Krisen haben jedoch in der Regel die Angewohnheit aufzutreten, wenn keiner mehr erreichbar ist. So treten Sie gerne am späten Abend, am Feiertag oder am Wochenende auf. Doch auch in diesen Zeiten ist es möglich, Hilfe zu erhalten. Sie sollten diese Wege jedoch nur dann nutzen, wenn es wirklich nicht mehr anders geht bzw. Gefahr für Leib und Leben droht, sprich, Situationen auftreten, mit deren Umgang Sie nicht bis zum nächsten Werktag warten können.

Die folgenden Ausführungen sind sehr allgemein gehalten, können von der Vorgehensweise örtlich sehr unterschiedlich sein und werden von mir unter Ausschluss von Gewähr nach bestem Wissen gemacht. Grundsätzlich sollten Sie sich für ein Vorgehen im Notfall vorab bei dem / der für Sie zuständigen MitarbeiterIn des örtlichen Jugendamts nach den örtlichen Notfallregelungen erkundigen oder erfragen die „psychiatrische Notfallversorgung für Patienten unter 18 Jahren" bei der für Ihren Wohnort zuständigen Klinik für Kinder- und Jugendpsychiatrie. In der Regel können Sie sich in Akutfällen an die **örtliche Polizei** unter der bekannten **Notrufnummer 110** wenden. Ich rate immer dazu, sich auch die in jeder Dienststelle vorhandene Festnetznummer zu notieren, um im Bedarfsfall diese wichtige Notrufnummer nicht zu blockieren. Sollte es örtlich nicht anders geregelt sein, verfügen die Beamten über eine Bereitschaftsnummer des diensthabenden Mitarbeiters des Jugendamts, der sich dann gegebenenfalls mit Ihnen in Verbindung setzt oder mit den Beamten die weitere Vorgehensweise abstimmt.

Eine weitere Möglichkeit ist es, sich mit der für Sie für die Notfallversorgung Ihres Gebiets zuständigen **Klinik für Kinder- und Jugendpsychiatrie** telefonisch in Verbindung zu setzen. Lassen Sie sich in diesem Fall mit dem diensthabenden Arzt verbinden, schildern ihm die Situation und lassen sich die weitere Vorgehensweise erklären. Die Telefonnummern können Sie in der Regel bei Ihrem Kinderarzt erfragen, zum Teil sind die Zuständigkeiten auch im Internet zu finden.

Die beiden vorgenannten Möglichkeiten schließen sich für Sie in der Krise aus?! Sie möchten jedoch dringend mit jemandem Ihre Sorgen und Nöte besprechen?! In Krisensituationen kann es sehr hilfreich sein, mit einer neutralen Person anonym zu reden! In diesem Fall können Sie 24 Stunden am Tag die Rufnummer der **Telefonseelsorge** nutzen, um sich zu entlasten und vielleicht mögliche Hilfsschritte zu erfragen. Die Telefonseelsorge erreichen Sie kostenfrei unter der Rufnummer:

0800 1110111 oder **0800 1110222**

Weitere Informationen und eine Chatmöglichkeit finden Sie unter:

www.telefonseelsorge.de

Eine weitere Möglichkeit, sich zu entlasten ist das Elterntelefon. In ganz Deutschland erreichen Sie das **Elterntelefon** unter der kostenlosen Rufnummer

0800 1110550

Die Beratungszeiten (Stand August 2012) sind:

Mo. – Fr.   9 – 11 Uhr
Di. und Do. 17 – 19 Uhr

Darüber hinaus gibt es regional erweiterte Beratungszeiten, die Sie vor Ort erfragen können. Die Rufnummer des Elterntelefons erscheint als **kostenlose Verbindung** nicht auf den Rechnungen (Einzelgebührennachweise) der Telefongesellschaften. Sie können das Elterntelefon über die bundesweite Telefonnummer sowohl vom Festnetz als auch **vom Handy aus kostenlos** erreichen. Der Anruf über das Festnetz hat den Vorteil, dass in der Regel die Verbindungsqualität besser ist und Sie zum nächsten gelegenen Standort weitergeleitet werden können. Das kann hilfreich sein, wenn Sie Informationen oder Fragen zu regionalen Einrichtungen wünschen. Nähere Informationen finden Sie unter: **www.nummergegenkummer.de**

11.4 Ansprechpartner für Kinder

Auch unsere Kinder können im Kontakt mit uns in Situationen geraten, in denen es sinnvoll ist, sich einmal anonym mit einer neutralen Person unterhalten zu können. Hierzu gibt es das Kinder und Jugendtelefon, was von unseren Kindern kostenlos genutzt werden kann. Das Kinder und Jugendtelefon ist bundesweit von:

Mo. – Sa. in der Zeit von 14 – 20 Uhr unter der Nummer: **0800 1110333** zu erreichen.

Samstags beraten hier sogar Jugendliche in der genannten Zeit. Infos erhalten Sie auf der Website: www.numergegenkummer.de

Eine weitere gute Adresse ist die Website: www.gewalt-ist-nie-ok.de.

Hier finden unsere Kinder vielfältige Informationen und mögliche Ansprechpartner rund um das Thema Gewalt und wie ich mich dagegen schützen kann.

Das, was in Notfallsituationen für uns Eltern gilt, gilt selbstverständlich auch für unsere Kinder. So können Sie sich auch von sich aus an die KollegenInnen vom Jugendamt wenden oder in Notfallsituationen auch über die bekannte Notrufnummer der Polizei gehen. Teilweise unterhalten Städte auch ein Jugendnottelefon, dessen jeweilige Nummer im Internet zu finden sein sollte (bzw. über das Jugendamt erfragt werden kann).

12 Geheimnisse glücklicher Kinder

Erziehungsratschläge eines Kindes an seine Eltern (in Anlehnung an Lucia Feider, 12 Forderungen eines Kindes an seine Eltern)

1. Verwöhne mich nicht! Ich weiß sehr wohl, dass ich nicht alles bekommen kann, wonach ich frage. Ich will dich nur auf die Probe stellen.

2. Weise mich nicht vor anderen Leuten zurecht, wenn es sich vermeiden lässt. Ich werde deinen Worten viel mehr Beachtung schenken, wenn du mit mir unter vier Augen sprichst und mich nicht öffentlich blamierst.

3. Sei nicht ängstlich mit mir und schenke meinen kleinen Unpässlichkeiten nicht zu viel Aufmerksamkeit. Sie verschaffen mir manchmal die Zuwendung, die ich benötige.

4. Sei nicht fassungslos, wenn ich dir sage, ich hasse dich! Ich hasse nicht dich, sondern deine Macht, meine Pläne zu durchkreuzen.

5. Bewahre mich nicht immer vor den Folgen meines Tuns. Ich muss auch mal peinliche Erfahrungen sammeln.

6. Nörgele nicht. Wenn du das tust, schütze ich mich, indem ich mich taub stelle.

7. Mache keine Versprechungen! Bedenke, dass ich mich schrecklich im Stich gelassen fühle, wenn Versprechungen nicht eingehalten werden können.

8. Sei nicht inkonsequent! Das macht mich völlig unsicher und lässt mich mein Vertrauen zu dir verlieren.

9. Unterbrich mich nicht, wenn ich Fragen stelle. Wenn du das tust, werde ich mich nicht mehr an dich wenden, sondern versuche, meine Informationen woanders zu bekommen.

10. Sag nicht, meine Ängste seien albern! Sie sind erschreckend echt, aber du kannst mich beruhigen, wenn du versuchst, sie zu begreifen.

11. Versuch nicht, immer so zu tun, als seist du perfekt und unfehlbar. Der Schock ist für mich zu groß, wenn ich herausfinde, dass du es doch nicht bist.

12. Denke nicht, dass es unter deiner Würde sei, dich bei mir zu entschuldigen. Eine ehrliche Entschuldigung erweckt in mir ein überraschendes Gefühl von Zuneigung.

13. Vergiss nicht, wie schnell ich aufwachse. Es muss für dich sehr schwer sein, mit mir Schritt zu halten, aber bitte versuche es.

14. Vergiss nicht, ich liebe Experimente! Ich kann ohne sie nicht groß werden. Bitte halte es aus!

13 Sprüche zur Erziehung

In den vergangenen Jahren bin ich immer wieder von verschiedenen Sprüchen beeindruckt worden. Diese Sätze sagen für mich manchmal mehr als 1000 Worte. Aus diesem Grunde möchte ich sie Ihnen nicht vorenthalten und habe meine „Sammlung" (ohne Anspruch auf Vollständigkeit, da ich immer wieder neue finde) einmal auf einen Blick zusammengestellt. Den Menschen, mit denen ich arbeite, aber auch Freunden und Bekannten sage ich immer:

„Kopiere sie dir, zusammen mit den Erziehungsratschlägen eines Kindes an seine Eltern und hänge sie dir von innen in den Küchenschrank. Beim nächsten Konflikt mit deinem Kind, der dich wieder an deine Grenzen führt, schaue sie dir an und suche das, was in der Situation gerade für dich am besten passt. Das allein kann schon sehr hilfreich sein und manche Situation entspannen!"

Erziehung allgemein
- Sie können den Wind nicht ändern, jedoch versuchen, die Segel richtig zu setzen!
- Gott gebe mir die Gelassenheit, Dinge hinzunehmen, die ich nicht ändern kann, den Mut, Dinge zu ändern, die ich ändern kann und die Weisheit, das Eine vom Anderen zu unterscheiden. (Christoph Friedrich Oetinger)
- Kinder kriegen ist nicht schwer – Eltern sein dagegen sehr!
- Das Leben ist nun mal kein Wunschkonzert!
- Die Jugend soll ihre eigenen Wege gehen, aber ein paar Wegweiser können nicht schlecht sein. (Pearl S. Buck)

Ziele in der Erziehung
- Günstige Winde kann nur der nutzen, der weiß, wohin er will!
- Wer das Ziel nicht kennt, kann den Weg nicht finden! (Christian Morgenstern)
- Wer im Leben kein Ziel hat, der verläuft sich. (Abraham Lincoln)
- Wenn man das Ziel nicht kennt, ist kein Weg der richtige. (Aus dem Koran)

Erziehungshaltung
- Zwei Dinge sollen Kinder von ihren Eltern bekommen: Wurzeln und Flügel. (Johann Wolfgang von Goethe)
- Du kannst nur das in deinem Kind entzünden, was selber in dir brennt!
- Es ist nie zu spät das zu werden, was man hätte sein können!

- Kann der Blick nicht überzeugen, überredet die Lippe nicht. (Franz Grillparzer)
- Mitleid bekommst du geschenkt! Neid musst du dir erarbeiten!
- Missachtung bekommst du von deinen Kindern geschenkt, Anerkennung und Respekt musst du dir erarbeiten!
- Wer nein sagen will, soll sich kein ja abringen lassen (unbekannt)
- Die Augen reden mächtiger als die Lippen. (Gerhart Hauptmann)
- Ein freundlicher Blick, eine Geste der Zuneigung gilt mehr als viele Worte. (Anna Strafinger)
- Was du sagst, verweht im Wind. Nur was du tust, schlägt Wurzeln. (Karl Heinrich Waggerl)

Angst vor Fehlern
- Ein Fehler ist ein Ereignis, dessen großer Nutzen sich nur noch nicht zu deinem Vorteil entwickelt hat! Er enthält die Information, wie du es beim nächsten Mal besser machen kannst!

Pubertät
- Drachen steigen gegen den Wind, nicht mit ihm!
- Lehrjahre sind keine Herrenjahre!
- Vor das Vergnügen hat der liebe Gott die Arbeit gesetzt!

Erfahrungslernen
- Erzähle mir und ich vergesse. Zeige mir und ich erinnere mich. Lass mich tun und ich verstehe! (Konfuzius)
- Unwissenheit schützt vor Schaden nicht!
- Wer nicht hören will, muss fühlen!

Bei Problemen
- Selbst der längste Weg, beginnt immer mit dem ersten Schritt!
- Der Pessimist sieht in jeder Aufgabe ein Problem, der Optimist löst sie!
- Der Mensch besteht zu 65 % aus Wasser, der Rest ist Einstellung!
- Eine Hummel hat eine Flügelfläche von 0,7 Quadratzentimetern, bei 1,2 Gramm Gewicht. Nach den Gesetzen der Aerodynamik, ist es ihr unmöglich, mit diesem Verhältnis von Flügelfläche zu Gewicht zu fliegen. Wie gut, dass ihr das noch keiner gesagt hat!
- Das Geheimnis all derer, die Erfindungen machen ist, nichts für unmöglich anzusehen

(Justus von Liebig)
- Der Prophet zählt nichts im eigenen Land!
- Beschäftige dich mit deinen Problemen, solange sie noch klein sind (Jürgen Höller)
- Ich weinte, weil ich keine Schuhe hatte, bis ich einem Mann begegnete, der keine Füße hatte. (persisches Sprichwort)

Persönlichkeit
- Das, was jemand von sich selbst denkt, bestimmt sein Schicksal. (Mark Twain)
- Glaube schafft Tatsachen! (William James)
- Des Menschen Wille sei sein Himmelreich!
- Der Glaube versetzt Berge!
- Wer in den Spiegel schaut, um sich zu verändern, der hat sich verändert! (chinesisches Sprichwort)
- Wer stark ist, kann sich erlauben, leise zu sprechen. (Theodore Roosevelt)
- Wer in seinen Worten nicht maßvoll ist, von dem ist kaum zu erwarten, dass er handelt, wie er spricht. (Konfuzius)

Verschiedene Sichtweisen
- Jedes Ding hat drei Seiten: Eine, die du siehst, eine, die ich sehe und eine, die wir beide nicht sehen. Es gibt also drei Wahrheiten: Meine Wahrheit, deine Wahrheit und die Wahrheit. (Weisheit aus Asien)
- Die Wahrheit liegt immer im Auge des Betrachters!

Normalzustand
- Hätte man Edison, Franklin, Nostradamus, Händel, Dali, Ford, Mozart, Hemingway oder von Gogh mit Medikamenten in den „Normalzustand" gebracht, dann wäre unsere Welt sehr anders und weitaus weniger interessant geworden.
(Thom Hartman 1997 141)

Beziehung
- Liebe ist die Freude an der wechselseitigen Unvollkommenheit.
- Probleme sind wie Regentage: Ohne sie könnte man die Sonne nicht mehr schätzen. (Jürgen Höller)

Partnerschaft
- Eine glückliche Ehe, eine Ehe, in der die Frau ein bisschen blind und der Mann ein bisschen taub ist. (Gordon Dean)

Download-Bereich:

Auf den folgenden Seiten finden Sie Arbeitsbögen und Tabellen für den persönlichen Gebrauch. Diese können Sie sich alternativ auch im Internet herunterladen und dort als Din A4- Dokumente ausdrucken und/oder abspeichern.

Auf der Verlagsseite www.verlag-epv.de können Sie sich unter dem Menüpunkt Bücher im Bereich "Der Elterntrainer" mit diesen Daten einwählen:

Benutzername: Elterntrainer
Passwort: fitforkids12

Diese Formulare haben wir dort für Sie hinterlegt:

01 Geheimnisse glücklicher Kinder
02 Sprüche zur Erziehung
03 Zielfindungsprozess
04 Familiengespräch Arbeitsblatt
05 Familiengespräch 6 Schritte
06 Zielbogen
07 Aufgabenbogen
08 Orientierungsleitfaden für Eltern
09 Notfallleitfaden für Eltern

14 Vordrucke

14.1 Der Zielfindungsprozess

Zielfindungssprozess
(nach Elsbeth Trautwein: www.TrautweinTraining.de)

Zielorientierung statt Problemorientierung!

1. Was wünschen Sie sich? (Stehen Probleme im Vordergrund: Was möchten Sie stattdessen?) Positiv – ein Satz – Gegenwart – realistisch – selbst erreichbar – Zeitpunkt

2. Woran werden Sie erkennen, dass Sie Ihr Ziel erreicht haben?
Visuell sehen:
Akustisch hören:
Kinästhetisch fühlen:
Olfaktorisch riechen:
Gustatorisch schmecken:

3. Mit wem /wem nicht wollen Sie das Ziel erreichen?

4. Wo / wo nicht wollen Sie das Ziel erreichen? (Kontext)

5. Welche Vorteile würden sich durch die Veränderungen für Sie ergeben?

6. Welche Nachteile würden sich durch die Veränderung für Sie ergeben?

7. Entscheidung: Wollen Sie Ihr Ziel jetzt noch erreichen?

8. Welche Maßnahmen müssen nun getroffen werden, damit Sie das Ziel erreichen können?

14.2 Arbeitsblatt zur Vorbereitung eines Familiengespräches

(frei nach Gordon)

1. Seite

Schritt 1: Bedürfnisse anmelden / mitteilen!
(Was möchte ich gerne?!)
(sachlich, Ich-Botschaft, keine negativen Zuschreibungen)
Ich möchte … Ich finde … Ich hätte gerne … Ich fühle mich … Ich …

a. Bezogen auf meine Person (Was will ich für mich?):

Ich will für mich
Ich fühle mich
Ich
Ich

Wie geht es mir mit mir?

b. Bezogen auf meine Familie (Was will ich für uns?)
Wie geht es mir mit uns?
Ich möchte für uns!

c. Bezogen auf den Einzelnen (Was wollen die anderen?)
Eltern: Ich glaube, mein Partner will
Ich glaube, mein Kind will
Ich glaube, mein Kind will
Kind: Ich glaube, meine Mutter will
Ich glaube, mein Vater will
Ich glaube, mein Bruder will
Ich glaube, meine Schwester will

Sonstige:
Ich glaube, Oma will
Ich glaube, Opa will
Ich glaube, _____ will
Ich glaube, _____ will

2. Seite Arbeitsblatt zur Vorbereitung eines Familiengespräches

Konflikt/ Situation:

Schritt 2: Lösungsvorschläge sammeln!

a. Was kann ich für mich tun, damit es mir persönlich besser geht (Lösungsvorschläge)?

b. Was kann ich für uns tun, damit es uns besser geht (Lösungsvorschläge)?

c. Was können die anderen tun, damit es mir besser geht (Lösungsvorschläge)?

d. Was glaube ich, wäre die beste Lösung für alle?

Zielfindung

Denke immer daran: Ein Ziel ist nur dann ein wirkliches Ziel, wenn du es durch dich selbst erreichen kannst!
Beispiel: Was kann ICH tun, damit Mutter weniger schimpft?! Was kann ICH tun, damit Max aufräumt?!

Was sind meine Ziele in dem Familiengespräch?

1. _____

2. _____

3. _____

4. _____

14.3 Leitfaden zum Familiengespräch

(frei nach Gordon)

15 Minuten, die sich lohnen! Die Einstimmung zum Familiengespräch für Eltern!

Grundsätzliches vor dem Gesprächsbeginn: Ein Familiengespräch ist eine Verhandlung! Sie kann nur dann erfolgreich sein, wenn beide Parteien sich gegenseitig wertschätzen („Ich mag dich, doch deine Position, dein Verhalten, deine Wünsche oder Vorstellungen kann ich schlecht akzeptieren!").

Wertschätzung muss gegenseitig eingefordert werden!

(„Ich fühle mich von dir vera... / veräppelt! Unter solchen Umständen werde ich nicht mit dir reden!")

Eltern haben einen viel größeren Erfahrungsschatz!

(„Du musst doch wissen / verstehen, dass ...!") Kinder müssen ihre Erfahrungen erst noch machen. Dazu brauchen sie ihre Eltern als Orientierungshilfe, als Partner in Konflikten und in Auseinandersetzungen. Die Familie ist der Spielplatz auf dem Weg ins Leben! Kinder leben spontaner und möchten ihre Wünsche und Bedürfnisse möglichst sofort befriedigen („Ich will das jetzt und sofort!"). Den Umgang mit Frustrationen müssen sie erst noch lernen. Verzichten oder Abstriche machen fällt ihnen besonders schwer!

Zwei **Ratschläge** eines Kindes an seine Eltern in Anlehnung an Lucia Feider:
- Verwöhne mich nicht! Ich weiß sehr wohl, dass ich nicht alles bekommen kann, wonach ich frage. Ich will dich nur auf die Probe stellen. Vielleicht bekomme ich es ja doch!
- Sei nicht fassungslos, wenn ich dir sage, ich hasse dich! Ich hasse nicht dich, sondern deine Macht, meine Pläne zu durchkreuzen.

Ein Familiengespräch ist eine Verhandlung. Sie wird grundsätzlich von zwei oder mehreren Parteien geführt, die ihre Interessen durchsetzen wollen! Sie selbst mussten über lange Jahre (20 / 30 / 40 / ?) hinweg lernen,

- dass sie nicht alles durchsetzen können,
- dass es manchmal sinnvoll ist, Kompromisse zu schließen,
- dass es schwierig ist, dabei die eigene Position nicht zu verlieren,
- dass ein Kompromiss oft auch mit Verzicht / Frust einhergeht,
- dass bestimmte Dinge nicht verhandelbar sind.
- dass ...

Ihr Kind muss diese Erfahrungen erst noch machen. Es wird ihm genauso schwerfallen, das zu lernen bzw. es zu akzeptieren, wie Ihnen. Oder gefallen Ihnen Abstriche bzw. verzichten Sie gern?

Eine Verhandlung setzt voraus, dass sich mindestens eine Partei Gedanken zu ihrer **Position**, ihren **Gefühlen** und zu ihren **Zielen** gemacht hat. Bestimmen Sie Ihre Position („Was will ich wie, wann, wodurch erreichen?"). Machen Sie sich Gedanken um Ihren **Verhandlungsspielraum (wenn es keinen gibt, dann ist diese Methode nicht geeignet)**! Denken Sie immer daran: Ein Ziel ist nur dann ein wirkliches Ziel, wenn Sie es durch sich selbst erreichen können! Das heißt: „Was kann ICH tun damit Max lernt das ...!" oder „Was kann ICH tun, damit Moritz sein Zimmer aufräumt!"

Was ist, wenn eine Einigung nicht in Sicht ist bzw. eine Partei nicht verhandeln will?
Hier ist es wie im Arbeitskampf, wenn Gewerkschaften und Arbeitgeber sich nicht einig werden können. Die Parteien (Eltern / Kinder) nehmen sich eine **Auszeit / Verhandlungspause**, ziehen sich zur **Beratung** zurück, **überdenken ihre Position** und teilen ihre **Bedürfnisse** erneut mit. Wird eine Einigung erzielt ist es ok, ansonsten droht ein persönlicher, mit einer Ich-Botschaft untermauerter „**Streik**"!

Streik bedeutet: Die **Konsequenzen** werden im **Vorfeld** verdeutlicht, der Verhandlungspartner kann sich entscheiden, ob er die Unannehmlichkeiten in Kauf nehmen will oder nicht! Manchmal muss er die Konsequenzen spüren, damit er sich wieder an den Verhandlungstisch begibt!

Sie sind das Vorbild in der Verhandlung für Ihr Kind. Das heißt: Beschreiben Sie den **Sachverhalt / Ihr Bedürfnis** mit einer **Ich-Botschaft**, ohne negative Zuschreibung! Zum Beispiel: „Das Zimmer ist mir zu unordentlich, ich möchte, dass es heute aufgeräumt wird!" (Negativ: Die bist zu blöd, Ordnung zu halten, sieh zu, dass der Saustall aufgeräumt wird!")

Fordern Sie das Kind auf, auch seine Bedürfnisse, sachlich mit einer Ich-Botschaft, ohne negative Zuschreibung zu formulieren (Achtung! Dem Kind fällt es genauso schwer wie Ihnen und es muss wesentlich mehr üben, da es weniger Lebenserfahrung hat!)

Fordern Sie (falls notwendig) freundlich, jedoch bestimmt, Achtung und Respekt ein! („Ich möchte mich nicht beschimpfen oder ... lassen. Ich fühle mich ...! So werde ich nicht mit dir verhandeln, dann bleibt es halt erst mal so, wie es ist"!)

Wie alles im Leben muss auch diese Methode erlernt und geübt werden. Oft haben Sie sie sicherlich schon praktiziert, ohne es zu wissen! Sie werden feststellen, dass hier nichts Neues beschrieben wurde! Manchmal ist es jedoch hilfreich, sich Dinge neu ins Bewusstsein zu rufen!

Wichtig ist, zu beachten: Ihr Kind will Ihnen nichts Böses, es will „nur" seine Interessen durchsetzen!

6 Schritte zu einer nicht immer einfachen Lösungsfindung!

3 einfache Grundregeln:	- Jeder darf ausreden! - Keiner wird ausgelacht / beschimpft! - Alle Meinungen sind OK!

Konflikt / Situation:

Schritt 1: Bedürfnisse anmelden / mitteilen!

(Was möchte jeder gerne?! (Sachlich, Ich-Botschaft, keine negativen Zuschreibungen) Ich möchte …, Ich finde …, Ich hätte gerne …, Ich fühle mich …, Ich …

Alle Aussagen werden notiert und nicht bewertet!!!!!!!

Mutter:

Vater:

Kind / Jugendlicher:

Kind / Jugendlicher:

Schritt 2: Lösungsvorschläge sammeln!

(Jeder darf seine Vorschläge sagen!
Jede Lösung wird aufgeschrieben! Jede Lösung ist hier erlaubt!)

Alle Aussagen werden notiert und nicht bewertet!

Schritt 3: Bewertung der Lösungsmöglichkeiten

- Alle Lösungsmöglichkeiten werden von allen Beteiligten überprüft.
- Wird eine Lösung von **einem** Teilnehmer abgelehnt, wird sie **gestrichen** oder **verändert,** bis sie annehmbar erscheint.
- Neue Vorschläge können unter Schritt 2 notiert, überprüft und verändert werden.

Schritt 4: Lösung wählen

Alle Beteiligten wählen <u>eine</u> Lösung aus, die für **alle** am annehmbarsten erscheint.

Sie lautet:

Schritt 5: Planen und Handeln

Es wird gemeinsam entschieden: Wer macht was, bis wann?

Mutter:
Was, bis wann?!

Vater:
Was, bis wann?!

Kind / Jugendlicher:
Was, bis wann?!

Kind / Jugendlicher:
Was, bis wann?!

Was passiert **wann**, wenn sich **wer** nicht an die Vereinbarung hält?

- Auf aktive Konsequenzen achten, die einforderbar und kontrollierbar sind!
- Hausarrest zum Beispiel ist eine Verzichtsleistung.
- Was muss derjenige aktiv machen, der sich nicht an die Vereinbarung hält?
- Was ist die Folge daraus?!

Mutter:

Vater:

Kind / Jugendlicher:

Kind / Jugendlicher:

Schritt 6: Ergebnis überprüfen!

Nach welcher Zeit soll das Ergebnis, seine Einhaltung bzw. Verwirklichung überprüft werden?

Datum _____ Uhrzeit _____

Unterschriften

Mutter

Vater

Kind

Kind

Sonstige Teilnehmer:

Wenn ein Bedürfnis nicht befriedigt worden ist muss das Gespräch neu abgehalten werden!

Das Ziel ist eine bessere oder veränderte Lösung zu finden!

Neues Gespräch am: _____ um: _____ Uhr!

Durch das Familiengespräch können die einzelnen Familienmitglieder lernen:

- dass jeder Bedürfnisse und Empfindungen hat.
- dass es wichtig ist, die Bedürfnisse und Empfindungen des anderen kennenzulernen.
- dass es wichtig ist, diese zu akzeptieren und zu achten.
- dass es wichtig ist, seine eigenen Bedürfnisse und Empfindungen mitzuteilen.
- dass Konflikte und unterschiedliche Meinungen normal sind.
- dass Konflikte unvermeidlich sind, jedoch Lösungen angestrebt werden können.
- dass durch Kompromisse das familiäre Zusammenleben einfacher werden kann.
- ...

Buchempfehlungen:
Thomas Gordon, Familienkonferenz, Heyne
Thomas Gordon, Die neue Familienkonferenz, Heyne
Thomas Gordon, Familienkonferenz in der Praxis, Heyne

14.4 Zielbogen

Zielbogen für _____ : _____

Ziel: _____ Woche vom ___ . ___ . bis ___ . ___ .

Für _____ in einer Stunde bekomme ich ein ☺.

Für _____ bekomme ich ein ☹.

Ich muss mir vom Lehrer am Ende der Stunde ein ☺ der ☹ geben lassen, den er mit seinem Kürzel unterschreibt!!!

Stunde	Montag	Dienstag	Mittwoch	Donnerstag	Freitag
1.					
2.					
Pause					
3.					
4.					
Pause					
5.					
6.					
Gesamt	☺ ☹	☺ ☹	☺ ☹	☺ ☹	☺ ☹

Absprache: Für mehr ☺ als ☹ am Tag freuen wir uns alle. Ziel erreicht!!! Ich bekomme /darf: _____!

Für mehr ☹ als ☺ _____.

Bei einem unentschieden

Kein Smile und keine Unterschrift gilt als ☹!

(Fit for Kids - Zielbogen © Jörg Winterscheid - www.winterscheid.com)

14.5 Aufgabenbogen

Aufgabenbogen für _____ Woche vom _____ bis _____

Für _____ Verwarnungen pro Vereinbarung am Tag bekomme ich ein ☺.

Für _____ Verwarnungen pro Vereinbarung am Tag bekomme ich ein ☹.

Vereinbarungen	MO		DI		MI		DO		FR		SA		SO		☹	
															☺	
1. Verwarnungen																
2. Verwarnungen																
3. Verwarnungen																
4. Verwarnungen																
5. Verwarnungen																
6. Verwarnungen																
Auswertung:																
Ergebnis:																

Absprache:

Für mehr ☺ als ☹ am Tag freuen wir uns alle. Ziel erreicht! Ich bekomme / darf _____

Für mehr ☹ als ☺ _____

Bei einem unentschieden _____

(Fit for Kids-Aufgabenbogen - © Jörg Winterscheid - www.winterscheid.com)

14.6 Orientierungsleitfaden für Eltern

1. Was ist mein Ziel? Mögliches Hilfsmittel: Zielfindungsprozess
Habe ich bei dem was ich erreichen möchte einen Verhandlungsspielraum?!

- Nein: weiter mit 2.
- Ja: weiter mit 3.
- Nein / Ja: weiter mit 4.

2. Ich will mich durchsetzen! „Ich habe keinen Verhandlungsspielraum!"
Das ist hilfreich, wenn ich mich durchsetzen möchte:
- Eigene Sicherheit entwickeln („Bin ich von dem was ich erwarte überzeugt?")
- Augenkontakt halten
- Ich-Botschaft verwenden
- Auf Stimme und Körpersprache achten
- Einfache und klare Sätze nutzen
- Meine Kritik an der Sache darf nicht zur Kritik an der Person werden
- Nein ist Nein
- Fragen vermeiden
- Konsequent Handeln

3. Ich möchte verhandeln! Mögliches Hilfsmittel: Leitfaden zum Familiengespräch
„Ich habe einen Verhandlungsspielraum!"

- Schritt 1: Konflikt beschreiben, Bedürfnisse anmelden / mitteilen
- Schritt 2: Lösungsvorschläge sammeln
- Schritt 3: Lösungsvorschläge bewerten / diskutieren
- Schritt 4: Lösung wählen
- Schritt 5: Planen und Handeln Wer macht was bis wann? Was passiert wann, wenn sich wer nicht an die Vereinbarung hält?
- Schritt 6: Ergebnis überprüfen

4. „Ich will mich durchsetzen, aber den Weg dorthin kann ich verhandeln."
Was will ich durchsetzen? (zum Beispiel, dass die Hausaufgaben gemacht werden)
- Was kann ich verhandeln? (zum Beispiel, wann die Hausaufgaben gemacht werden)

5. Schaffe ich das allein, oder benötige ich einen „Lotsen"?
- Wen könnte ich wann, wofür ansprechen?!

14.7 Notfallleitfaden für Familien

Hilfreiche Telefonnummern oder Was tun, wenn es „brennt"!

Familien- und Freundeskreis:

Name	Telefon

Kindergarten:

Name	Telefon

Schule:

Name	Telefon

Kinderarzt:

Name	Telefon

Kinderklinik allgemein:

Anschrift	Telefon

Kinder- und Jugendpsychotherapeut:

Name	Telefon

Kinder- und Jugendpsychiatrische Praxis:

Anschrift	Telefon

Klinik für Kinder- und Jugendpsychiatrie:

Anschrift	Telefon

Sozialpädiatrisches Zentrum:

Anschrift	Telefon

Name	Telefon
Erziehungsberatungsstelle:	
Jugendamt:	

Sonstige:
(Heilpädagogen, Ergotherapeuten, Heilpraktiker, Logopäden, Motopäden, etc.)

Name	Telefon

Polizei: Notfall 110, Hauptwache Telefon:

Feuerwehr: Notfall 112, Hauptwache Telefon:

Neutrale Ansprechpartner (Stand August 2012)

Telefonseelsorge: 0800 111011 / 0800 1110222

www.telefonseelsorge.de

Das Elterntelefon: 0800 1110550

Sprechstunden: Mo. – Fr. 9 – 11 Uhr / Di. und Do. 17 – 19 Uhr)

www.nummergegenkummer.de

Für Kinder und Jugendliche:

Das Kinder und Jugendtelefon 0800 1110333

Mo. – Sa. 14 – 20 Uhr

www.nummergegenkummer.de

Platz für eigene Anmerkungen:

15.) Der Elternführerschein

An den Standorten von Fit for Kids können Sie auf mein Elternkompetenztraining "Der Elternführerschein" zurückgreifen.

Der Elternführerschein ist das passende Kursangebot als Ergänzung zum Elterntrainer. In 10 aufeinander aufbauenden Kursen bietet das Trainingskonzept Eltern die Gelegenheit, sich in Gruppen von Gleichgesinnten auszutauschen, die Inhalte des Buches zu vertiefen und praktisch zu erproben. Es gilt individuelle Erziehungskompetenzen auszubauen, um mehr Sicherheit im täglichen Umgang erlangen und Orientierung bezogen auf die Entwicklung und Förderung Ihres Kindes zu erhalten.

Die Kurse lauten im Einzelnen:
Kurs 01 – „Was ist schon "normal"!?"
Kurs 02 – „Warum machst du das oder auch nicht!?"
Kurs 03 – „Brauchen Kinder Grenzen!?"
Kurs 04 – „Durchsetzen ja gerne, aber wie!?" (Part 1)
Kurs 05 – „Durchsetzen ja gerne, aber wie!?" (Part 2)
Kurs 06 – „Partnerschaftlich erziehen, (wie) geht das!?" (Part 1)
Kurs 07 – „Partnerschaftlich erziehen, (wie) geht das!?" (Part 2)
Kurs 08 – „Kinder gezielt fördern und fordern!"
Kurs 09 – „Schwierigkeiten in Kindergarten und Schule meistern!"
Kurs 10 – „Geheimnisse glücklicher Kinder!"

Detaillierte Informationen zum Kursangebot als auch zur Arbeit der Heilpädagogischen Ambulanz Winterscheid finden Sie auf meiner Homepage unter:

www.winterscheid.com

Der Elternführerschein ist in Ihrer Nähe nicht verfügbar? Sie suchen Alternativen?

Erkundigen Sie sich bei dem für Sie zuständigen Jugendamt nach Kursangeboten für Eltern in Ihrer Nähe, oder schauen Sie, ob folgende Trainingskonzepte Kurse in Ihrer Nähe anbieten:

Deutscher Kinderschutzbund e.V.

Starke Eltern – starke Kinder: www.dksb.de oder www.sesk.de

Step – systematisches Training für Eltern und Pädagogen

www.instep-online.de

Triple P – positives Erziehungsprogramm

www.triplep.de

16 Empfehlenswerte Literatur

Da das Thema Kindererziehung ein weites Feld ist und schon viele gute Bücher hierzu geschrieben worden sind, möchte ich Ihnen nachfolgend, zu der Literatur, auf die ich mich im vorliegenden Buch bezogen habe, noch weitere Empfehlungen einige Literaturempfehlungen geben, die ich persönlich als sehr interessant finde / empfunden habe, auch wenn ich inhaltlich nicht immer einer Meinung mit dem jeweiligen Autor bin.

Vielfalt schafft jedoch Wahlmöglichkeiten und vielleicht können Sie aus dem einen oder anderen Tipp Inhalte entnehmen, die Ihnen in meinem Buch fehlten bzw. Darstellungen finden, die meine ergänzen oder für Sie hilfreicher sind, als das, was ich beschrieben habe.

Dem einen oder anderen Leser wird vielleicht auffallen, dass manche der genannten Werke schon älteren Datums sind. Ich habe mich jedoch bewusst entschlossen, diese mit aufzuführen, da ich der Meinung bin, dass nicht alles alte zwangsläufig überholt sein muss.

- Michael Winterhoff, Warum unsere Kinder Tyrannen werden, Gütersloher Verlagshaus
- Michael Winterhoff, Tyrannen müssen nicht sein, Gütersloher Verlagshaus
- Michel Winterhoff / Isabel Thielen, Persönlichkeiten statt Tyrannen, Gütersloher Verlagshaus
- Michael Winterhoff / Carsten Tergast, Lasst Kinder wieder Kinder sein, Gütersloher Verlagshaus
- Rudolf Dreikurs / Vicki Stolz, Kinder fordern uns heraus, Klett-Cotta
- Rudolf Dreikurs / Loren Grey, Kinder lernen aus Folgen, Herder
- Thomas Gordon, Familienkonferenz, Heyne
- Thomas Gordon, Familienkonferenz in der Praxis, Heyne
- Jesper Juul, Elterncoaching – Gelassen erziehen, Beltz
- Jan Uwe Rogge, Pubertät – Loslassen und Haltgeben, Rowohlt
- Jan Uwe Rogge, Kinder brauchen Grenzen, rororo
- Jan Uwe Rogge, Eltern setzen Grenzen, rororo
- Jan Uwe Rogge, Ängste machen Kinder stark, rororo
- Jan Uwe Rogge, Kinder können Fernsehen, rororo
- Steve Biddulph, Das Geheimnis glücklicher Kinder, Heyne
- Steve Biddulph, Weitere Geheimnisse glücklicher Kinder, Beust
- Helga Gürtler, Regeln finden ohne Tränen, Ravensburger
- Alan Davidson / Robert Davidson, Lust aufs Leben, Campus concret
- Marianne Arlt, Pubertät ist wenn die Eltern schwierig werden, Herder
- Cornelia Nitsch / Cornelia von Schelling, Kindern Grenzen setzen – wann und wie?, Mosaik
- Jamie Raser, Erziehung ist Beziehung, Beltz
- Herman Krekler, Chaos im Kinderzimmer, Kösel
- Harris Clemes / Reynold Bean, Selbstbewusste Kinder, rororo

Weitere interessante Werke:

- Allan und Barbara Pease, Warum Männer nicht zuhören und Frauen schlecht einparken, Ullstein
- Stefan Frädrich, Günter der innere Schweinehund, Gabal
- Julia Heilman und Thomas Lindemann, Kinderkacke, Hoffman und Campe
- Manfred Spitzer, Vorsicht Bildschirm, dtv
- Andreas Brede / Sascha Ballach, Raus aus deiner Komfortzone, mvg Verlag
- Pixi-Wissen Band 24, Streiten und Vertragen, Carlsen
- Pixi-Wissen Band 9, Fairnes und Benhemen, Carlsen
- Pixi-Wissen Band 35, Toleranz und Respekt, Carlsen
- Jürgen Höller, Sprenge Deine Grenzen, Econ

17 Jörg Winterscheid – zur Person

Jörg Winterscheid ist in zweiter Ehe verheiratet und dreifacher Vater. Er wurde 1965 in Bochum geboren und ist in Hattingen aufgewachsen. Seine Kindheit und Jugend verlebte er als ältestes von drei Halbgeschwistern zum größten Teil im sozialen Wohnungsbau in einfachsten Verhältnissen. Als Trennungs- und Scheidungskind durchlebte er mit zwei Stiefvätern seine Kindergarten und Schulzeit.

Die Hauptschule verließ er in der 9. Klasse mit einem ausreichenden Hauptschulabschluss und einer eher ungünstigen Prognose.

Die darauf folgenden zwei Jahre besuchte er die Berufsfachschule, die er mit der Fachoberschulreife abschloss, um im Anschluss sein einjähriges Vorpraktikum zur Erzieherausbildung zu absolvieren.

Diesem folgten der zweijährige Besuch der Fachschule für Sozialpädagogik und das anschließende einjährige Anerkennungsjahr zum staatlich anerkannten Erzieher im Kindergarten.

Nach seinem 20 Monate dauernden Zivildienst in einer heilpädagogischen Tagesgruppe, arbeitete er 10 Jahre als Erzieher in einer Heimgruppe, deren Leitung er nach 5 Jahren übernahm. In den letzten Jahren seiner Heimerzieher-Zeit war er in leitender Funktion an der Konzeption, dem Aufbau und der Eröffnung einer Intensivgruppe für männliche Jugendliche beteiligt. Berufsbegleitend zur Heimtätigkeit absolvierte er seine dreijährige Ausbildung zum staatlich anerkannten Heilpädagogen und eröffnete Ende 1993 seine erste heilpädagogische Praxis in Essen, der im Sommer 1997 die zweite heilpädagogische Praxis in Hattingen folgte.

1998 gründete er DIS-KURS als unabhängigen Partner für Familie und Co, in dessen Rahmen er Beratung und Seminare für Eltern, Pädagogen und soziale Einrichtungen anbot. 2007 ging DIS-KURS in Fit for Kids über. Das Fit for Kids-Logo ist 2008 als Wortbildmarke angemeldet und im Frühjahr 2010 eingetragen worden.

Fortbildungen

- div. fachspezifische Fortbildungen im Bereich der Pädagogik
- Trainer / Coach
- NLP-Practitioner
- NLP-Master
- Sozialmanager DBSH
- Unternehmensberater Wirtschaft & Soziales
- Moderator
- Prozessberater
- Systemischer Berater DBSH
- Kinderschutzfachkraft (§ 8 a SGB VIII)

Berufspolitische Aktivitäten

- Mitglied im Berufsverband der Heilpädagogen (BHP)
- Mitglied im Deutschen Berufsverband für Soziale Arbeit (DBSH)

Berufsverbandliche Qualitätssiegel

- Anerkannter freipraktizierender Heilpädagoge (DBSH)
- Zertifizierter Heilpädagoge (BHP)
- Eingetragen im Berufsregister für Soziale Arbeit im DBSH

Alle weiteren Informationen finden Sie auf:

http://www.winterscheid.com/

18. Danksagung

Zum guten Schluss möchte ich mich herzlich bei all den Menschen bedanken, die die vergangenen Jahrzehnte meinen privaten wie beruflichen Werdegang begleitet und geprägt haben. Im Besonderen natürlich bei meiner Frau und meinen Kindern, die mir täglich den Unterschied zwischen Theorie und Praxis des alltäglichen familiären Zusammenlebens vor Augen führen. Sie sind und waren es, die mich immer wieder auf den Boden der Tatsachen zurückgeholt haben, wenn ich auf meinen „pädagogischen Höhenflügen" Gefahr lief, die „Bodenhaftung" zu verlieren. Vielen Dank für eure Geduld mit mir!

Mein weiterer Dank gebührt meinen Mitarbeiterinnen und Mitarbeitern, sowohl für über 19 Jahre gute und konstruktive Zusammenarbeit im Rahmen der Heilpädagogischen Ambulanz, für die unzähligen Diskussionen und kritischen Anregungen, als aber auch für die mir entgegengebrachte Loyalität, welche mich immer wieder stärkte meine Ideen und Wege zu verfolgen. Vieles wäre nicht möglich gewesen, wenn ich mich nicht hätte auf euch verlassen können!

Vieles von dem, was ich in diesem Buch beschrieben habe, lebt von den Rückmeldungen, kritischen Anregungen und Diskussionen mit meinen Klienten und Kursteilnehmern. Ohne Sie wäre es mir nicht möglich gewesen, dieses Werk so zu gestalten. Lieben Dank somit an alle Menschen, die ich habe persönlich kennenlernen dürfen, die somit bewusst oder unbewusst, direkt oder indirekt an der Entstehung des Elternführerscheins als auch des Elterntrainers beteiligt waren!

Für die tolle Unterstützung bei der Umsetzung meines Buchprojektes bedanke ich mich herzlich bei Manuela Klumpjan und Tatjana Heinrich vom Edition Paashaas Verlag.

Bildnachweise

Seite 16: Der Struwwelpeter

Quelle: Heinrich Hoffmann: Der Struwwelpeter; Frankfurt am Main: Literarische Anstalt Rütten & Loening, 1917 (400. Auflage). Die Urheberrechts-Schutzdauer des hier abgebildeten flächigen Kunstwerks ist weltweit abgelaufen, da der Künstler bereits seit über 70 Jahren tot ist. Es ist somit gemeinfrei ('public domain'). Ebenfalls gemeinfrei ist die vorliegende Reproduktion des Werkes, da sie keine eigene Schöpfungshöhe aufweist.

Seite 41: Eisbergmodell: Wikipedia
Seite 54: Hände: 194177_web_R_K_B_by_Uta Herbert_pixelio.de
Seite 56 Drachen: 69940_web_R_B_by_Hans Bittner_pixelio.de
Seite 107 Glas Wasser: 394689_web_R_by_Helga Gross_pixelio.de
Seite 135 Kompass: Word ClipArt

Buchcover: 1589075_photo_jpg_m_clipdealer.de
Alle anderen Zeichnungen und Bilder : Jörg Winterscheid oder privat

www.ingramcontent.com/pod-product-compliance
Lightning Source LLC
Chambersburg PA
CBHW081203170426
43197CB00018B/2910